职业技能等级认定培训教程

劳动保障协理员

（四级）

中国就业培训技术指导中心
中国就业促进会　组织编写

中国劳动社会保障出版社

图书在版编目(CIP)数据

劳动保障协理员:四级 / 中国就业培训技术指导中心,中国就业促进会组织编写. -- 北京:中国劳动社会保障出版社,2024.--(职业技能等级认定培训教程).
ISBN 978-7-5167-6686-6

Ⅰ. D669.2;D632.1

中国国家版本馆 CIP 数据核字第 2024MZ4619 号

中国劳动社会保障出版社出版发行

(北京市惠新东街 1 号 邮政编码:100029)

*

北京市科星印刷有限责任公司印刷装订 新华书店经销

787 毫米 ×1092 毫米 16 开本 18.75 印张 305 千字
2024 年 12 月第 1 版 2024 年 12 月第 1 次印刷
定价:56.00 元

营销中心电话:400-606-6496
出版社网址:https://www.class.com.cn

版权专有 侵权必究

如有印装差错,请与本社联系调换:(010)81211666
我社将与版权执法机关配合,大力打击盗印、销售和使用盗版图书活动,敬请广大读者协助举报,经查实将给予举报者奖励。
举报电话:(010)64954652

编审委员会

主　　任　吴礼舵　张　斌　韩智力
副 主 任　葛恒双　葛　玮
委　　员　李　克　朱　兵　赵　欢　王小兵　贾成千
　　　　　吕红文　瞿伟洁　高　文　郑丽媛　陆照亮
　　　　　刘维伟

本书编写委员会

主　　任　张小建
副 主 任　柏　莉　章　谦　李燕萍
技术顾问　田光哲
主　　编　邓宝山
副 主 编　李燕萍　杨剑锋　许可林　胡珍剑
编　　委　谈宇德　田　颖　赵家强　刘欣妍　苏　颖
　　　　　宋晶梅　寇　蕊　李　敏　李　娴　杨　明
　　　　　杞　璇　王　君　王　力　于　莹　张　帆
　　　　　倪　利　张雪晶　韦　嘉　何家驹　陈　建
　　　　　吴　云　代　羽　王晓春

前　言

为加快建立劳动者终身职业技能培训制度，全面推行职业技能等级制度，推进技能人才评价制度改革，进一步规范培训管理，提高培训质量，中国就业培训技术指导中心、中国就业促进会组织有关专家在《劳动保障协理员国家职业标准（2023年版）》（以下简称《标准》）制定工作基础上，编写了劳动保障协理员职业技能等级认定培训教程（以下简称等级教程）。

劳动保障协理员等级教程紧贴《标准》要求编写，内容上突出职业能力优先的编写原则，结构上按照职业功能模块分级别编写。该等级教程共包括《劳动保障协理员（基础知识）》《劳动保障协理员（五级）》《劳动保障协理员（四级）》《劳动保障协理员（三级）》4本。《劳动保障协理员（基础知识）》是各级别劳动保障协理员均需掌握的基础知识，其他各级别教程内容分别包括各级别劳动保障协理员应掌握的理论知识和操作技能。

本书是劳动保障协理员等级教程中的一本，是职业技能等级认定推荐教程，也是职业技能等级认定题库开发的重要依据，适用于职业技能等级认定培训和中短期职业技能培训。

本书在编写过程中得到有关单位的大力支持与协助，特别是任莉、纪晓筠、张惠新、范磊、隋青、覃超、薛长礼等同志提供了大量素材，在此一并表示衷心感谢。

中国就业培训技术指导中心
中国就业促进会

目　录 CONTENTS

职业模块 1　基层平台信息管理 1

培训课程 1　信息采集 3
学习单元 1　信息采集与应用 3
学习单元 2　采集辖区内失业人员相关信息 7
学习单元 3　采集辖区内就业创业人员相关信息 11
学习单元 4　采集辖区内退休人员相关信息 16
学习单元 5　采集辖区内用人单位相关信息 21

培训课程 2　信息处理 27
学习单元 1　筛选、校核、分类和汇总信息 27
学习单元 2　工作台账和报表的识读与填写 34
学习单元 3　录入采集的信息 38
学习单元 4　服务对象的动态管理 42

培训课程 3　信息应用 48
学习单元 1　人力资源社会保障统计报表汇总上报 48
学习单元 2　分析服务对象的有关情况 52
学习单元 3　重大情况和突发事件的记录、反映和上报 56

职业模块 2　就业创业服务 61

培训课程 1　政策咨询服务 63
学习单元 1　就业创业政策宣传咨询 63
学习单元 2　介绍各类补贴申领的途径和方法 68
学习单元 3　咨询就业失业登记办理 73
学习单元 4　跟踪享受政策情况 77
学习单元 5　社区政策落实的反映与报告 81

培训课程 2　职业介绍服务 86
学习单元 1　办理求职登记、招聘登记 86

学习单元2　对求职者宣传择业新观念 90
　　学习单元3　发布招聘洽谈会信息 95
　　学习单元4　对求职者和用人单位进行跟踪回访 99
　　学习单元5　介绍就业通用能力的内容和意义 103
　培训课程3　职业培训服务 108
　　学习单元1　登记培训和鉴定需求 108
　　学习单元2　提供培训和鉴定信息 111
　　学习单元3　收集发布培训项目信息 115
　　学习单元4　介绍职业培训、职业技能鉴定补贴政策及范围 119
　培训课程4　创业服务 124
　　学习单元1　为服务对象提供创业培训信息并组织培训 124
　　学习单元2　介绍创业担保贷款政策 129
　　学习单元3　为服务对象享受创业相关政策提供帮助 131
　培训课程5　就业援助服务 135
　　学习单元1　就业困难人员和就业援助对象认定 135
　　学习单元2　走访并跟踪管理就业援助对象 141
　　学习单元3　为就业援助对象推荐公益性岗位并落实扶持政策 146

职业模块3　社会保险服务 151

　培训课程1　养老保险服务 153
　　学习单元1　提供养老保险咨询服务 153
　　学习单元2　指导灵活就业人员办理社会保险参保缴费手续 158
　　学习单元3　指导服务对象利用线上平台办理养老保险有关手续 162
　　学习单元4　协助进行养老金和遗属津贴领取资格认证 167
　　学习单元5　指导服务对象正确使用社会保障卡 171
　培训课程2　失业保险服务 177
　　学习单元1　提供失业保险相关咨询服务 177
　　学习单元2　为失业人员提供接续失业保险关系服务 182
　培训课程3　工伤保险服务 187
　　学习单元1　提供工伤认定、工伤待遇、经办程序等的咨询服务 187
　　学习单元2　指导服务对象利用线上平台办理工伤保险申领 193

培训课程 4　医疗保险服务 198
　学习单元 1　提供城乡居民医疗保险咨询服务 198
　学习单元 2　指导申领医保电子凭证及电子社保卡 201
　学习单元 3　收取规定服务对象的医药费凭证与操作医药费报销单机版系统 205
　学习单元 4　指导参保人员按规定通过线上平台申请异地就医手续 210

职业模块 4　退休人员社会化服务 217

培训课程 1　退休人员政策法规咨询 219
　学习单元 1　对退休人员来信来访进行登记和分类 219
　学习单元 2　为退休人员介绍社会化管理服务项目 223
　学习单元 3　为退休人员提供社会保险待遇政策咨询和查询服务 228

培训课程 2　退休人员社会化管理服务 232
　学习单元 1　与退休人员建立社会化管理服务联系方式 232
　学习单元 2　办理退休人员接收、转入、转出、注销手续 237
　学习单元 3　协助日常文体娱乐活动的计划制订、组织实施和汇总上报 242
　学习单元 4　建立并定期更新退休人员健康档案 246
　学习单元 5　提供老年护理服务和社会养老机构信息 250
　学习单元 6　建立并动态管理特殊群体的台账 255
　学习单元 7　协助死亡退休人员家属申领丧葬补助金和遗属津贴 258

职业模块 5　劳动关系协调和维权 263

培训课程 1　劳动争议调解仲裁服务 265
　学习单元 1　提供劳动争议调解、仲裁受理范围和程序的政策咨询 265
　学习单元 2　帮助服务对象选择合适的劳动争议处理方式 269
　学习单元 3　配合开展劳动争议调解工作 272

培训课程 2　劳动保障监察服务 276
　学习单元 1　组织开展劳动保障监察法律法规和政策宣传活动 276
　学习单元 2　提供劳动保障监察政策咨询 281
　学习单元 3　指导帮助劳动者和用人单位签订、履行劳动合同 285

职业模块 1
基层平台信息管理

培训课程 1

信息采集

学习目标

1. 能运用常用调查方法采集辖区内失业人员、就业创业人员相关信息。
2. 能运用常用调查方法采集辖区内退休人员相关信息。
3. 能运用常用调查方法采集辖区内用人单位相关信息。
4. 能处理信息采集过程中遇到的一般性问题。

学习单元1 信息采集与应用

一、做好学习前的准备

1. 概念

信息采集与应用是指通过了解信息采集的内容、要求、方法和流程等知识,确保科学、高效地采集所需信息,为决策者提供及时、准确、可靠的信息数据,帮助他们分析现状、判断决策、制定措施以及推动创新发展。

2. 作用

做好信息采集与运用工作主要包括以下三个方面的作用。

(1)为决策提供依据。信息采集帮助决策者更好地了解决策环境和实际情况,制定更加科学、合理的决策方案。

(2)促进工作顺利推进。通过对工作开展过程中相关信息的采集,掌握工作推进情况和存在的问题,以便及时采取相应措施,确保计划目标的完成。

（3）促进创新和发展。在信息采集过程中可以获取新的知识、技术和经验，找出存在的差距和问题，以便促进工作的创新和发展。

3. 规范要求

在信息采集过程中应遵守以下三点服务礼仪规范要求。

（1）尊重为本。在信息采集过程中，一方面应做到自尊，自尊是尊重他人的前提；另一方面应尊重信息采集对象，要让信息采集对象感知被尊重，才能更好地配合采集工作。

（2）善于表达。通过表达体现出对信息采集对象的尊重。做好表达应遵守"三 A 原则"，即接受对方（accept）、重视对方（attention）、赞美对方（admire）。

（3）形式规范。应遵守拜访礼仪，信息采集前应事先预约，征得对方同意，并约定好时间、地点。信息采集时，应注意仪容仪表，守时守约，注意服务礼仪规范等细节。

4. 相关知识

（1）人力资源的概念。人力资源（Human Resource，简称 HR）是指在一定范围内人口总体所具有的劳动能力的总和；或者说是指能够推动整个经济和社会发展的具有智力劳动和体力劳动能力的人口总和。

（2）人力资源的结构。人力资源结构在人力资源社会保障信息采集中一般包括数量结构、利用状态、文化程度、年龄、城乡、性别等。

（3）人力资源信息采集的主要内容。人力资源信息采集的内容主要包括两个层面：一是辖区范围内人力资源情况，主要包括人员数量、质量、结构、层次，以及就业与失业、社会保险和医疗保险情况等；二是个人层面信息情况，主要包括人员基本信息、就业情况、职业能力、工资福利、社会保险、医疗保险、劳动关系等。

二、掌握服务操作要领

1. 操作流程

人力资源社会保障信息采集有多种方式，下面以常见的访问调查与问卷调查为例，介绍人力资源社会保障信息采集流程。

（1）访问调查操作流程。访问调查法是一种通过与被调查对象进行面对面的交流和询问，获取相关信息和数据的方法。

1）确定调查目的。明确调查目的和需要解决的问题，为整个访问调查过程提供方向和引导。

2）编制访问大纲。根据调查目的，设计访问大纲。访问大纲应包含需要采集的信息内容。

3）确定被调查对象和样本。根据调查目的确定被调查对象以及样本的选择方式和数量。

4）联系被调查对象并进行预约。通过电话、邮件或其他方式与被调查对象进行联系，预约访问的时间和地点。在预约时要说明访问的目的和大致所需时间。

5）进行访问调查。按照预约的时间和地点，与被调查对象进行面对面的访问调查。根据访问大纲逐个问题进行询问，并及时记录被调查对象的回答内容和其他相关信息。

6）数据整理、分析和结果呈现。访问结束后，整理和归纳所得的数据，对所得的数据进行分析和解读，提取有用的信息和结论。以报告、图表、统计分析等形式呈现调查结果。

（2）问卷调查操作流程。问卷调查是一种常用的数据收集方法，它通过设计一系列问题，并以书面形式（纸质或电子）呈现给受访者，收集他们的意见、观点、经验或信息。

1）明确研究问题和调查目的。确定想要通过问卷调查了解的问题或主题。明确调查的目的，是为了收集特定信息、评估满意度、了解市场趋势等。

2）设计问卷。根据调查目的和问题，设计问卷的内容和结构。设计问卷时要考虑到受访者的阅读习惯和接受程度，确保问卷易于理解。

3）选择调查样本。根据调查目的和受访群体，选择合适的调查样本。可以采用随机抽样、分层抽样等方法来选择样本，以确保样本的代表性。

4）选择调查方法。考虑受访者的偏好和方便性，选择合适的调查方法，如在线问卷、纸质问卷、电话调查等。

5）收集数据。将设计好的问卷发放给目标受众，开始收集数据。在收集数据时，要确保问卷的回收率，并尽量提高数据的完整性和准确性。

6）数据分析。对收集到的数据进行整理和分析，提取有用的信息和结论。可以使用统计软件或手动分析方法来处理数据。

2. 主要内容

人力资源社会保障信息采集的内容主要包括人力资源社会保障政策法规、人力资源社会保障服务项目、人力资源社会保障服务对象及享受社会保障情况、劳动力市场信息、劳动关系和劳动条件、劳动纠纷和投诉举报、政策落实和效果评估等。

3. 操作技巧

（1）信息采集的原则。在开展信息采集时，应遵守针对性、准确性、可靠性、完整性、及时性、经济性六大原则。

（2）信息采集方式的特点

1）访问调查。访问调查比较机动灵活，不受时间、地点的限制，具有回答率高、能深入了解情况、可以直接观察被调查者的反应等优点，能得到较为真实、具体、深入的资料。但是这种方法花费的人力、物力、财力成本较高，信息受被调查者主观影响较大。

2）问卷调查。问卷调查法是社会调查中较为广泛使用的一种方法。问卷调查法大多用邮寄、个别分送或集体分发等方式发送问卷。一般来讲，问卷较之访问大纲要更详细、完整和易于控制。问卷调查的主要优点在于标准化和成本低。

4. 常见问题及其处理

（1）问题：信息采集目标不明确。主要表现为信息采集前未对采集目标进行有效的分解明确，导致采集工作偏离目标，影响采集效果。

处理建议：充分了解信息采集需求，将信息采集的目的从信息采集的范围、质量、数量、时限等多个维度分解为若干具体、可衡量、有时限的指标，根据信息采集需求制定有针对性的采集方案。

（2）问题：劳动保障协理员组织不到位。主要表现为因劳动保障协理员的数量、质量不能满足采集工作需要，从而对信息采集工作产生负面影响。

处理建议：一是提前掌握所能组织到的劳动保障协理员的范围、数量和能力水平等信息；二是加强宣传解释工作，争取上级和相关部门、人员的重视；三是根据劳动保障协理员的具体情况，制定个性化的信息采集方案，在时间、地点等安排上尽量方便劳动保障协理员工作。

三、注意事项

1. 保护个人隐私和权益

在信息采集过程中，要遵守相关法律、法规，通过使用匿名调查问卷、脱敏处理等方式，保护被采集对象的隐私和个人信息安全。

2. 确保采集信息的准确可靠

在信息采集中和采集后，需要仔细核对原始采集资料，确保信息的准确性和可靠性，避免出现采集和汇总环节的误差。

 **相关链接**

基层网格化管理

基层网格化管理是指将一个区域划分成若干个网格，对每个网格实施全方位、全过程、全覆盖的管理方式。每个网格由若干个社区、村镇等组成，实现对整个特定区域管理的全覆盖。

网格化管理的核心是通过"网格化管理、组团式服务"做好各项群众工作，建立科学有效的信息采集、监督、反馈、督办系统，做到上情下达，渠道畅通，反馈及时，节约、集约管理成本，更好满足群众需求。基层网格化管理具有任务分解和协作、全方位监管和管理、社区参与和共治、信息化平台和智能化管理、灵活性和适应性等特点。

学习单元2 采集辖区内失业人员相关信息

一、做好学习前的准备

1. 概念

采集辖区内失业人员相关信息是指根据采集目的，利用有效的调查方法，对失业人员基本情况和失业状况、培训需求等相关信息进行采集，为落实和提升失业人员培训、就业服务和失业待遇等人力资源社会保障服务提供可靠的决策依据。

2. 作用

采集辖区内失业人员相关信息主要包括以下四个方面的作用。

（1）为制定就业政策提供依据。采集失业人员信息可以为政府相关部门更加科学、合理地制定就业政策提供依据，使政策更具有针对性。

（2）促进就业资源的合理配置。采集失业人员信息可以更好地了解失业人员的就业状况和需求，从而更好地配置就业资源。

（3）优化就业服务和管理水平。采集失业人员信息可以帮助政府部门了解失业人员的就业、培训等需求和人力资源社会保障服务等实际情况，从而更加精细化地管理和服务失业人员。

（4）为失业人员和用人单位提供参考信息。通过向社会发布失业人员有关信息，可以促进用人单位有针对性地开展招聘，帮助失业人员更好地择业、就业。

3. 规范要求

为进一步做好辖区内失业人员信息采集工作，应做到以下两点工作要求。

（1）服务和礼仪规范。劳动保障协理员的着装和言谈举止应符合服务规范要求，要体现出亲切感，让失业人员感受到对他们的尊重。

（2）确保有效沟通。劳动保障协理员应做好沟通前的准备，了解采集时间、地点和环境条件，尽量避免信息采集时被干扰。劳动保障协理员还要掌握采集对象的相关信息，拟定好沟通话题、话术和异常情况应对措施等，确保采集过程中沟通的有效性。

4. 相关知识

（1）失业人员的概念。失业人员是指在法定劳动年龄内，有劳动能力、有就业要求、处于无业状态，并进行失业登记的城镇常住人员。虽然从事一定社会劳动，但劳动报酬低于当地城市居民最低生活保障标准的，视同失业。

（2）失业人员的分类

1）按照造成失业的直接原因划分，失业人员可分为摩擦性失业人员、技术性失业人员、结构性失业人员和季节性失业人员四类。

2）按照就业经历划分，失业人员可分为初次失业人员和就业转失业人员。

3）按照是否进行失业登记划分，失业人员可分为登记失业人员和未登记失业人员两大类。

4）按照失业成因划分，失业人员可分为非自愿失业人员和自愿失业人员。

二、掌握服务操作要领

1. 操作流程

（1）确定采集目的。开展失业人员相关信息采集前，需要明确采集的目的，并根据采集目的制定相应的目标任务。

（2）确定采集对象。根据不同的采集目的，结合预算经费，选择确定相应的失业人员作为采集对象。

（3）确定信息采集的渠道和方法。采集渠道主要分为线上采集和线下采集，线上采集包括计算机网络调查法或电话调查法等，线下采集包括访问调查法、报告法、登记法、观察和实验法等。

（4）制定信息采集方案。组织开展失业人员信息采集工作，必须制定采集方案，明确失业人员信息采集活动的目的、采集对象、采集渠道、采集方法、采集组织与职责分工、人员安排、工作进度、注意事项等。

（5）实施信息采集方案。按照方案组织、实施信息采集。在实施过程中，应随时掌握实施进度等具体情况，以便及时采取有效措施，确保工作顺利开展。

（6）采集信息的核对和整理。信息采集后，需要对采集的信息进行核对，核对无误后，进行分类整理，删除不需要或者重复的信息，并进行统计、分析，形成采集报告。

2. 主要内容

失业人员的信息采集主要包括以下四个方面内容。

（1）失业人员基本情况。主要包括姓名、性别、民族、健康状况、户籍性质、人员类型、学历、毕业院校和专业、居民身份证号码、户籍地址、常住地址、联系电话、邮编、登记失业地等。

（2）失业情况。初次登记失业信息包括登记失业前身份、是否高校毕业、毕业时间、毕业学校等。就业转失业信息包括失业前所在单位、工种/岗位、失业时间、失业原因、是否就业困难对象、参加保险情况等。

（3）职业技能情况。主要包括专业技术职业资格和职业技能种类、等级、证书号码等信息。

（4）求职、创业、培训意向和需求。主要是指期望的求职的职业类别、创业项目类别、参加培训项目的愿望。

3. 操作技巧

采集辖区内失业人员信息常用访问调查法和问卷调查法，其操作技巧如下。

（1）访问调查法操作技巧。访问调查法包括个体访问和集体访问两种形式。

1）个体访问操作技巧

①提前了解访问对象的基本情况。比如性别、年龄、学历、专业、技能水平、参加过的培训项目、家庭情况、归属失业群体种类、失业原因等信息，有针对性地制定访问提纲。

②提前与访问对象预约访问时间、地点，并告知访问目的等情况。预约的时间和地点应尽量减少对访问对象正常生活的影响。

③做好访问的工作准备。提前准备好访问调查所需的相关工具、图表、资料等，做好工作安排，确保访问调查顺利进行。

④开展访问。营造良好轻松的访问氛围。访问前，介绍访问的必要性和重要性。访问中，按照访问提纲展开访问，并随时关注访问对象的反应，灵活运用访问方法、技巧，确保高质、高效地采集到所需信息。

2）集体访问操作技巧

①注意集体访问前的组织协调。

②访问提纲和内容的设计应符合采集目的和参加访问的人员特征。

③注意访谈过程的管控，包括访谈问题的先后顺序、访谈的氛围和时间管控等。

（2）问卷调查法操作技巧

1）调查问卷的设计应紧紧围绕调查目的。在调查内容设计上，应根据不同的调查目的、对象等设计相应的调查内容。

2）调查问卷的设计应密切结合被调查对象的具体情况。调查问卷应结合被调查对象文化程度、年龄、职业、专业能力等具体情况进行设计。问题设计应做到逻辑合理、结构清晰、简单易答，题量和难易程度合理。

3）调查对象的选择。如果采集群体个体差异不大，可采用随机数字法抽取调查样本。如果采集群体异质性很高，则应采用分层随机抽样法确定调查样本。

4）可适当采取激励措施促进调查对象配合调查。比如，赠送一些适合被调查对象的宣传资料或者提供政策咨询、职业指导、技能提升服务等，还可以采取抽奖、送购物券、消费优惠券等形式，鼓励被调查对象积极配合调查。

4. 常见问题及其处理

（1）问题：采集方法选择不当。主要表现为没有结合调查的目的和对象有针对性地选择采集方法。

处理建议：根据调查目的，提前收集、了解采集对象的年龄、文化程度、工作经历以及调查环境等具体情况，选择相适应的采集方法。

（2）问题：采集对象配合度低。主要表现为采集对象不愿意参与采集或不愿意提供详细信息，导致难以采集到全面的信息。

处理建议：提高采集的吸引力，明确采集的目的和好处，采用多种沟通方式，如电话、微信、面对面访谈等形式，提高采集配合度。

（3）问题：采集样本覆盖不全。主要表现为选择的采集样本分布集中，不代表整个群体，存在偏倚，使采集结果不具备代表性。

处理建议：采用随机抽样或分层抽样以确保样本的代表性，同时考虑潜在的偏倚因素，并在数据分析中进行校正。

三、注意事项

1. 注重信息真实性的辨别

采集人员在采集时应注意对信息的甄别。一是分析信息之间是否存在相互矛盾；二是分析信息是否存在疑点；三是注意采集对象是否有异常心理反应；四是到相关部门查证或通过相关网站查证信息；五是争取社区配合，到采集对象居住地或户籍所在地核实信息的真实性。

2. 注重采集现场的沟通技巧

在采集信息前，应提前了解采集对象的具体情况，在采集中应注意氛围调节和把控，时时关注采集对象的心理变化，避免伤害被采集对象的自尊心，减轻其心理压力，使其能够较好地配合信息采集工作，提升信息的可靠性和有效性。

学习单元3　采集辖区内就业创业人员相关信息

一、做好学习前的准备

1. 概念

采集辖区内就业创业人员相关信息是指根据信息采集的目的，利用有效的调查方法，对就业创业人员基本情况和就业创业情况、培训情况、扶持政策享受情况等相关信息进行采集，为做好就业创业人员人力资源社会保障服务提供可靠的决策依据。

2. 作用

采集辖区内就业创业人员信息主要包括以下五个方面的作用。

（1）为制定就业创业政策提供决策依据。通过采集就业创业人员相关信息，可以了解就业创业人员的人数、教育、技能、就业、收入等情况，为制定就业创业政策提供科学依据。

（2）为就业创业服务提供数据支持。通过采集就业创业人员相关信息，可以建立相关数据库，为就业创业服务提供有力的数据支持，帮助就业创业服务机构为就业创业人员提供更加精准的服务。

（3）为调节就业市场提供基础信息。通过采集就业创业人员相关信息，可以了解到就业市场的供求关系、结构和变化趋势等情况，为调节就业市场提供基础信息，促进就业市场平稳运行。

（4）为创业人员的创业决策提供参考。通过分析收集创业人员的需求、兴趣、技能以及创业经验等信息，就业创业服务机构可以向他们推荐合适的创业项目，为有创业意向的人员提供创业决策参考。

（5）为人才培养和职业规划提供指引。通过采集就业创业人员相关信息，可以为就业创业人员职业规划和发展提供决策信息，帮助学校和培训机构更好地培养适应市场需求的人才，有利于促进人才培养和发展。

3. 规范要求

为进一步做好采集辖区内就业创业人员相关信息工作，应做到以下两点工作要求。

（1）遵守服务礼仪规范。采集就业创业人员信息时，切忌着装过于鲜艳、杂乱、暴露、透视、短小或者紧身。在形象礼仪方面，应遵守职场礼仪要求，体现出对被采集对象的尊重。

（2）确保沟通的有效性。劳动保障协理员应提前掌握被采集对象的相关信息，拟好沟通话题、话术和异常情况下的应对措施等，确保信息采集过程中沟通的有效性。

4. 相关知识

（1）就业人员的概念。就业人员是指在法定劳动年龄内，从事一定社会经济活动，并取得合法劳动报酬或经营收入的人员。法定劳动年龄指年满16周岁至退休年龄。

（2）创业人员的概念。创业人员是指具有创新意识、创造能力和风险承受能力，以自主创业为手段实现自我价值和社会价值的人员。

二、掌握服务操作要领

1. 操作流程

（1）确定信息采集目的。采集就业创业人员信息的目的不同，采集内容、采集对象、采集方法也不同。因此，在信息采集前必须先明确采集目的。

（2）确定采集对象。根据采集目的，结合预算经费、采集工具和方法等因素，确定采集对象。

（3）确定信息采集渠道。就业创业人员信息采集渠道包括线上采集和线下采集。线上采集包括计算机网络调查法和电话调查法等，线下采集包括访问调查法、报告法、登记法、观察和实验法等。

（4）制定信息采集方案。明确就业创业人员信息采集活动的指导思想、采集对象、采集范围、采集渠道、采集方法、采集组织与职责分工、人员安排、采集工作进度、注意事项等。根据具体情况综合考虑，确保方案的可操作性和有效性。

（5）实施信息采集。对劳动保障协理员进行培训，了解方案，统一认识、统一口径，掌握采集工具的使用方法和注意事项，了解异常情况的处理技巧。在实施采集过程中，随时掌握进度等情况，以便及时发现问题、处理问题，确保信息采集工作的顺利进行。

（6）采集信息的核对和整理。运用信息核对方法对采集信息的真实性、准确性和有效性进行逐一核对，对不符合采集要求的信息进行筛选、校正或者重新采集。信息核对后，应根据具体的采集目标，将信息进行初步的分类整理，进一步验证采集信息是否达到目标要求。

2. 主要内容

（1）就业人员信息采集的主要内容

1）基本信息。主要包括姓名、性别、民族、证件类型及证件号码、户籍地、联系地址、联系电话、电子邮箱、学历、毕业院校和专业、职业资格、职业技能等级、人员类型等。

2）就业情况。主要包括就业时间、就业区域及地址、就业渠道、就业类型、从事工种及工作内容等。就业类型主要分为单位就业、自主创业、灵活就业等。

（2）创业人员信息采集的主要内容

1）基本信息。主要包括姓名、性别、民族、证件类型及证件号码、户籍地、常住地址、联系电话、电子邮箱、学历、毕业院校和专业、职业资格等级、职业技能等级、特长等。

2）当前情况。当前情况主要指自由职业、待业、失业、务农、学生、已经创办并正在经营企业、就业等情况。

3）创业准备情况或创业情况。创业准备情况包括具体的创业想法，创业培训需求，创业相关的资金、技术、人力资源等信息。创业情况主要包括创业起始日期，是否办理营业执照，创业项目行业领域及投资额、资产、员工人数、销售额、核心优势等。

3. 操作技巧

采集辖区内就业创业人员信息常使用访问调查法（个体访问）和问卷调查法，其操作技巧如下。

（1）访问调查法（个体访问）操作技巧

1）提前了解访问对象的基本情况。比如，性别、年龄、学历、专业、技能水平、人员种类、就业工种或创业项目等信息，根据信息采集目的，有针对性地制定访问提纲，确保采集信息的有效性。

2）提前与访问对象预约好访问时间、地点，并告知访问目的等情况。预约时间和地点时，应尽量减少对访问对象正常工作和生活的影响。

3）做好访问调查的准备工作。访问前应提前准备好访问调查所需的相关工具、图表、资料等，按时进行访问，确保访问调查顺利进行。

4）在采集信息的过程中，当遇到疑问或不确定的情况时，应该采用有效的提问方式来进一步确认信息，以确保信息的真实性和准确性。

5）注意访问过程的管控。按照事先拟订的访问提纲和内容展开访问，访问过程中，应随时关注访问对象的反应，灵活运用访问方法、技巧，确保访问保持轻松、愉快的氛围，使采集到的信息符合采集的目标要求。

（2）问卷调查法操作技巧

1）以达成调查目的为出发点。就业创业人员信息采集的范围、对象、内容和问卷的问题设计都必须紧紧围绕调查目的，以确保达到预期效果。

2）调查问卷与调查对象相适应。应根据调查对象的年龄、学历、专业等情况有针对性地设计问卷的问题类别、题量和问题的难易程度等。

3）调查方法的选择。根据调查目的，结合调查经费以及调查群体异质性特征，选择适合的问卷调查方式。

4）尽量争取调查对象的支持配合。调查对象的支持配合对采集信息的真实性、可靠性具有非常大的影响。

4. 常见问题及其处理

（1）问题：创业项目中商业秘密的保密问题。主要表现为在信息采集过程中可能会涉及创业项目的商业秘密等信息，如果未做好相关措施，可能会导致泄密而引发纠纷。

处理建议：一是做好劳动保障协理员保密培训，增强保密意识，掌握保密知识和技能；二是规范信息采集流程，明确采集涉密信息的要求和保密措施；三是落实涉密信息的处理、保管措施。

（2）问题：就业创业人员培训需求采集不准确，影响就业创业培训质效。

处理建议：一是将就业、创业培训需求进行分类分级整理；二是在问卷中说明就业创业政策和培训项目、课程的主要内容；三是对劳动保障协理员进行培训，指导采集对象正确描述需求，并将需求进行分级分类整理。

三、注意事项

1. 确保采集信息的质量

通过合理选择样本，优化问卷设计，优选采集方式，做好劳动保障协理员的培训，及时对采集的信息进行验证等，确保采集信息的质量。

2. 加强与相关部门的合作

在信息采集过程中，与当地政府部门、相关机构和社群建立良好的合作关系，以便获取更多的支持和合作，更好地开展采集工作。

3. 注重采集信息处理的时效性

采集信息后，要及时对信息进行梳理、汇总和分析，以便及时了解和处理就业创业工作中出现的问题。

学习单元4　采集辖区内退休人员相关信息

一、做好学习前的准备

1. 概念

采集辖区内退休人员相关信息是指根据采集的目的，通过有效的采集方法，对辖区内退休人员的基本情况、社会保险情况、家庭情况等相关信息进行采集，为落实和改进社会保障服务提供可靠的决策信息依据。

2. 作用

采集辖区内退休人员信息主要包括以下四个方面的作用。

（1）为制定退休人员社会保障政策提供科学依据。通过采集退休人员的信息，可以了解到退休人员数量、结构、退休待遇、身体状况等情况，为制定退休人员社会保障政策提供参考依据。

（2）为养老服务机构提供信息支持。通过采集退休人员信息，可以帮助养老服务机构了解退休人员需求和服务意愿，提高养老服务效率和质量。

（3）为应对老龄化社会提供信息基础。通过采集退休人员的信息，了解老年人口数量、健康状况、生活状况等情况，为应对老龄化社会提供信息基础。

（4）为社会保障制度改革提供参考。通过采集退休人员的信息，可以为社会保障制度的改革提供参考，帮助社会保障相关部门制定更加合理、科学的社会保障制度。

3. 规范要求

为进一步做好辖区内退休人员信息采集工作，应做到以下两点工作要求。

（1）遵守服务礼仪规范

1）开展信息采集时，应根据时间、地点、采集对象的具体情况合理着装，大方、得体的着装不仅体现了专业性和对采集对象的尊重，还有助于在采集过程中与采集对象建立良好的关系，促进信息的有效获取。

2）在采集信息时，对行走不便的退休人员，应主动上前搀扶。主动为退休人员提供茶水或饮料，体现对他们的关心和尊重。在整个信息采集过程中，要保持热情、亲切的态度，让退休人员感受到温暖和关怀。

（2）确保信息采集过程有效沟通

1）提前做好沟通准备。一是提前准备好采集信息所需要的工具、图表和材料等；二是提前掌握采集对象具体情况，拟定好采集内容和沟通话术；三是提前准备好采集过程中可能出现的异常情况的应对措施。

2）选择适当的采集方式。根据退休人员的听力、视力、说话能力、表达能力、思维能力等情况，选择采集方式。

4. 相关知识

退休人员主要可以分为以下两类。

（1）正常退休人员。正常退休人员是指达到国家规定的男年满60周岁、女干部年满55周岁、女职工年满50周岁，连续工龄满10年达到正常退休年龄并办理退休手续的人员。

（2）特殊工种退休人员。特殊工种退休人员是指从事井下、高空、高温、特别繁重体力劳动或者其他有害身体健康的工作，男年满55周岁、女年满45周岁，连续工龄满10年，以此退休条件办理退休的人员。

另外，还有一种因为丧失劳动能力而退职的特殊群体：因工致残或者是男年满50周岁、女年满45周岁，连续工龄满10年，由医院证明，并经劳动能力鉴定委员会确认完全丧失劳动能力的，以此条件办理退职享受相应退职待遇的人员。

二、掌握服务操作要领

1. 操作流程

（1）明确采集目的。明确信息采集的目的，使整个采集活动的各个方面、各个环节始终围绕采集目的开展，确保信息采集的针对性、有效性。

（2）确定采集对象。以采集目的为中心，结合预算经费、采集期限、劳动保障协理员的具体情况等，选择确定采集对象。

（3）确定采集渠道和方法。根据采集目的、采集条件、采集能力水平以及采集对象的特征，选择合适的采集渠道和方法。

（4）制定采集方案。采集方案应明确采集目的、采集范围、采集对象、采集渠道、采集方法、劳动保障协理员职责分工、进度计划、注意事项等。

（5）实施信息采集。按照采集方案进行组织、实施，在实施过程中，随时掌握进度等具体情况，对影响工作进度的因素制定对应措施，避免对采集工作的影响。

（6）采集信息的核对和整理。为确保信息的真实性、准确性、相关性，需要对采集的信息进行核对。核对完成后，还需将信息进行整理、分析，形成采集报告。

2. 主要内容

（1）基本信息。主要包括姓名、性别、民族、出生年月、居民身份证号码（社会保障号码）、政治面貌、学历、健康状况、单位名称、档案存放地点、特殊人员情况等。

（2）社会保险情况。主要包括基本养老金、医疗保障号码、工伤等级、社会保险关系所在地、参保情况等。

（3）家庭情况。主要包括居住情况、配偶情况、家庭成员或联系人等信息。

3. 操作技巧

（1）退休人员信息采集的原则。采集退休人员信息除了应遵守一般信息采集的原则外，还需要遵守以下原则。

1）适应原则。信息采集的方式、方法、工具的选择以及采集方案的设计应适应退休人员特征。

2）尊重原则。信息采集应建立在尊重退休人员意愿的基础上，不得违背退休人员意愿强制采集或诱导采集。

3）时间合理原则。信息采集应控制好时间，避免时间过长影响退休人员身体健康，或者引发其他突发情况。

（2）退休人员信息采集的主要方法及操作要点。退休人员信息采集的主要方法包括访问调查法和问卷调查法。

1）访问调查法操作技巧。访问调查法采集退休人员信息主要包括调查问题的设计、采集前的准备、访问调查过程管控等环节。

①访问调查问题的设计。设计访问调查的问题类别、题量、难易程度应符合采集对象特征等具体情况，以确保访问工作效率和采集信息的针对性和有效性。例如，对企业退休人员社会化管理服务基本信息的采集主要包括本人基本情况和家庭情况等内容，见表1-1-1。

表 1-1-1　企业退休人员社会化管理服务基本信息采集表（样式）

社会化管理服务所属机构				市区　　街道（乡镇）　　社区（村）		
基本情况	姓名		性别		出生年月	年　月
	居民身份证号码（社会保障号）					
	政治面貌		学历		健康状况	□正常　□重病
	单位全称				档案存放地点	
	兴趣爱好（可多选）	□运动健身　□文艺表演　□棋牌　□书画　□摄影　□垂钓　□收藏 □文学创作　□手工艺制作　□旅游　□公益　□其他				
	特殊人员情况	□劳模　□鳏寡孤独　□特困　□重病				
家庭情况	居住情况	常年居住区域	□本市本统筹区　□本市非本统筹区 □本省外市　□省外　□港澳台　□国外			
		居住地址	省市县（市区）			
		联系电话			邮政编码	
	配偶情况	姓名			出生年月	年　月
		联系电话			健康状况	□正常　□重病
		单位全称			目前状况	□在职　□无职业　□离退休
	家庭成员或联系人1	姓名			与其关系	□子女　□父母　□其他
		居住地址	省市县（市区）			
		联系电话			邮政编码	
	家庭成员或联系人2	姓名			与其关系	□子女　□父母　□其他
		居住地址	省市县（市区）			
		联系电话			邮政编码	
填表单位（盖章）或填表人（签名）		年　月　日		填表单位联系人		联系电话

②做好采集前的准备工作。一是劳动保障协理员应提前熟悉采集方案；二是提前了解采集对象基本情况；三是提前熟悉访问问题，根据采集对象具体情况，掌握访问提问技巧，制定可能出现情况的应对措施等；四是提前预约好访问的时间、地点。

③注意访问调查过程的管控。访问调查可以从较轻松的话题开始，通过问候、关心等话题，拉近感情，减轻心理负担，然后按照访问提纲开展访谈调查。访问

过程中，应随时关注退休人员的身体状况、心理反应，管控好访问过程，发现异常应及时调整或结束。

2）问卷调查法操作技巧。采取问卷调查法采集退休人员信息主要包括问卷的设计、采集对象和采集方法的选择、采集前的准备、问卷填写指导等工作。

①调查问卷设计要适应调查对象。根据信息采集目的，结合退休人员具体特征，有针对性地设计调查问卷及问题内容。

②合理选择采集对象。退休人员范围较广，群体差异较大，应根据采集的目的、预算经费、采集区域范围、采集人数、时间限制等因素选择采集对象。

③选择合适的问卷调查方式。考虑到退休人员的特点，如年龄较大、文化程度较低、身体状况欠佳以及对智能手机和网络操作的不熟悉，选择合适的问卷调查方式至关重要。

④提前掌握采集对象的基本情况。在开展信息采集前，应提前了解采集对象的年龄、文化程度、退休类型、健康状况、养老形式等情况。

⑤做好调查问卷填写指导工作。对于有难度或容易产生歧义的问题，可以在问卷的前面或后面设置引导语，帮助退休人员理解问题的背景和目的。线下采集时，劳动保障协理员应在问卷填写现场进行全程指导，耐心地解答退休人员在填写过程中遇到的任何问题，并给予必要的示范和帮助。

4. 常见问题及其处理

（1）问题：部分退休人员由于文化程度较低、不会使用现代信息技术设备或身体不适等原因，不适合使用线上采集的方法。

处理建议：一是根据采集目的合理选择采集对象；二是根据采集对象特征有针对性地选择调查方法；三是可考虑线上和线下相结合的方式采集信息。

（2）问题：高龄或智障退休人员群体是社会保障服务的一个特殊群体，这个群体的信息采集往往存在较大的难度。

处理建议：一是采用上门采集的方式；二是采用访问调查法，让退休人员口述，劳动保障协理员填写的方式；三是通过护理人员等退休人员身边的人员采集信息。

三、注意事项

1. 注重退休人员生存信息采集的方法

退休人员生存信息采集，很多人对这个话题比较忌讳，在生存信息采集时，应做好宣传引导，注意语言表达方式，争取被采集人及其子女和相关人员的理解，并采取适当的方式方法，让大家更容易接受和配合。

2. 注重退休人员各种诉求的回应方式

在采集信息过程中，经常会有退休人员反馈如退休待遇、物业管理等与采集工作无关问题，面对这样的情况，劳动保障协理员在共情的同时要保持理性，对超过自身能力范围之外的问题，可以记录反馈，但不要轻易承诺。

学习单元 5 采集辖区内用人单位相关信息

一、做好学习前的准备

1. 概念

采集辖区内用人单位相关信息是指根据采集目的，运用有效的调查方法对辖区内用人单位的基本情况、用工情况、用工招聘需求、享受人力资源社会保障服务等信息进行采集，以便为改进和提升人力资源社会保障服务提供决策依据。

2. 作用

采集辖区内用人单位相关信息主要包括以下两个方面的作用。

（1）有利于改进人力资源社会保障服务。通过采集辖区用人单位信息，使有关部门更加准确地掌握用人单位落实人力资源社会保障政策、享受相关服务的具体情况，为制定人力资源社会保障政策，改进服务提供决策依据。

（2）有利于促进公共就业服务。通过掌握用人单位人力资源供给和需求的数量、结构等情况，为做好就业服务提供了重要的基础信息，对促进就业指导和服务具有积极的作用。

3. 规范要求

为进一步做好采集辖区内用人单位相关信息工作，应做到以下两点工作要求。

（1）做好宣传和解释。在实施采集前，劳动保障协理员应向被采集单位相关人员宣传信息采集的目的和意义，介绍采集信息的主要内容，以及对采集信息的利用和保密等情况，并对主要的、难以理解的或者容易出现理解偏差的问题进行解释，统一口径，确保采集信息的全面、准确。

（2）与用人单位保持良好沟通。到用人单位采集信息前，劳动保障协理员应做好双方人员的介绍，使大家尽快熟悉，拉近距离。采集结束后，尽量保留用人单位相关对接人员的联系方式,以便后续信息采集相关问题的进一步沟通,并向被采集单位及其参加采集工作的全体人员表示真挚的谢意。

4. 相关知识

(1)用人单位的概念。用人单位是指具有用人权利能力和用人行为能力,运用劳动力组织生产劳动,且向劳动者支付工资等劳动报酬的单位。

(2)用人单位的分类。根据用人单位性质不同,可分为机关、事业单位、社会团体、企业、个人组织等。

二、掌握服务操作要领

1. 操作流程

采集用人单位信息的操作流程主要包括制定方案、熟悉要求、获取信息、做好记录、整理信息、填报报表、整理归档。

(1)制定方案。采集方案应包括采集的目的、范围、对象、内容、时间、地点、进度计划、保障措施等,制定方案时还应综合考虑采集成本和效率等因素。

(2)熟悉要求。主要是熟悉信息采集统计指标的口径、范围,明确采集任务和要求。同时要熟悉、掌握用人单位划分标准,掌握统计报表的要求,明确信息采集任务。

(3)获取信息。一是通过现场调查获取信息。通过深入用人单位,采取看、问、算等各种形式,了解辖区内用人单位就业、培训、社会保险和劳动关系等人力资源社会保障情况。二是从日常工作中获取信息。通过从有关部门获得企业年检、劳动保障专项检查、劳动用工情况检查、社会保险参保缴费登记等有关数据,或者通过开展为单位提供就业、社会保险服务,政策落实服务等工作,获取用人单位人力资源社会保障情况数据。

(4)做好记录。无论是现场调查的数据,还是日常工作获取的信息,都要详细记录,记录内容要全面、真实。

(5)整理信息。对获取的原始记录进行整理、核对,相互印证是否有遗漏、错误。在此基础上按一定的分类加以汇总,建立统计台账。

(6)填报报表。按报表规定的统计项目、内容、填写说明等填写报表,并及时按程序上报。

(7)整理归档。按立卷内容、程序和要求归档。

2. 主要内容

(1)用人单位基本信息。主要包括用人单位名称、性质、统一社会信用代码、登记注册类型、注册地址、经济类型、所属行业、法定代表人或负责人、联系人、联系人电话等。用人单位就业登记（用工备案）基本情况表，见表1-1-2。

表1-1-2 用人单位就业登记（用工备案）基本情况表

单位全称				
统一社会信用代码			法定代表人	
电子邮箱			邮政编码	
联系人		电话	传真号码	
单位地址	市　　县（市、区）　　乡镇（街道）　　街（村）　　号			
用工总数	人	企业规模	□大型　□中型　□小型　□微型	
隶属关系	□中央　□省属　□市属　□区（县）　□其他			
单位类型	□国有企业　□集体企业　□股份合作企业　□联营企业　□有限责任公司 □股份有限公司　□私营企业　□港澳台商投资企业　□外商投资企业 □劳务派遣企业　□其他企业　□机关　□事业　□社团　□民办非企业单位 □个体经济组织			
所属行业	□01 农林牧渔业 □02 采矿业 □03 制造业 □04 电力、热力、燃气及水生产和供应业 □05 建筑业 □06 交通运输、仓储和邮政业 □07 信息传输、软件和信息技术服务业 □08 批发和零售业 □09 住宿和餐饮业 □10 金融业 □11 房地产业		□12 租赁和商务服务业 □13 科学研究和技术服务业 □14 水利、环境和公共设施管理业 □15 居民服务、修理和其他服务业 □16 教育 □17 卫生和社会工作 □18 文化、体育和娱乐业 □19 公共管理、社会保障和社会组织 □20 国际组织 □21 其他	
用人单位（签章）： 经办人： 联系电话： 　年　月　日				

（2）用人单位用工信息。用工信息主要包括用工人数、人员结构、各类用工形式、人员比例、特殊工种岗位数及其在岗人数、特殊工种持证人数、不同工作制用工人数、薪酬福利待遇、用工招聘需求信息等。表1-1-3为用人单位用工需求信息登记表（样表），正面主要登记用人单位基本信息，背面主要登记用工需求信息。

表1-1-3　用人单位用工需求信息登记表（样表）

编号：

用人单位基本信息表（正面）

企业基本信息			
企业名称			
注册资本（万元）		在职员工人数	
营业执照副本代码		组织机构代码	
经营范围			
企业简介			
所属行业		经济类型	
单位地址		电话（传真）	
联系人		联系人电话	
电子邮箱		企业网址	
备注			

登记时间：　　年　月　日

用人单位用工需求信息登记表（背面）

招聘职位1	岗位职责					
	晋升空间					
	技能、经验要求					
	职位性质	用工形式	招工人数	性别	年龄	户口
	正式/派遣	全职/兼职				
	文化程度	所学专业	食宿情况	社保情况	其他福利	试用期
	工作时间（班制）	基本工资	年均收入	月平均收入	月最高收入	备注
招聘职位2	岗位职责					
	晋升空间					
	技能、经验要求					
	职位性质	用工形式	招工人数	性别	年龄	户口
	正式/派遣	全职/兼职				
	文化程度	所学专业	食宿情况	社保情况	其他福利	试用期
	工作时间（班制）	基本工资	年均收入	月平均收入	月最高收入	备注

（3）用人单位人力资源社会保障相关信息。主要包括用人单位制定的内部劳动保障规章制度信息、用人单位与劳动者订立书面劳动合同信息、用人单位遵守工作时间和休息休假规定信息、用人单位支付劳动者工资和执行最低工资标准信息、用人单位参加各项社会保险和缴纳社会保险费信息等。

3. 操作技巧

（1）采集的方式。根据具体的需求和情境，可以选择现场采集、非现场采集，以及定期或不定期采集，或综合利用多种方式采集辖区内用人单位相关信息。

（2）采集的工具。采集工具涵盖各种文档和表格，如提纲、问卷、量表和卡片等。这些工具的设计需要根据具体的信息采集需求来确定，确保能够准确、全面地收集到所需的信息。除此之外，采集过程中还可能借助各种物质手段，如照相机、录音机、摄影机、扫描仪和刻录光盘等设备。这些工具和技术手段可以帮助我们收集到更多元化、更丰富的数据。在使用这些采集工具时，需要提前做好安排和准备，确保它们在信息采集过程中能够正常工作并满足需求。

4. 常见问题及其处理

（1）问题：用人单位对信息采集工作的目的和意义不了解，对信息采集工作的配合性较差，影响信息采集的效率和质量。

处理建议：一是提前与用人单位接洽沟通，选择合适的采集时间和采集方式；二是采集时的问题不宜过多，难度应适中；三是做好信息采集的宣传解释工作，争取用人单位的支持和配合。

（2）问题：信息采集时，如果涉及用人单位敏感信息，用人单位往往不愿提供真实的信息，导致信息缺乏真实性、可靠性。

处理建议：一是采集信息设计的问题应尽量避免涉及用人单位商业机密等敏感性内容；二是在采集前做好宣传解释和有关说明；三是做好信息保密工作。

三、注意事项

1. 加强协调

进入用人单位实施信息采集工作通常涉及多个单位和部门，因此，事前的协调工作和明确的分工至关重要。可以在采集实施之前开展有效的协调工作，明确各相关部门的职能职责，避免在信息采集过程中出现扯皮和推诿的情况。

2. 做好保密工作

对信息采集中涉及的用人单位的敏感内容，要严格做好保密工作，制定可行的保密措施。

3. 做好更新工作

与用人单位保持良好互动，及时更新和完善已采集的信息，可以确保信息的实时性和适用性。

思考题

1. 简述人力资源社会保障信息采集的主要内容。
2. 简述失业人员信息采集的主要内容。
3. 简述使用问卷调查法采集失业人员信息的操作技巧。
4. 简述就业创业人员信息采集的主要内容。
5. 简述退休人员信息采集的主要内容和操作流程。
6. 简述用人单位的分类。
7. 简述用人单位信息采集主要内容和操作流程。

培训课程 2　信息处理

学习目标

1. 能对采集的信息进行筛选、校核、分类和汇总。
2. 能识读、填写工作台账和报表。
3. 能将采集的信息录入信息管理系统。
4. 能根据服务对象的情况变化进行动态管理。

学习单元1　筛选、校核、分类和汇总信息

一、做好学习前的准备

1. 概念

筛选、校核、分类和汇总信息是指针对采集的信息，通过台账记录、系统处理等方式，遵循完整性、准确性、及时性的原则进行整理的过程。

2. 作用

筛选、校核、分类和汇总信息主要包括以下五个方面的作用。

（1）确保信息准确性。筛选和校核过程可以帮助排除错误、重复或不准确的信息，提高信息的准确性和可靠性。

（2）优化信息组织和管理。分类和归类可以将大量的信息按照特定的标准和体系进行整理，使其更易于组织、查找和管理。

（3）提供决策支持。汇总和整合后的信息可以为决策者提供有关人力资源社

会保障服务的详尽数据，使他们能够基于事实和数据来制定政策，从而更好地满足社会成员的需求和期望。

（4）发现趋势和问题。对信息进行汇总和分析可以揭示出事物的趋势、模式和问题，从而发现人力资源社会保障服务领域的潜在机会和挑战。

（5）提高效率和效益。通过筛选、校核、分类和汇总信息，可以减少冗余和重复的工作，提高信息处理的效率，从而节省时间和资源。

3. 规范要求

为进一步做好筛选、校核、分类和汇总信息工作，应做到以下四点工作要求。

（1）迅速及时。信息的时效性是其价值的重要体现。在人力资源社会保障服务领域，信息的迅速传递和及时处理对于制定和调整政策至关重要。

（2）准确无误。信息的准确性是信息有效利用的前提和基础。在筛选、校核信息时，必须严谨认真，确保每一条信息的来源可靠、内容真实。对于存疑的信息，要进行深入调查和核实，避免因为信息不准确而导致决策失误。

（3）简短精练。信息的表述应该简短精练，以便于决策者快速理解和把握。

（4）明确具体。在筛选、分类和汇总信息时，应明确信息的使用目的和需求，以具体的决策程序和决策内容作为筛选、取舍、补充信息的主要标准。

4. 相关知识

信息处理包括信息系统处理、电子台账记录和手工台账记录三种常用方式。

（1）信息系统处理。为了更好地做好对各类重点群体和企业的动态跟踪服务工作，许多地方都开发了专门的信息系统。这些系统通常集成了信息记载、信息查询、台账自动生成以及自动汇总统计等功能模块，以提高信息处理工作效率和准确性。

（2）电子台账记录。电子台账记录使用电子表格软件管理数据清单，是一种高效且常用的方法。电子表格软件提供了强大的数据处理和分析能力，使得数据清单的管理变得简单直观。

例如，失业人员跟踪和服务信息可以分为个人基本信息和服务信息，为了管理和使用方便，可以对个人基本信息和服务信息进行细化分类，如图 1-2-1 所示。然后将主要信息项进一步细化为具体的指标项目，如表 1-2-1 所示。最后将这些指标项目内容按一定规律和要求输入电子表格软件中，形成基础台账，构建数据清单，便于工作人员据此进行日后的管理和操作。

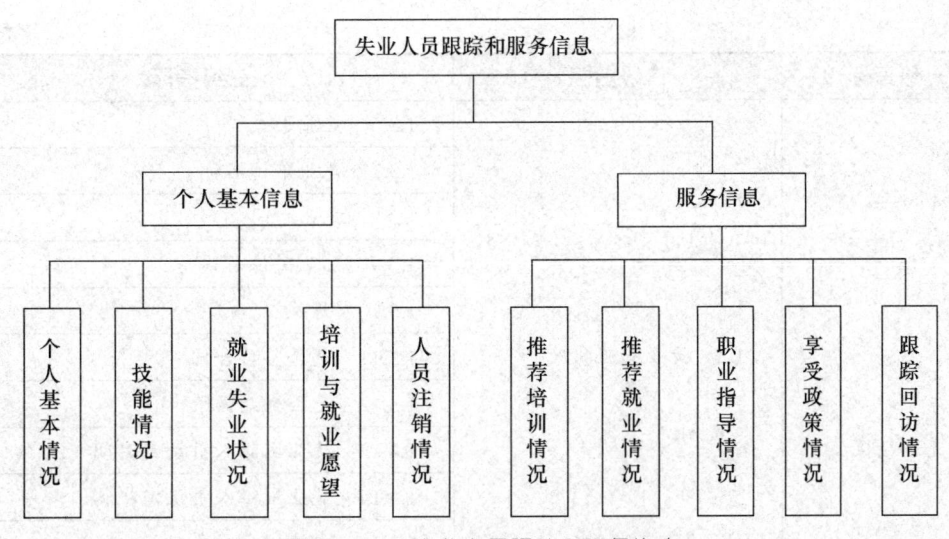

图 1-2-1 失业人员跟踪和服务信息

表 1-2-1 失业人员跟踪和服务信息指标列表

一级指标	二级指标	三级指标
1. 基本情况	1.1 个人基本情况	1.1.1 居民身份证号码
		1.1.2 姓名
		1.1.3 性别
		1.1.4 年龄
		1.1.5 文化程度
		1.1.6 婚姻状况
		1.1.7 户籍地址
		1.1.8 居住地址
		1.1.9 联系人
		1.1.10 联系电话
		1.1.11 人员类别
		1.1.12 邮编
	1.2 技能情况	1.2.1 技能名称
		1.2.2 技能等级
	1.3 就业失业状况	1.3.1 失业时间
		1.3.2 享受失业保险待遇情况
		1.3.3 就业失业状态
		1.3.4 失业暂无就业愿望原因
		1.3.5 就业类型

续表

一级指标	二级指标	三级指标
1. 基本情况	1.3 就业失业状况	1.3.6 就业形式
		1.3.7 就业单位名称
		1.3.8 就业时间
		1.3.9 就业岗位名称
		1.3.10 月收入
		1.3.11 是否签订合同
		1.3.12 是否缴纳保险
		1.3.13 就业困难人员认定时间
		1.3.14 就业困难人员认定机构
		1.3.15 申请困难对象时间
		1.3.16 困难类别
	1.4 培训与就业愿望	1.4.1 培训意愿
		1.4.2 就业愿望
	1.5 人员注销情况	1.5.1 注销类别
		1.5.2 注销原因
2. 服务情况	2.1 推荐培训情况	2.1.1 培训时间
		2.1.2 培训项目
		2.1.3 培训类别
		2.1.4 培训机构名称
		2.1.5 证书情况
	2.2 推荐就业情况	2.2.1 推荐就业时间
		2.2.2 推荐岗位名称
		2.2.3 推荐单位名称
		2.2.4 推荐结果
	2.3 职业指导情况	2.3.1 指导时间
		2.3.2 指导内容
		2.3.3 指导结果
	2.4 享受政策情况	2.4.1 享受时间
		2.4.2 享受类别
	2.5 跟踪回访情况	2.5.1 服务时间
		2.5.2 服务内容
		2.5.3 服务结果

（3）手工台账记录。即工作人员在完成对辖区内调查对象的调查摸底、开展各项服务后，将相关信息登录到各类纸质台账中，以便于今后的管理工作。

二、掌握服务操作要领

1. 操作流程

（1）信息筛选的方法

1）遵循信息筛选的原则。信息筛选的基本原则可以概括为准确、重大、新颖和完整。准确性是信息筛选的首要原则，不准确的信息可能导致错误的判断，进而影响工作效果。重大性原则要求在筛选信息时关注那些对日常工作具有重大影响的内容。新颖性原则要求在筛选信息时关注那些具有创新性和独特性的内容。完整性原则要求在筛选信息时确保信息的全面性和完整性。

2）看信息的来源、标题和正文。不同来源的信息往往具有不同的重要性和可信度。信息的标题通常是对内容的高度概括，可以反映出信息的主要内容和价值。通过仔细阅读标题，可以初步判断信息是否与工作相关，以及是否需要进一步了解详情。阅读正文时，需要先浏览其主要内容，了解信息的基本情况和背景。

3）决定信息的取舍。对信息进行严格的选择，从中挑选出能满足需求、对工作具有借鉴作用和参考作用的信息。

（2）信息校核的方法

1）遵循信息校核的原则。信息校核的主要原则有三个，即完整性、准确性、及时性。

2）完备性检查。完备性检查需要确保所有的采集单位或个体都已被涵盖，且所有采集项目或指标都已填写完整，没有遗漏或缺失。

3）逻辑检查和计算检查。一方面检查数据是否符合逻辑，内容是否合理，各项目或数字之间有无相互矛盾的现象。另一方面检查采集表中的各项数据在计算方法和计算结果上有无错误。

4）检查后订正。对于发现的数据错误，根据记录的原始信息或相关文档进行纠正。对采集表中的缺报或缺项进行补报或补充采集。

（3）信息分类的方法

1）遵循信息分类的原则。主要遵循科学性、完备性和不相容性的原则，通过统一标准或同一标志进行分类和分组。

2）确定分组的类型。根据统计或研究的需要，按某一标志进行分组。对总体只按一个标志进行分组称为简单分组。例如，某社区失业人员按性别分组，只分为男、女两个组。在对总体按某一标志分组的基础上，再按另一标志进一步分组称为复合分组。例如，将工业企业先按隶属关系分组，在此基础上再按企业规模进行分组，如图1-2-2所示。

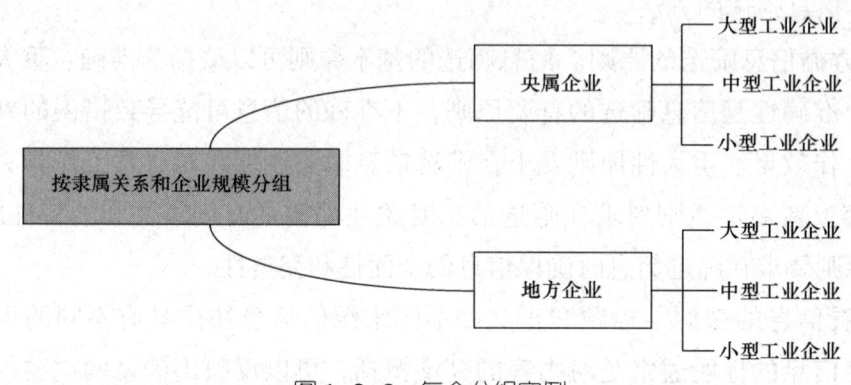

图1-2-2 复合分组实例

3）选择分组标志。反映总体属性差异的标志称为品质标志，如"所有制"这个标志反映不同企业在生产资料占有上的共同属性。反映总体数量差异的标志称为数量标志，如"年龄"这个标志反映人口在生命时间上的数量差异。

（4）信息汇总的方法

1）选择信息汇总的形式。信息汇总的第一步就是在逐级汇总、集中汇总、综合汇总中选择合适的汇总形式。

①逐级汇总：按照一定的统计管理体制，对采集的信息自下而上地逐级进行汇总。

②集中汇总：将全部采集的信息都集中到最高一级机构统一汇总。

③综合汇总：把上面两种汇总方式综合起来，一方面对一些最基本的调查信息进行逐级汇总，另一方面将全部原始资料进行集中汇总。

2）选择需要汇总的数据项。这一步需要根据计划开展的工作和具体的汇总目的进行有针对性的选择。如果汇总的目的是填写报表，就需要根据报表填写的内容进行汇总。

3）记录汇总结果。如果是手工台账，可以用点、线或者画"正"字的方法进行汇总计算；如果是电子台账，可以利用电子表格软件中的筛选工具快速汇总，并增加数据汇总表记录结果；如果有专门的统计报表，则可在统计报表中直接记录汇总结果。

2. 常见问题及其处理

（1）问题：由于筛选、校核或分类的标准不同，或因信息存在微小差别，导致汇总的信息中有重复信息或遗漏信息。

处理建议：如果存在信息重复，就要查看重复信息是否完全一样。如果一样，则去除其中任意一条；如果不一样，则通过校验判断哪条信息的数据项更符合实际情况并进行保留。如果存在信息缺失，可根据信息来源进行回溯并做补足处理。

（2）问题：如果将规模以上企业、高新技术企业同时纳入企业类型分类，可能会出现一家单位既是规模以上企业也是高新技术企业的情况，进而造成信息分类交叉重叠。

处理建议：在信息分类时遵循不相容性原则，要求在同一分类体系中，各个分类标准或标志必须是相互独立、互不重叠的，即它们之间不应存在交集。同时，使用同一标志进行分组，意味着所有纳入该组的元素都应具有相同的标志属性。如果需要根据多个属性对信息进行分类，可以设置多个分类属性。这些属性可以是相互独立的，也可以是具有层次结构的。在设置多个分类属性时，需要确保它们之间的逻辑关系清晰明了，以便在后续的数据处理和分析中能够准确地区分和应用这些属性。

三、注意事项

1. 信息的分类要便于利用

除了对信息进行常规分类，还可进行精细分类，精细分类能够提供更加具体和深入的信息，帮助分析人员更好地理解信息的内在规律和特点。

2. 利用颜色、标签区分类别

利用颜色和标签来区分类别是一种非常直观且有效的方法，特别是在处理大量信息或数据时。这种方法不仅提高了视觉辨识度，还使得信息更加易于理解和分析。对于只有少部分主体具备的属性，如"高新技术企业"，使用标签是一个很好的选择。这样可以避免对所有主体都进行分类的复杂性。

3. 注意常规性问题的总结

对信息处理过程中出现的问题进行记录，明确问题处理的步骤和方法，对工作人员进行注意事项培训，统一标准，提高各工作环节的准确性。

学习单元2　工作台账和报表的识读与填写

一、做好学习前的准备

1. 概念

工作台账和报表的识读与填写是指遵循真实性、完整性、及时性的原则，通过提前熟悉台账内容、填写说明以及报表统计口径、栏目关系等，对所需要的数据、内容进行整理和准确填写，并在填写完成后进行检查和补充的过程。

2. 作用

做好工作台账和报表的识读与填写工作主要包括以下三个方面的作用。

（1）实现对重要信息的监测。工作台账是为了管理服务对象而设置的记录信息的工具，而报表则是对重点信息进行汇总、统计、填写、上报的载体，两者都能在劳动保障协理员的信息处理工作中起到一定的监测作用。

（2）为管理提供必要的信息基础。有效地识读、填写工作台账和报表有助于劳动保障协理员实现工作底数清、情况明的目标，打牢工作基础。

（3）建立完善的信息管理体系。识读和填写工作台账有助于总结区域劳动力特点，进而助力地区建立个性化的信息管理服务体系，帮助达成工作目标。

3. 规范要求

为进一步做好工作台账和报表的识读与填写工作，应做到以下三点工作要求。

（1）体现真实性。台账和统计报表必须如实反映人力资源社会保障的活动情况，各项数据应真实可靠，不得以任何形式弄虚作假。

（2）确保完整性。填报人员应当按照规定的台账和统计报表格式内容填写，全面完整地填报相关资料，不得乱编、漏报。

（3）做到及时性。台账和统计报表所提供的信息具有很强的时效性，填报人员须按时间要求及时填写和上报，才能使信息发挥最大效用。

4. 相关知识

（1）劳动力调查制度。该项调查制度于2005年正式实施，每年进行两次全国劳动力抽样调查，调查范围为中国大陆的城镇和乡村，调查对象为16岁及以上人口。2009年3月，为更及时准确反映劳动力市场变化情况，建立了31个大城市月度劳动力调查制度。2013年4月，又将月度劳动力调查范围扩大至65个城市。2016年1月，全国月度劳动力调查正式在全国范围内开展，调查范围覆盖全国所有地级市。

（2）劳动工资统计报表制度。该项调查制度是以企业、事业、机关、民间非营利组织等单位为调查对象的统计调查，包括城镇非私营单位就业人员统计和城镇私营单位就业人员统计两个部分，工资和城镇单位就业人员数等数据就来自这项调查。

二、掌握服务操作要领

1. 操作流程

（1）识读、填写工作台账的程序

1）熟悉台账栏目内容。对于新建立的台账或不熟悉的台账，如果不了解个别栏目内涵，可以先标注出来，做重点研究思考。台账中栏目内涵明确，但信息来源相对分散的，可以在栏目下方或旁边标注出可利用的信息来源，为下一步填写做好准备。

2）熟悉台账填写说明。填写说明通常位于台账表式下方，一般包括填表范围、栏目解释、填写方式等要求。针对台账栏目中存疑的部分，如果在填写说明中有解释，则划线标注，加深理解。填写说明所提出的要求不明确或存在逻辑漏洞时，也可以进行标注。如果填写说明中没有对存疑栏目的解释，可以直接与台账制定（发放）单位相关人员沟通，进一步解决疑虑，为下一步填写做好准备。

3）对应栏目填写原始记录。按台账填写要求，对应相关栏目，及时选用和填写原始记录的相关信息情况。填写过程应注意以下事项。

①确保格式统一。填写台账通常是对具有共性的信息进行整理，每个栏目填写内容的格式应尽量保持一致。例如，填写出生日期，既可以选择"××××年××月××日"的形式，也可以简写为"××××.××.××"的形式，但应前后保持一致。如果有样例，可以对样例进行分析和理解，并参照填写。

②对存在明显偏差的内容进行核准。例如，一名登记求职人员的年龄是25岁，但拥有10年相关工作经历，显然不符合正常逻辑，因此应对此类信息进行核准。

③对特殊信息进行重点标注和备注说明。例如，在填写企业信息台账时，该企业正在面临拆迁、停产、外迁等情况，需要进行备注说明。

4）对台账的填写情况进行检查。除了检查各栏目是否填写、填写格式是否统一外，还需要检查另外两项内容。一是检查填写的完整性。例如，填写人、填写日期等信息往往位于台账表头的下方或台账末尾，容易被忽视，检查时要重点查看是否填写。二是利用打印预览功能查看台账是否适宜打印，如果不符合打印规范，则需要通过设置页边距、字号、单元格行高或列宽等来调整。

5）对相关内容进行汇总分析。如果重点标注或备注说明的内容比较多，则应统筹分析，查看台账是否存在栏目分类不全等问题，必要时可以对台账进行调整。

（2）识读、填写统计报表的程序

1）熟悉统计报表的统计口径。统计报表列出的统计指标一般比较多，且通常有固定的统计周期，识读填写时要特别注意以下情况。

①特定名词解释。特定名词是指统计口径都有特定的含义解释，填报人员必须按照规定的统计口径进行填报。

②报表统计周期。统计周期是指统计数据的起止时间，根据实际需求可分为月度报表、季度报表、年度报表等。统计时应注意自然周期和统计周期的区别。例如，年度报表的起止时间不一定是该年度的1月1日至12月31日，有可能是上年度的12月26日至本年度的12月25日。

③对统计口径不明确的数据项进行沟通确认。在编制报表过程中，若某个特定指标缺乏明确的解释或定义，则须及时与上级部门进行沟通与请示，以确保数据的准确性和一致性。例如，"失业青年人数"这一指标，若未经详细解释，则可能导致统计标准的模糊与混淆。而若明确界定该指标所指代的群体为年龄在16岁（含）至35岁（含）的人员，将有利于进行有效的数据统计和填报工作。

2）熟悉统计报表的栏目关系。熟悉统计报表的栏目关系既可以帮助填报人员理解表内各指标之间的关系，也能利用平衡关系对统计数据进行校核。

3）准确填报统计报表内容。在填写报表内容时，务必要遵循报表中各个栏目的统计口径及内在逻辑关系，确保所填数据的准确性和完整性。

①在进行报表填报或表格复制操作时，建议先在打印出的副本或复制的表格上进行试填报，避免直接在正式表格上填写出现错误或疏漏。

②在填写的过程中进行逻辑验证，查看各栏目之间的逻辑关系是否正确，核定报表各栏目之间是否平衡。

③当确保所填写的信息准确无误、各栏目之间逻辑关系正确后，可以将纸质报表上的内容录入电子报表中，或将试填报表的内容誊抄到正式报表上。

④在电子报表的处理过程中，可以运用预定的公式或逻辑关系来核验报表内各项数据及其栏目之间的平衡性。对于已填写完成的纸质正式报表，亦需依据其栏目间的逻辑关系进行再次核验，以确保各栏目之间的平衡关系准确无误，从而保证数据的完整性和准确性。

4) 检查报表填写的完整性。统计报表的内容还包括填表说明、补充资料、填报单位签章、填报人员签名、填报日期等要素。填报人员必须严格遵循相关要求，全面、准确地填写报表所需的各项信息资料，并确保及时提交。

2. 常见问题及其处理

（1）问题：台账或报表过于分散，台账及报表之间的数据不能相互印证。

处理建议：将台账分类整理，建立目录，方便查找。设置台账和报表封皮，在封页内明确标注台账或报表的基本内容、主要信息。

（2）问题：数据口径存在不一致性。由于不同记录者对于台账和报表数据项的理解存在差异，且缺乏必要的沟通，导致各自仅依据个人理解进行填写。

处理建议：在遇到数据填写标准模糊不清的情况时，应当立即与台账、报表的设计人员进行沟通，以明确填写标准和规范。同时，为确保数据填写的一致性和准确性，应组织对其他相关人员进行识读和填写工作的培训。

（3）问题：填写规范欠缺。当台账或报表中列出的某项情况实际并不存在，或对应的数据量为零时，一种常见的错误操作是直接将相应的单元格留白，未填写任何内容。

处理建议：为确保文档的准确性和规范性，建议在遇到上述情况时，应在相应的单元格中明确填写"无"或采用"0"作为占位符，以正确反映数据的实际情况。

（4）问题：信息填写错误。在文档处理或信息录入过程中，若发生信息填写错误，例如，因遗漏字符、输入错别字或内容串行等情况，导致所填写的内容与实际情况出现偏差。

处理建议：针对此类问题，为确保信息的准确性和完整性，应当立即与原始信息进行比对，并在发现错误后迅速进行更正处理。

三、注意事项

1. 名称填写要规范

在填写市、县（市、区）、镇（街、乡）、村（居）名称时要填写全称，避免使用缩写代替，所填写的单位名称要与公章一致。

2. 保持内容一致

同一时期在不同台账或报表中填写的同一指标或数据内容应相同。

3. 定期整理装订

为确保台账管理的规范性和连续性，需对台账实施年度整理。对一个完整年度的台账进行装订和系统化整理，同时，启动新一年度的台账建立工作。若业务需要，可将上年度的结转信息融入新一年度的台账记录中。此外，为确保报表信息的完整性，需依据报表周期进行装订和整合，并将基础信息、台账与报表统一置于同一文件夹内，以便在需要时能够相互印证，确保数据的一致性和可追溯性。

学习单元 3　录入采集的信息

一、做好学习前的准备

1. 概念

录入采集的信息是指按照信息管理系统录入界面对单位或重点群体等服务对象的信息进行分类整理，通过逐个录入、数据库导入等方式，选择对应的端口将相关信息保存到信息系统中，进而提高信息管理、使用效率的过程。

2. 作用

录入采集的信息主要包括以下四方面的作用。

（1）有助于提高信息管理效率。信息管理系统不仅可以对采集的信息进行录入，还可以同步精准记录业务办理的时间、操作人员等，形成业务记录，并最大限度保存、提取相关数据，从而提高管理效率。

（2）有利于提升信息利用率。系统高效快速的统计、汇总功能可以帮助我们准确掌握工作效果、未来发展方向和可能出现的问题，为科学地制订服务计划和预测未来提供依据。

（3）有利于优化服务流程。信息系统的使用可以提高工作的自动化水平，例如在开展跟踪回访服务时，可以在系统中设置对不同人员的回访提醒，登录系统后可以根据提醒内容开展工作。

（4）有利于数据信息共享。信息管理系统不仅可以实现信息在内部的实时共享，还可以改变信息逐级上报的传统方式，大幅缩短上级部门获取信息的时间，提高上级部门决策质量。

3. 规范要求

为进一步做好录入采集的信息工作，应做到以下三点工作要求。

（1）专人专岗专号。为确保工作的严谨性、专业性和安全性，应实施专人专岗专号制度。每位工作人员必须依据其个人身份证件，独立开设专用的工作账号。同时，根据各自负责的业务领域或信息内容，赋予相应的录入、查询、操作权限，以实现专人专岗专号的精确管理。

（2）录入完整真实。确保录入的信息精确无误，避免任何拼写错误或数据输入的不准确；务必录入所有必要的信息选项，以防止重要数据的遗漏；确保录入数据的格式、单位和命名均保持一致性，以便后续数据的便捷查询和深入分析。

（3）保障信息安全。采取严谨的安全措施预防任何未经授权的访问、篡改或信息泄露；定期备份录入的信息，防止数据丢失或损坏；详细记录信息录入的日期和时间，以便跟踪数据的历史变化。

4. 相关知识

近年来，大部分地区根据各自工作实际开发了基层劳动就业社会保障信息系统，涉及劳动就业、退休人员社会化管理、劳动关系协调、社会保险等业务，使信息资源在传递、检索、分析、利用等各环节，实现了科学化、自动化。对于已录入系统的信息还可以进行以下操作。

（1）信息处理。通过计算机信息管理系统对用户所输入的信息进行加工处理。例如，系统可以根据求职人员年龄、住址、学历、技能等情况对该名求职者的求职难易程度进行打分判断。对于就业难度较大的，劳动保障协理员可采取职业指导、岗位推荐、跟踪回访等重点帮扶举措；对于难度较小的，可适当减少跟踪服务频次，进行一般性岗位推荐等。

（2）信息查询。基层劳动保障协理员可根据业务需求查询、汇总和打印所需要的各类信息。优秀的管理信息系统可以根据授权查询跨业务范围内的其他人力资源社会保障信息。常见的查询方式包括以下三种。

1）模糊查询。对于要查询的信息了解不够准确或相对模糊的情况，通过输入关键词或关键字来检索与关键词（字）相关的内容。

2）条件筛选。一些信息系统会根据查询频率，设定常用的筛选条件，帮助用户快速查询。

3）高级查询。高级查询可以查看隐藏的查询条件或同时勾选多个查询条件进行检索。

（3）信息汇总。信息管理系统既可以对业务数据进行汇总，也可以对业务工作量进行统计。例如，当基层劳动保障协理员输入了辖区申请灵活就业人员的基础信息后，信息系统可自动生成辖区申请享受灵活就业社保补贴人员的汇总表。

（4）信息传输。信息传输是信息管理系统的必备功能，具体功能包括以下四种。

1）单一业务传输。例如，社区内的失业人员因为居住地变更需转移至另一社区时，劳动保障协理员可以按照操作流程在信息系统中进行信息传输。

2）横向业务传输。例如，用人单位到所属劳动就业管理机构为所录用的失业人员办理了录用备案手续，该劳动就业服务机构将此录用单位和失业人员信息输入信息系统的同时，也需将此信息传递给同级保险机构，以便他们能及时督促用人单位为新录用人员缴纳社会保险。

3）纵向业务传输。例如，就业创业证信息、公共招聘信息、劳动监察信息、统计报表信息、重点企业的失业监测信息等在省（市）、区、镇、村各级机构之间进行传输。

4）跨部门传输。主要是指人力资源社会保障信息系统与外部门之间的信息传递。例如，人力资源社会保障部门的招聘信息系统和高校、工会、妇联、共青团等部门之间实现信息互联共享。

（5）分析反馈。信息系统可以根据管理需要，借助信息分析专用软件，对数据库内的信息进行分析，产生图表和分析报告。

二、掌握服务操作要领

1. 操作流程

（1）对照系统将预备录入的信息进行分类。信息的类别不同，其对应录入的系统或系统功能模块也可能不同。因此，如果采集到的信息较多，可提前将信息进行分类，或在采集时分类处置，从而方便录入。

（2）选择信息录入管理系统的方法

1）逐个录入。根据系统界面和提示录入信息项，逐项、逐条录入并保存，这种方法适用于信息量较小的情况。

2）数据库导入。对现有的信息台账或批量采集的某一类服务对象的信息进行批量导入，这种方法适用于数据信息量较大的情形，其优点在于快速、高效。

（3）按照类别选择信息录入的端口。信息管理系统中会根据业务情况设置相关的功能模块，例如失业登记、求职登记、招聘登记、职业指导等，可以根据信息类别，选择相应的录入端口。

（4）开展信息录入。需要注意的是，在输入基础信息的时候，信息系统会根据系统预设置的规则对所输入的信息进行校核，如校核人员居民身份证号码是否符合规则，数据之间是否有逻辑错误等。

1）用人单位信息输入。包括单位名称、统一社会信用代码、所属行业、经营地址等基本信息；岗位名称、岗位职责、招聘人数、岗位要求、薪酬及其他福利待遇等招聘信息；就业政策咨询、单位补贴申领、劳动关系维护和人力资源服务等单位服务诉求信息等。

2）重点群体信息输入。包括姓名、居民身份证号码、居住地址和联系电话等个人基本信息；是否就业（在职）、是否办理失业登记、失业持续时间等就业状态信息；应聘行业、工作地区、岗位名称、用工形式、薪资待遇等求职信息；工作单位、担任职位或工作的岗位、日常工作主要职责等工作经历信息；学校名称、所学专业、取得学历、学位情况，以及在职期间参加的学历提升、技能提升等教育经历信息。

（5）保存已录入的信息。信息系统中通常在信息录入的最末端有"保存"按钮，也有一些系统实现了自动保存的功能，但需要点击"保存"才能进行信息的提交。

2. 常见问题及其处理

（1）问题：信息记录分散，要逐项查找才进行录入，录入效率不高。

处理建议：按照信息录入界面设计统一的信息采集表或汇总表，并在采集工作过程中规范使用。

（2）问题：由于断网、长时间待机或网页跳转等而导致之前录入的信息被清除。

处理建议：用户在数据录入过程中，应注意及时保存，以确保数据安全与完整性。

（3）问题：服务对象的特殊信息或重要信息出现频率较少，未在信息录入界面设置相应的录入位置。

处理建议：先在备注栏或说明栏内录入，便于日常查阅，并将相关问题反馈给上级部门。

（4）问题：系统初建或批量采集信息时，一次性录入的信息量较大。

处理建议：对于带有"批量导入"功能的信息系统，可以按照系统规定的统一格式整理信息，进行数据的上传。

三、注意事项

1. 登录系统的账号、密码要遵循管理规则

劳动保障协理员在日常系统操作中要遵守账号管理规则，在录入工作完成后及时退出登录，有钥匙盘的要及时将钥匙盘放入保密柜中。

2. 对录入系统的信息实行保密管理

人力资源社会保障信息系统所承载的数据信息，往往涵盖个人及企业的敏感隐私和核心商业机密。基于国家法律法规的严格要求，必须高度重视数据的保密性，严禁任何形式的信息外泄，以确保数据安全和用户隐私权益得到切实保障。

学习单元 4 服务对象的动态管理

一、做好学习前的准备

1. 概念

服务对象的动态管理是指针对服务对象的信息，按照一定的频率，通过收集、整理、存储、应用、反馈等一系列措施，对其具体变化情况进行管理的过程。

2. 作用

服务对象的动态管理主要包括以下四个方面的作用。

（1）有利于形成服务闭环。对服务对象的实施动态管理，有利于及时、全面地掌握服务对象的当前状态。通过对服务对象的动态管理构建一个完整的服务闭环，从而确保服务过程具有可追溯性，为服务质量的持续优化提供坚实支撑。

（2）有利于及时调整方案。通过严谨地监控和管理服务对象的情况变化，能够对既定的服务方案进行重新评估，并在必要时进行适度的调整。例如，对于那些原先存在"就业意愿不足"问题的服务对象，经过精心组织的职业指导，其就业意愿得到了显著增强，那么劳动保障协理员可以依据此变化，及时地进行岗位推荐，以确保服务的针对性和有效性。

（3）有利于总结服务方法。对服务对象的服务过程进行动态管理和记录，可以帮助劳动保障协理员清晰地梳理服务流程，形成具有指导意义的服务案例，并据此总结服务经验。最终，这些经验将被提炼为一套适用的服务方法，优化服务质量和提升服务效率。

（4）有利于形成退出机制。实施服务对象动态管理有助于建立健全退出机制。退出机制的核心在于根据服务对象的实际变化，将其从服务名册或台账中适时移除。例如，当发生服务对象的户口迁移、失业人员成功找到工作、退休人员去世等情况时，应当依据规定的流程，在对应的服务台账中进行注销，以确保服务资源的精确分配和高效利用。

3. 规范要求

为进一步做好服务对象的动态管理工作，应做到以下三点工作要求。

（1）及时清理符合退出条件的人员。在开展服务对象动态管理过程中，要根据最新信息，对符合退出条件的人员进行清理。例如，已就业、已培训、转为无就业意愿、办理了退休手续等人员。

（2）统一服务对象档案的内容格式标准。信息管理系统中，对于服务内容的记录格式采用模板化形式，确保同一类型的服务对象在记录格式上保持基本一致。同样地，在手工服务台账的管理过程中，亦需遵循统一的格式和标准。

（3）定期查阅已有服务档案的内容。劳动保障协理员不仅要在了解到新的信息后进行信息更新，也需要在开展回访或提供服务前查询了解已有的服务档案内容，使开展的服务或回访的问题更有针对性。

4. 相关知识

（1）资料管理。资料管理是对大量信息资料按一定方式进行归档保存，以备分析使用的相关工作。首先按时间将资料分类，辨别每份资料的年份，同年份的资料归入相应的类别。其次按照主题分类，如文件类、信息类、统计数据类等，将资料归入对应的类别。然后对资料进行筛选，提取对工作有指导意义、与业务活动密切相关、重要和真实的信息资料。最后根据分类和筛选结果，将每个类别资料装入特定颜色的文件夹（文件袋）或在文件夹（文件袋）外加标注以区分类别。按照资料的时间、主题、内容做资料索引卡，便于检索使用资料。

（2）档案管理。档案管理是根据管理的需要，把零散的档案进行分类、组合、排列和编目，使其系统化。档案管理要按全宗（即某一立档单位的全部档案）整理的要求进行。档案分类应基于全宗档案的来源、时间、内容和形式等，进行科学合理的划分。档案通常依据时间顺序（起止时间）及内容所涉及的地域等因素排序，以保证档案的有序性和检索便捷性。

二、掌握服务操作要领

1. 操作流程

（1）基本信息动态管理程序

1）收集。通过填写登记表、调查、访问等方式，广泛收集人力资源和用人单位基础情况及变动情况。

2）整理。按人力资源社会保障管理的需要，对收集的信息进行分类。例如，对收集的人员信息按新增失业人员情况、失业人员享受就业扶持政策情况、退休人员的变动情况等分类，同时校核信息的真实性。

3）存储。通过建立纸质个人档案和电子档案，建立各类管理台账和基本信息库，对整理后的信息进行存储。

4）应用。通过填写人力资源社会保障统计报表、编写信息简报、撰写工作总结等方式，及时准确地利用存储的信息。

5）反馈。根据信息利用的效果和差异反映，及时对存储的信息数据进行调整和修订，如实反映服务对象的情况变化。

（2）服务档案动态管理程序

1）建立服务档案。采取系统化、科学化、信息化的手段和方法，坚持内容丰富的原则，从开展服务的实际需要出发，根据服务对象的情况建立服务档案。

2）进行服务分类。根据人员身份、服务需求等进行分类保存。例如，人员可分为登记失业人员、就业困难人员、退休人员；用人单位可以分为招聘单位、一般服务单位等。

3）记录服务内容。记录内容通常包括开展服务的时间、地点、形式、内容、时长、效果以及服务照片等。

4）利用服务档案。服务档案的利用主要体现在制订下一步服务计划和撰写服务案例等方面。

2. 常见问题及其处理

（1）问题：动态管理周期缺乏标准。例如，针对失业人员，无论其有无就业意愿都按照统一时间周期进行动态管理。

处理建议：明确对不同服务对象进行动态管理的时间要求。例如，有迫切求职意愿的人员动态管理时限为 1 周，对暂无求职意愿的人员动态管理时限为半年。

（2）问题：退出机制不健全。例如，已就业的登记失业人员、已死亡的退休人员仍在动态管理范围内，没有及时退出。

处理建议：对已经形成服务闭环的服务对象实行销账及单独建账管理。

（3）问题：信息动态管理记录凌乱。具体表现为动态管理记录分散，记录形式不一，既有以表格形式存在的记录，也有以文档形式呈现的记录。此外，不同人员在进行记录时，缺乏统一的侧重点，导致了信息的不一致和管理效率的降低。

处理建议：针对不同服务对象设计不同的动态管理表格样式，并在同类服务对象中统一使用。

三、注意事项

1. 建立及时沟通机制

构建与服务对象之间的紧密沟通与回访机制，了解他们的需求和反馈意见。通过有效沟通，更好地了解服务对象的变化情况，及时调整服务策略和方式。

2. 做好原始记录工作

充分利用失业人员登记表、求职登记表、退休人员基本信息表、跟踪服务记录等，获取最原始的数据记录。为确保记录的完整性、准确性和时效性，应注意记录的广泛性覆盖、真实性核实以及经常性更新。同时，为确保信息的清晰传达，应设计便于填写的格式。

3. 定期进行动态更新

动态更新的频率应与服务对象动态跟踪服务的频率相匹配，以确保信息变化的真实情况得以及时、准确地反映。当原始记录资料积累到一定程度时，应按照时间顺序进行有序登记，形成完整的台账记录。

相关链接

北京市对16~35岁失业一年以上青年（以下统称"长期失业青年"）实施"青年就业启航计划"工作，利用信息系统进行动态跟踪管理。动态跟踪管理一般分为以下五大步骤。

1. 进行人员登记，建立基础信息库

每月汇总各系统数据，将登记失业或无业求职的长期失业青年信息推送至属地，由属地劳动保障协理员进行摸查，并将登记表中的有关内容输入信息系统，建立起辖区长期失业青年信息库。

2. 摸查就业意愿，记载调查情况

建立好基础信息库后，要按照精细化公共就业服务工作要求，通过前台服务、电话摸查、入户走访等多种方式，开展长期失业青年就业意愿摸查，摸清其基本情况，了解失业原因、就业意愿等信息，并及时录入职业介绍服务系统。

3. 开展针对服务，记载服务情况

劳动保障协理员在组织开展对长期失业青年的入户调查后，可以使用全市统一的分级和测评工具为长期失业青年提供测评服务，并结合其就业意愿调查情况、分级分类情况和测评情况，为有就业指导需求的长期失业青年制定"就业启航计划书"，根据他们的不同情况开展有针对性的就业服务，并在信息系统中做相应的记载。

4. 开展动态回访，及时更新信息

劳动保障协理员要动态了解辖区长期失业青年的情况，做到勤回访并将结果录入系统。对于已提供匹配推荐服务的，了解应聘情况，提供面试技巧指导等帮助；对于已推荐上岗的，定期了解岗位适应性和就业稳定性情况，进行适应性指导和稳岗指导；对于因客观原因暂时无法执行启航计划书的，定期了解情况，待条件具备时及时帮助其就业。

5. 实时查询汇总，了解总体情况

劳动保障协理员将长期失业青年的各类信息及时记载到信息系统后，只要输入其居民身份证号码，就能看到个人整体情况。而这些信息均和市、区（县）、街道（乡镇）三级就业服务机构业务系统的信息互联互通，互为补充，以此达到对服务对象"跟踪一生、记载一生、服务一生"的目的。

思考题

1. 对采集的信息进行筛选、校核、分类和汇总的规范要求有哪些?
2. 简述信息筛选、校核、分类、汇总的方法与程序。
3. 简述识读、填写工作台账的程序。
4. 对录入信息管理系统的信息还可以开展哪些操作?
5. 用人单位和重点群体信息录入分别包括哪些主要内容?
6. 动态管理服务对象基本信息的程序分为哪几步?

培训课程 3 信息应用

学习目标

1. 能按要求汇总上报各类人力资源社会保障统计报表。
2. 能按要求对辖区各类服务对象的有关情况进行简单分析。
3. 能按要求记录、反映、上报辖区各类服务对象的重大情况和突发事件。

学习单元1 人力资源社会保障统计报表汇总上报

一、做好学习前的准备

1. 概念

人力资源社会保障统计报表汇总上报是指通过对原始资料的搜集、分类、汇总并进行全面、系统的加工整理，按照人力资源社会保障统计报表设定的指标，提供反映基层人力资源社会保障工作总体情况的信息数据，形成基层人力资源社会保障统计报表并上报上级部门的工作。

2. 作用

做好人力资源社会保障统计报表汇总上报工作主要包括以下三个方面的作用。

（1）有助于反映基层人力资源社会保障服务工作整体情况。通过汇总上报统计报表，能够全面了解基层人力资源社会保障工作的完成情况、工作成果、工作效率、工作质量等情况和信息，以便给工作决策提供有效数据。

（2）有助于发现基层人力资源社会保障服务工作中的问题。通过对汇总的统计数据进行比较、监控、分析，有助于发现人力资源社会保障服务中的各种问题。

（3）有助于及时研判基层人力资源社会保障服务工作方向。通过对报表数据的分析和预测，针对工作中出现的各种问题，思考相关工作措施，及时对基层人力资源社会保障服务工作的重点、措施和方向进行优化改进。

3. 规范要求

为进一步做好统计报表汇总上报工作，应做到以下三点工作要求。

（1）做好人员配置。加强统计人员的思想政治教育和业务培训，建立政治品质高、业务素质好的统计工作队伍，不随意更换工作人员，保持统计工作队伍的相对稳定性。

（2）压实统计责任。建立健全各项统计管理制度，明确本单位统计负责人，加强统计人员的管理，建立数据溯源制度，将数据真实性、准确性责任落实到人。

（3）规范上报流程。建立逐级复核审定上报制度，对填报真实性、完整性、逻辑性进行校验核实。同时，对上报时效和质量进行定期考核，确保数据质量。

4. 相关知识

（1）统计报表主要指标

1）城镇新增就业人数。城镇新增就业人数是指新参与就业经济活动，实现就业获得劳动报酬的人员数。城镇新增就业人数是反映就业工作状况和落实国家劳动就业政策的重要指标。统计口径为：在报告期内，城镇累计新增就业人数减去累计自然减员人数。

2）城镇失业人员再就业人数。城镇失业人员再就业人数是指报告期内，按照《就业服务与就业管理规定》在公共就业和人才服务机构登记的城镇失业人员实现再就业的人数。

3）就业困难人员就业人数。就业困难人员就业人数指报告期内，符合《中华人民共和国就业促进法》规定条件的就业困难人员实现就业的人数。就业困难人员一般指大龄、残疾、享受最低生活保障、连续失业一年以上，以及因失去土地等原因难以实现就业的人员。

4）城镇调查失业率。城镇调查失业率是国际劳工组织通用的一个指标，根据抽样调查方法推算得到的失业人口占就业人口与失业人口之和的百分比，是反映城镇常住经济活动人口中，符合失业条件的人数占全部城镇常住经济活动人口的比率。其计算方法为：城镇调查失业人数除以调查劳动年龄人口（城镇调查从业人数＋城镇调查失业人数）得到的百分比。

（2）常规报表、台账的有关要求

1）数据真实。建立好原始记录和统计台账，按照统计法规的要求，确保数据来源的真实性，所有数据能够溯源。

2）指标准确。认真理解并掌握各种报表的指标解释，严格按照报表统计指标要求，逐一汇集各类数据并填报。

3）口径一致。在数据汇总与上报过程中，必须确保口径一致。鉴于各类报表数据的期别和统计范围存在差异性，需遵循统一的数据口径原则，确保不同类型数据的汇总与上报具有一致性和准确性。

4）逻辑合理。在数据处理和分析中，必须确保逻辑合理性。例如，累计数据应始终大于或等于当期数据，以体现数据的连续性和累积性。同时，表内各栏目之间以及不同表格间有关联度的指标关系，必须保持严密的逻辑性，以确保数据的一致性和准确性。

5）报送及时。根据统计制度规范，定期收集并整理数据，确保在规定的截止日期之前向上级机构提交准确、完整的统计报告。

二、掌握服务操作要领

1. 操作流程

（1）核实基础数据。从数据资料的完整性和准确性对原始数据资料进行审核检查。完整性审核主要检查基础资料是否有遗漏，指标是否填写齐全等。准确性审核包括检查基础资料信息有无错误，基础资料填写的各项数据是否存在矛盾等。

（2）汇总填制报表。按照报表统计口径，对原始资料中的相关数据进行详尽的汇总整理。利用专业的统计软件或电子表格工具，将数据精确分类并填入相应的表格内。在完成数据填写后，为确保数据的完整性，通过统计软件的内置数据校核功能或仔细核查电子表格来进行确认。

（3）审核逻辑关系。审核逻辑关系包含审核表内关系和审核表间关系两部分内容。审核表内关系是指对报表内的各项指标数据进行逻辑性检查，特别是存在包含关系的统计指标。审核表间关系是指对不同报表间存在关联度的数据进行逻辑性检查，避免出现数据矛盾。

2. 主要内容

（1）汇总常规人力资源社会保障报表。包括城镇新增就业情况统计表、城镇失业人员再就业情况表、城镇就业困难人员就业情况表等。

（2）编写简要的报表说明。包括报表数据总体情况、数据异常原因和特殊数据口径等信息。数据总体情况主要反映报表当前主要指标的汇总情况，如本辖区本期新增就业人员数、本辖区失业人员数、本期失业率等。数据异常原因是指对于变化较大的数据，需要就其变化原因进行具体说明，避免后续审核时误认为是数据错误。特殊数据口径是指由于基层情况的复杂性，在汇集报表时，如涉及辖区具体情况与统计指标不完全吻合，需要根据实际情况，就相关统计口径予以进一步说明。

3. 操作技巧

（1）电子表格汇总。按照报表格式要求制作电子表格，将整理原始资料后得到的数据填入相关栏目，按照报表栏目关系，设置相关数据求和公式，利用求和函数来自动汇总需要合计的数据。

（2）软件生成汇总。按照要求在计算机上安装相关统计软件，打开统计软件，注册后接收报表结构，将整理原始资料得到的数据填入相关栏目。

4. 常见问题及其处理

（1）问题：基础数据不齐。主要表现在报表部分指标数据没有原始资料或原始资料收集不全。

处理建议：完善工作台账和计算机业务软件系统指标，确保报表所需数据能够按要求提取汇集。

（2）问题：指标口径偏差。指标口径偏差一方面指在填制报表时，对指标理解不清晰，导致统计数据失真；另一方面指部分统计指标与本地实际情况不一致，导致难以正确填制报表。

处理建议：加强基层统计人员培训，增强对指标理解的准确性，并根据实际情况，对填报的数据进行书面说明。

（3）问题：报表说明不清。一方面指上报报表时，没有编制报表说明，导致上级对报表数据的情况难以复核。另一方面指编制的报表说明流于形式，仅仅列出报表数据，没有针对报表数据变化进行原因说明或口径解释。

处理建议：上报时针对重点数据变化情况和口径不一致的指标进行书面说明，并与报表一并上报。

三、注意事项

1. 注重数据的逻辑性

汇总上报的数据必须客观真实,确保数据准确且符合逻辑,避免影响后期的统计分析结果。

2. 注重上报的完整性

汇总上报的报表必须完整填报,不能遗漏任何指标项目,确保报表数据能够全面反映工作开展情况。

3. 注重上报的时效性

汇总的报表必须及时上报,以保证数据的有效性,确保报表能够为研判工作提供及时的信息支持。

学习单元2　分析服务对象的有关情况

一、做好学习前的准备

1. 概念

分析服务对象的有关情况是指为达到优化人力资源社会保障服务工作的目的,通过工作台账、业务报表、系统数据等渠道对收集到的辖区各类服务对象接受人力资源社会保障服务情况进行整理,设置简单的指标,对辖区劳动力、社会化管理的退休人员、服务需求和服务反馈等情况进行分析归纳,以获得有用信息的工作。

2. 作用

做好分析服务对象有关情况的工作主要包括以下四个方面的作用。

(1) 有助于了解需求。通过分析服务对象的情况,可以更全面地了解服务对象的需求和问题,促进相关部门更准确地制定和调整政策,以满足服务对象的实际需求。

(2) 有助于定位重点。通过分析服务对象的分布和特征,可以帮助相关部门确定服务的重点对象。例如,对就业困难群体实施有针对性的就业帮扶。

(3) 有助于资源配置。通过分析服务对象的情况,可以更有效地配置人力、财力和物力资源，提供更优质的服务。

（4）有助于监测效果。通过对服务对象有关情况进行分析，可以监测和评估服务效果，及时调整和改进服务策略，提高服务质量和效率。

3. 规范要求

为进一步做好分析工作，应做到以下三点工作要求。

（1）分析指标应保持相对稳定性。一旦分析指标被明确确定，除非工作情境发生显著变动，否则应持续沿用这些指标以确保分析结果的连贯性和可比性。例如，在服务对象分类方面，可以根据年龄、性别、就业状况等维度，将目标群体细分为青年群体、就业困难群体、女性群体、失业人员等。随后，应结合具体工作需求，对各类群体的服务需求、满意度、服务量、服务时间、服务质量等因素进行持续分析，并维持这一分类框架的连贯性，以确保分析工作的系统性和准确性。

（2）分析过程应完整无误。对于每一种情况的剖析，均应贯穿服务的始终，以精确识别工作中的成效与潜在问题。以就业困难人员的服务分析为例，应从引导服务、求职需求、服务结果、服务满意度以及后续跟踪情况等多个维度，进行详尽且全面的数据分析。通过这些指标的动态变化，从而得出更为准确、客观的结论。

（3）分析结果应准确实用。在进行数据分析时，必须根据实际需求精确选择适当的分析指标，并通过多渠道收集详尽的信息。为确保分析的科学性，可以采用平均法、同比法、环比法等统计方法，并综合考虑服务对象的需求、基层平台的运行状况以及政策导向等多维度因素。

4. 相关知识

（1）常规报表的分析要求。根据报表的目的和意义来确定分析的重点和角度，通过对各类报表数据进行归纳、分类和整理，针对人力资源社会保障服务工作的覆盖面、有效性、针对性等情况，对不同时段、不同对象、不同服务项目的数据进行比对，寻找差异及原因。分析服务需求、服务数量、办理结果等相关指标的变化趋势、关联性和规律性，根据分析结果提出相关工作建议和改进方案。

（2）工作台账的分析要求。核实工作台账数据的准确性、完整性和一致性，确保工作台账数据可靠，并持续提取固定时段的工作台账，对记录的相关情况进行分类汇总，分析服务人群、服务数据、服务反馈的差异、规律和趋势，梳理出服务工作的特点和存在的问题，并及时采取措施进行调整和改进。

二、掌握服务操作要领

1. 操作流程

（1）收集数据资料。一是收集各类业务办理的登记表格，如求职登记表、创业担保贷款申请表、培训报名表等。二是收集各类工作台账，如辖区就业困难人员服务台账、退休人员社会化管理服务台账等。三是收集各类人力资源社会保障统计报表，如城镇登记失业人员情况表、就业援助工作情况表等。四是从业务操作系统获取的数据资料，如辖区就业登记情况、登记失业人员情况等。

（2）提取有用信息。在数据处理过程中，采取严谨、系统的方法，对多渠道收集的数据进行逐一比对与筛选，确保数据的有效性和准确性。对于无效的数据信息，及时清除。同时，对关键信息进行核实，确保数据的真实性和可靠性。

（3）得出分析结论。通过对信息分析图表的详尽解读，深入了解数据的基本特性及其分布态势。针对需求波动、业务增减以及渠道变化等现象，进行系统性的原因探寻与逻辑推断，精确识别各因素对于服务对象产生的具体影响，并提出切实可行的建议。最终，整理成一份简明扼要的情况报告，以供上级参考和决策。

2. 主要内容

（1）辖区劳动年龄人口情况。包括人口数量、性别比例、年龄结构、教育程度、职业能力、就业创业情况等。

（2）社会化管理退休人员的情况。包括人员数量、分组情况、入住养老机构情况等。

（3）服务需求情况。包括登记求职情况、创业需求情况、参加培训意愿等。

（4）服务项目覆盖率。包括职业介绍、技能培训、社会化管理服务等服务项目占需求人数的比例。

（5）相关服务情况。包括申请服务后的平均办理流程数、办结率、办结平均时长等。

（6）服务反馈情况。包括对工作人员服务态度的满意度、对业务办理的意见、对基层人力资源社会保障服务工作的建议等反馈。

3. 操作技巧

（1）运用分析工具。在数据处理过程中，可以使用恰当的数据分析工具，如

Excel、SPSS、Python 等，以确保数据统计与分析的精确性与有效性。在此过程中，可以采用描述性统计、交叉分析、聚类分析等多种方法，深入挖掘并提取数据中的潜在有用信息。

（2）关注重点指标。根据分析目的确定应该关注的关键指标。例如，有关就业情况的分析应关注就业率、失业率等指标，有关教育背景的分析应关注受教育程度分布等指标。

（3）定期更新追踪。人力资源社会保障服务对象的状况具有动态性，可能随时间和环境条件的变动而调整。因此，应定期更新相关数据，并进行持续追踪分析，以全面、实时地掌握服务对象的情况。同时，也应根据分析结果，及时调整相关政策和服务，以确保服务的针对性和有效性。

4. 常见问题及其处理

（1）问题：资料不齐全。主要表现在原始资料记录不详或需要收集的数据信息缺失，难以获得完整信息。

处理建议：从多个渠道收集全部报表、台账和相关工作记录，并进行梳理、筛选和分析，确保分析的数据真实准确。

（2）问题：数据差异大。主要表现在各渠道采集的数据不一致，如业务网络的数据与统计报表、原始资料三者间的数据存在较大差异，或上月与本月的相关数据存在不合逻辑的差异。

处理建议：对差异大或不合逻辑的数据进行溯源，核实相关基础资料的真实性和准确性。

三、注意事项

1. 分析的样本要有代表性

应根据工作需要明确分析的目的、范围和对象，选取能够代表各类群体的样本数据，对具有共性的问题进行分析。

2. 情况分析要有针对性

应充分了解本辖区服务对象的主要需求，并围绕这些服务需求选取分析指标和方法，对每个服务需求落实情况进行分析。

3. 改进措施有可操作性

提出的优化服务措施要符合现有的政策规定，基层服务平台能够执行，涉及政策方面的建议，可以按规定向上级报告。

学习单元3 重大情况和突发事件的记录、反映和上报

一、做好学习前的准备

1. 概念

重大情况和突发事件的记录、反映和上报是指针对辖区内涉及重大项目招工、企业裁员等对社区经济社会环境有重大影响的人力资源社会保障领域事件和辖区内的企业职工、失业人员以及退休职工因人力资源社会保障领域问题引起的集体上访、静坐、游行、停工等重大突发事件进行记录、反映和上报的工作。

2. 作用

做好重大情况和突发事件的记录、反映和上报工作主要包括以下两个方面的作用。

（1）有利于提前谋划布局相关工作。通过准确记录、及时反映和上报本辖区内的基础设施建设进展、引进企业招工情况、特殊政策落实状况等信息，可以帮助相关部门进行深入的前期研究，制定出科学合理的工作方案、预算计划，并加强各方沟通协调，从而促进重大项目与政策的顺利实施，同时也对推动辖区居民的就业创业具有积极意义。

（2）有利于及时处置突发事件。迅速记录、上报由各种原因引发的集体上访、静坐、游行、停工等突发事件信息，有助于快速收集、管理并传递突发事件信息，从而有效提升上级主管部门对突发事件的决策与处置能力。此外，还有助于积极回应服务对象的各类诉求，有效遏制事态的进一步发展，确保辖区的社会稳定。

3. 规范要求

为进一步做好记录、反映和上报工作，应做到以下三点工作要求。

（1）务必强化舆情监测与事件预防机制。根据辖区内的日常工作实际，深入开展风险点排查，精准确定监测目标和指标，以便及时发现并应对潜在风险。

（2）迅速且全面地掌握事件相关情况并做好记录。在事件发生后，应立即启动调查程序，通过现场勘查、网络搜索、部门协作等多种手段，及时核实事件基本情况，并全面采集相关信息，确保信息的准确性和完整性。

（3）在职责范围内同步采取必要措施以应对事态发展。基于舆情监测的结果，制定科学合理的应急处理预案。在基层服务平台职责范围内，应积极与相关部门进行对接，并根据预案内容采取必要的措施，以确保事态得到有效控制，维护社会的和谐稳定。

4. 相关知识

（1）各类服务对象重大情况和突发事件的界定。可以将其划分为两个方面：一是利好的重大情况，这些情形对于社区的发展和居民的生活、就业创业均具有显著的积极影响，如基础设施建设、公共服务设施建设、社区环境建设、经济发展项目以及社会福利设施建设等；二是不利的突发事件，这些事件往往由特定因素触发，如企业改制、改组、拆迁、关闭、破产过程中因职工安置、工资支付和社会保险待遇而引发的突发事件，离退休人员、失业人员、社会保险参保对象因社会保险待遇问题而引发的突发事件，以及用人单位克扣、拖欠劳动者工资而引发的突发事件等。

（2）重大情况和突发事件的处理原则

1）强调提前行动的重要性。对于具有积极影响的重大情况，应提前介入并立即采取行动；面对不利的突发事件，则应坚持预防为主，确保日常监控的严密性。

2）实行区别对待的策略。针对各类服务对象的诉求，需根据具体情况进行细致分类，对于合理合法的诉求应迅速解决，对于不合理诉求则进行适当的教育和疏导。

3）着重于调解。在处理突发事件过程中，应秉持公平中立的立场，及时与服务对象沟通，迅速进行政策解释和业务协办等处理。如果遇到无法现场解决的问题，应记录相关诉求并转交至相关部门进行后续处理。

4）确保快速处理。在重大情况和突发事件应急预案的基础上，应明确相关人员的职责和应急处理流程，确保在第一时间采取相应措施，力求就地解决问题或及时疏散人群，以最大限度地减少影响。

（3）突发事件应急处理建议

1）强化协同与联动。在上级部门的统一引领下，积极动员、协调并统筹各相关职能部门，充分利用各方资源，从维护社会稳定的宏观角度出发，共同应对和处置群体性事件，有效解决群众关切的问题。

2）深入剖析并分类施策。在群体性事件发生后，应迅速查明事实真相，清晰识别引发事件的主要矛盾及其主要方面。依据国家政策及上级部门的相关规定，既要坚持具体问题具体分析，又要坚守原则立场，力求妥善处理各类问题。

3）直面矛盾并积极化解。劳动保障协理员应展现身先士卒的勇气和决心，深入一线开展工作，直接面对并解决问题，化解矛盾，控制事态发展，缓解紧张局势，为妥善处置群体性事件赢得主动权和先机。

二、掌握服务操作要领

1. 操作流程

（1）核实具体情况。全面摸清重大情况和突发事件的相关信息，掌握客观真实的第一手情况和资料。

（2）确定是否上报。根据各类服务对象重大情况的界定标准，结合事件的相关属性，对各类突发事件做出客观公正的评判，决定是否需要上报。

（3）及时口头反映。在应对突发情况时，可以采取口头方式迅速反馈。反馈内容应简洁明了，直接传达核心信息；反馈语速应适中，以确保信息的准确传达；反馈语气应稳重，以体现专业素养。

（4）尽快书面上报。在报告中，应务必准确描述事件发生的关键信息，直观展示事件的具体情况及其影响，同时明确提出所需的处理措施和相关建议，以确保上级部门能够迅速了解事态并采取相应行动。

2. 主要内容

（1）采集信息。及时对事件现场进行信息采集，包括照片、视频、文字等多种形式，以便记录和分析事件。

（2）分析研判。对事件进行分析研判，确定事件的原因、影响范围，并制定相应的应对措施。

（3）组织协调。积极协调各方资源和人员应对突发事件，将人员安全放在首位，确保事件处理的各个环节都能够顺利推进。

（4）信息上报。及时向上级部门及相关人员准确报告事件信息，保证信息的真实性和时效性。

3. 操作技巧

（1）建立规范的系统。为确保事件信息的准确性与可追溯性，应建立一套规范化的记录系统，涵盖记录表格、专业软件及电子文档等多元形式。每个事件在系统中应有独特标识符及时间戳，以便于后续的检索与分析。

（2）多形式进行记录。在记录重大突发事件时，应充分考虑记录形式的多样性。建议结合电子表格、文字描述、图片记录、录音资料及视频影像等多种方式，以满足不同情境下的记录需求，确保信息的全面性与准确性。

（3）加强相关业务培训。为提高劳动保障协理员的记录与上报能力，应定期组织培训活动。培训内容涵盖记录方法与技巧、上报流程与标准、处理突发事件的专业知识及技能等，旨在提升团队的整体专业素养与应对能力。

4. 常见问题及其处理

（1）问题：事件信息来源模糊。包括事件背景不明确、涉及的服务对象信息不全等情形。当突发事件的信息来源不清时，会对制定事件应对和处置方案造成很大的阻碍。

处理建议：由相关部门进行严谨且周密的调查核实工作，确保尽早辨识并确定事件信息的准确来源，避免轻信传闻或未经证实的信息。

（2）问题：事件发展态势转变太快。例如，事件影响范围的显著扩张、事件性质与类型的演变，以及现场应对措施的失效等。

处理建议：劳动保障协理员在向上级报告之前，务必核实事件的最新动态，若事件出现新的变动，应在更新信息后即刻上报。对于已上报的信息，若发生新的变化，亦应迅速更新并上报。

（3）问题：突发事件上报缺乏时效性。具体表现为上报过程存在延迟、上报后未能迅速处理反馈等。

处理建议：为了改善这一状况，需构建一套完善且高效的上报机制，并强化应急管理能力。在面对突发事件的紧急情况下，应严格按照相关规定，在规定时限内完成记录并上报，以确保对突发事件的迅速响应和有效处理。

三、注意事项

1. 确保记录的严肃性

记录时要严格遵循事实，详细描述事件的始末，不得依据猜测或臆想来描述情况。

2. 做好上报的保密性

要做好分级保密工作，限制信息传播范围，加快上报速度，减少信息传播层级，最大程度降低信息泄露的风险。

3. 确保措施的有效性

要做好突发事件的应急预案准备，加强信息收集发布管理，定期与应急管理部门协调沟通，掌握各种应对措施，提高应急处理效果。

思考题

1. 汇总上报各类人力资源社会保障统计报表的作用是什么？
2. 基层人力资源社会保障统计报表有哪些主要指标？
3. 常规报表和工作台账的分析要求是什么？
4. 各类服务对象重大情况的界定和处理原则是什么？
5. 突发事件应急处理的建议是什么？

职业模块 ❷
就业创业服务

培训课程 1 政策咨询服务

学习目标

1. 能够为服务对象提供就业创业政策宣传和咨询服务。
2. 能够向服务对象介绍各类补贴申领的途径和方法。
3. 掌握就业失业登记办理的有关内容,满足服务对象的咨询要求。
4. 掌握跟踪政策享受情况的操作流程和技巧。
5. 掌握社区政策落实情况的反映与报告方法。

学习单元 1　就业创业政策宣传咨询

一、做好学习前的准备

1. 概念

就业创业政策宣传咨询是指针对辖区内劳动者和用人单位提出的就业创业政策方面的问题,通过电话、入户、短信、微信等形式予以针对性解答,并能及时整理记录相关情况,确保服务对象能够充分理解政策内容并享受政策优惠,进而支持其顺利实现就业创业的目标。

2. 作用

做好就业创业政策宣传咨询工作主要包括以下三个方面的作用。

(1) 有利于服务对象了解相关政策和办理程序。一方面为重点有就业创业需求的服务对象提供精准帮扶,确保他们能够得到实质性的支持;另一方面确保服务对象能够迅速且准确地掌握最新的政策信息和办理程序，以便更好地满足他们的需求。

（2）有利于及时收集服务对象的反馈信息。做好就业创业政策宣传咨询工作不仅有助于公共就业服务机构在在线受理、转办、结果反馈等服务流程方面进行持续优化和完善；同时，也能够确保服务对象的相关问题能够及时转交至相关部门进行处理，从而进一步提升服务对象的满意度，满足其需求和期望。

（3）有利于提高就业创业政策的社会知晓度。一方面扩大了就业创业扶持政策的社会知晓度和覆盖面，推动了就业创业政策落实；另一方面为推动群众就业创业和营造良好的社会氛围起到了积极作用。

3. 规范要求

为进一步做好就业创业政策宣传咨询工作，应做到以下三点工作要求。

（1）全面理解咨询内容。劳动保障协理员需认真倾听服务对象的陈述，深入理解其咨询意图，然后精准提炼服务对象所关注的核心问题，并据此提供有针对性的政策咨询服务。

（2）精确解读相关政策。一是根据服务对象的问题，准确运用当前政策，给予明确、具体的答复；二是对涉及的相关政策条款进行详细解读，清晰列出可供选择的政策选项，并对相关事务的办理流程进行全面说明。

（3）语言通俗，尊重个体。在解答过程中，需保持条理清晰、层次分明的表述，语言通俗易懂。同时，应充分尊重服务对象的个人隐私、生活习惯、民族禁忌和风俗，避免在沟通交流中引入任何情绪化的元素。

4. 相关知识

（1）入户工作的方法。一是通过熟识人士或朋友的推荐介绍，这是一种基于人际关系的方式。二是针对日常服务对象，若其在窗口咨询过程中未能充分理解相关政策，劳动保障协理员可与其另行约定上门入户的时间，以提供更为详尽的解读与协助。三是采取直接上门拜访的方式。劳动协理员需携带单位出具的介绍信或相关证明文件、工作牌证，以街道或社区的名义直接入户进行政策宣传，确保信息的准确传达与理解。

（2）深入社区宣传咨询活动的方法。可以组织专题报告会、宣传会、座谈讨论会、知识竞赛、书法展览、摄影展览等多样化活动，以直观、生动的方式展示宣传内容，吸引更多居民的关注和参与。有条件的可以组织编写并巡演与宣传内容相关的诗歌、快板、小品等文艺节目,通过艺术的形式将宣传内容融入社区文化,增强宣传的吸引力和影响力。此外,还可以组织观看与宣传内容相关的宣传片、纪录片和电影等,利用多媒体手段,拓宽宣传渠道,确保信息的广泛传播和深入影响。

(3)深入企业宣传咨询活动的方法。一是开展政策宣讲,即深入辖区内企业开展政策宣讲,主动送政策进企业,使企业管理者进一步了解和掌握相关政策。二是开展调研问诊,深入企业开展调研工作,了解企业的问题和诉求,组织相关专家研究解决措施,协调相关部门帮助企业解决实际困难。

二、掌握服务操作要领

1. 操作流程

政策宣传咨询服务一般包括准备工作、接待、登记、答复、查询、整理归档(分析)、回访等基本程序。

(1)准备工作

1)个人准备工作。穿好工作服,佩戴工作牌或胸卡,仪容仪表整洁、大方、得体。

2)接待准备工作。整理、打扫接待室、服务大厅和窗口,保持清洁卫生的环境。

3)资料准备工作。准备好各种登记表格、宣传资料和有关政策工具书。

(2)接待

1)态度热情友好。劳动保障协理员在接待服务对象时,应秉持尊重、平等与热情的原则,以礼貌的举止和言辞表达敬意。在对方到来时,主动以"您好"作为问候,随后引导其就座,并关切地询问:"请问您有什么具体事项需要我们帮助?"以此体现对服务对象的关心与尊重。

2)充分沟通。对服务对象提出的问题和要求,不论合理与否、能不能解决,劳动保障协理员都应用热情、认真的态度和语言进行解释、交谈。如果服务对象情绪激动或言辞激烈,也要礼貌地加以说明,不能简单急躁、敷衍了事,更不能借故推诿。

3)使用文明语言。在接待服务对象的过程中,劳动保障协理员应当保持严谨的语言表达,确保吐字清晰、用词规范。在解答问题时,应力求将内容以通俗易懂的方式阐述,以便服务对象能够准确理解。同时,应保持语气温和,音量适度，合理掌控语调的高低、轻重以及语速的快慢，以展现出专业的服务态度与沟通技巧。

4）灵活运用肢体语言。劳动保障协理员在与服务对象交流时，应保持目光和眼神的适当接触，以彰显对其诉求的专注和尊重，并确保双方交谈的愉悦氛围。同时，应保持适度微笑，展现出诚恳和友善的态度。此外，身体姿态应自然得体，以体现专业素养和尊重。

（3）登记

1）分析判断。劳动保障协理员需根据与服务对象的沟通内容，精准提炼出服务对象所提问题的核心要点以及具有实际价值的信息，并以简明扼要、真实可靠的方式进行记录。

2）填写咨询服务登记表。咨询服务登记表主要包括接待日期、咨询人姓名、人数、单位或住址、联系方式、来访内容、接待过程、处理意见或结果、接访人签章等内容。

3）区别不同情况分别进行记录。对于不涉及人力资源社会保障业务范畴的咨询，可以选择不进行记录；而对于咨询内容较为简单且劳动保障协理员能够当场给予准确答复的政策业务问题，可以简要记录；对于需要另行解答的复杂政策业务问题，则需详细记录服务对象的联系方式及所咨询的主要问题，以确保后续解答的及时性和准确性。

（4）答复。劳动保障协理员应尽可能当面一次性详尽告知相关信息，答复内容应严格依据相关政策文件和规定，以确保答复的严谨性、准确性和权威性。

（5）查询。对于服务对象提出的疑问，劳动保障协理员应经过深入分析与判断，协助服务对象查阅相关政策规定。

1）劳动保障协理员仔细查阅相关文件，准确找出具体规定，并向服务对象提供详尽的宣传资料，以确保其充分理解政策内容。

2）在查询过程中，劳动保障协理员指导服务对象使用各类查询工具，如电子触摸屏、语音电话和互联网等，以提高查询效率。

3）如果遇到复杂或超出本级业务范畴的问题，劳动保障协理员应及时向上级业务部门请示，以获取准确的答复。

4）对于不属于人力资源社会保障业务范围内的咨询问题，劳动保障协理员应明确告知服务对象，并指导其通过合适的途径进行查询。

（6）整理归档（分析）。咨询结束后，劳动保障协理员需审慎核查登记事项的完整性，对于遗漏之处及时填补完善，并将相关信息准确无误地录入计算机系统。同时，应单独列明并明确标注未能当场解答的问题。为确保资料的有序管理，劳动保障协理员应依据基础台账建立标准，将相关资料系统整理并归档，以便于日后查找、总结与持续跟踪服务。若遇重大事项或涉及范围较广的问题，应立即向本级机构负责人及上级业务部门进行报告。

2. 常见问题及其处理

（1）问题：服务对象无法理解劳动保障协理员表述的政策内容。

处理建议：劳动保障协理员应根据服务对象具体情况，运用清晰明了的语言或其他辅助方式，对政策进行深入浅出的解读，确保为服务对象提供贴切、高效的办理途径。例如，针对听力受损的服务对象，提供易于理解的政策介绍宣传单页；针对文化程度较低、无法流畅阅读汉字的服务对象，应主动协助其完成登记、预约流程，并耐心进行政策解读工作，确保政策信息的准确传达。

（2）问题：服务对象拒绝接受上门宣传政策活动。在劳动保障协理员进行入户上门服务时，可能会出现服务对象时间不便、态度冷漠或误解劳动保障协理员的宣传目的的情况。

处理建议：在进行入户宣传活动时，劳动保障协理员应充分做好准备工作，提前与服务对象取得联系，并以热情积极的态度进行沟通。若服务对象因故不便立即接受宣传，应妥善留下相关宣传材料，并另行约定上门宣传的时间，然后以礼貌的方式道别。

（3）问题：无法准确回答服务对象提出的问题。劳动保障协理员在工作过程中可能会遇到由于对某项政策不熟悉或不属于本人业务范畴而无法迅速、准确回答服务对象问题的情况。

处理建议：在劳动保障协理员无法立即且准确地回应询问时，应对个人无法即时答复的情况表示诚挚的歉意，并承诺在进一步了解相关政策后，另行给予详尽的解答。同时，劳动保障协理员应迅速查阅相关的政策文件，或寻求其他具备政策知识的同事的协助。

三、注意事项

1. 掌握并实时追踪政策动态

劳动保障协理员应深入理解和掌握人力资源社会保障领域的相关法律法规知识，并确保与时俱进。同时，应持续跟踪当前的就业创业政策，熟悉就业创业服务、各项补贴办理的工作流程，以便在需要时能够迅速做出反应。

2. 强化政策咨询服务的效率

为提高政策咨询服务的效率，劳动保障协理员应充分利用辖区内的政策文件库，对各项政策进行全面梳理和整理，将梳理结果形成电子或纸质材料，及时分发给服务对象，确保各类政策信息易于查找、理解。此外，为实现更为便捷和高效的政策咨询服务，应充分利用互联网在线查询功能，以进一步提升用户体验。

学习单元 2　介绍各类补贴申领的途径和方法

一、做好学习前的准备

1. 概念

介绍各类补贴申领的途径和方法是指针对服务对象咨询的政策补贴问题，通过面对面、电话、网络等方式，向其详细介绍各类补贴的适用对象、补贴条件、补贴标准、申领流程、申领材料、申领渠道、申领方式等，以帮助服务对象充分、准确掌握补贴申领的途径和方法，使其享受相关的就业创业政策。

2. 作用

做好介绍各类补贴申领的途径和方法工作主要包括以下三个方面的作用。

（1）有利于使服务对象了解补贴申领的渠道。介绍补贴申领的途径和方法能够让服务对象知道政策补贴"能否领、去哪领、怎么申请"，便于服务对象及时掌握补贴申领的信息和办理程序，使更多符合条件的就业创业者充分享受就业创业惠民政策，将政策落到实处。

（2）有利于服务对象规避申领难点和堵点。一些服务对象对政策理解不够清晰，常常出现跑错办事部门的情况，导致申领流程进行不下去。对补贴申领的途径和方法进行详细介绍，预先告知服务对象在申领过程中各环节需留意的要点，从而有效降低申领难度、规避潜在障碍，确保补贴申领能够顺利进行。

（3）有利于提高服务对象的申领效率。通过实施清晰、准确的服务引导措施，可以有效促进服务对象快速申领其可享受的相应补贴，缩短政策落实的服务周期。

在此基础上,劳动保障协理员能够服务更多的服务对象,从而全面提升补贴申领的整体效率。

3. 规范要求

为进一步做好介绍各类补贴申领途径和方法的工作,应做到以下三点工作要求。

(1)明确服务对象咨询需求。在介绍各类补贴申领的途径和方法时,应始终坚持以服务对象为中心的原则。这要求劳动保障协理员能够精准识别服务对象的群体特征,深入了解其需求,并基于真实的服务需求,采取有针对性的介绍方式,确保服务对象能够顺利申领相关补贴。

(2)采用通俗易懂的交流方式。在沟通交流过程中,劳动保障协理员应保证语言通俗易懂,避免使用过多的专业术语,以免造成服务对象的困惑。同时,沟通时应保持吐字清晰、语速适中,并尽量使用普通话,确保服务对象能够清晰、准确地理解所传达的信息。

(3)准确清晰地讲解申领要点。劳动保障协理员必须全面了解和掌握各项补贴申领的时间、地点、渠道、所需材料以及注意事项等信息。在向服务对象介绍时,应严谨组织语言,确保政策讲解全面、透彻、清晰,以便服务对象能够充分了解并掌握相关申领要求。

4. 相关知识

(1)就业扶持政策。《财政部 人力资源社会保障部关于印发〈就业补助资金管理办法〉的通知》明确规定,对个人和单位的补贴资金用于职业培训补贴、职业技能评价补贴、就业见习补贴、一次性求职补贴、一次性创业补贴、社会保险补贴、公益性岗位补贴及其他支出。

(2)创业扶持政策。我国现行的创业扶持政策主要包括市场准入、税收减免、行政事业性收费减免、创业担保贷款及贴息、一次性创业补贴、创业带动就业补贴、创业场地补贴、创业孵化补贴、创业见习补贴和创业培训补贴等。

二、掌握服务操作要领

1. 操作流程

(1)了解情况。劳动保障协理员应耐心倾听服务对象的陈述,通过简短的询问,掌握服务对象的基本背景。劳动保障协理员可以从以下几个关键维度判断服务对象的需求,以便更为全面和充分地为服务对象提供下一步的详细介绍和指引。

1）服务对象所咨询的事项是否涉及人力资源社会保障的相关业务范畴。

2）服务对象的个人基本情况，如职业背景、社会身份等。

3）服务对象是否隶属于特定的服务群体，例如离校未就业的高校毕业生、企业离退休人员或用人单位代表等。

4）服务对象的实际情况是否符合其咨询的补贴政策的申领条件。

5）当前咨询的补贴政策是否在有效的办理时限内。

6）采用哪种介绍方式更易于服务对象理解和接受。

（2）介绍补贴申领要求和流程

1）介绍补贴对象。补贴对象是指根据人力资源社会保障部门发布的相关政策和规定，在一定时期内享受补贴的特定人群。例如，就业困难人员、离校未就业高校毕业生、农村转移就业劳动者、吸纳就业困难人员就业的用人单位等。

2）介绍补贴标准。一般来说，补贴标准会在政策文件中明确规定，包括发放对象、发放条件、发放标准、资金来源、发放程序等方面的内容。

3）介绍申报所需材料。申报所需材料是指企业或个人在申请补贴时，需要提交的相关材料。这些材料通常包括企业或个人的证件信息、财务报表、保险缴费凭证等。

4）介绍申领流程。申领流程是指企业或个人在申请补贴、资助等项目时，需要按照一定的程序和步骤进行操作。

①准备材料。根据政策要求，企业或个人需要准备相关的材料，如证件信息、财务报表、职工社会保险缴费凭证等。

②提交申请。企业或个人按照申请流程和要求，填写相关表格，提交申请材料。

③审核审批。对企业或个人的申请进行审核和审批，确保其符合申请条件。

④发放补贴。如果审核和审批通过，相关机构将会发放补贴。

⑤后续管理。发放补贴后，相关机构还需要对补贴使用情况进行后续管理，确保补贴发挥了应有的作用。

5）介绍申领方式。申领方式是指服务对象通过什么方式、渠道和途径来申请补贴。

①服务窗口。服务窗口是比较传统的补贴咨询和申领途径，适合一些无法通过互联网渠道申领的补贴。同时，也有一些补贴申领需要审核纸质材料。另

外，如果服务对象不具备使用网络申请的能力，也可以到相关服务窗口进行线下申领。

②官方网站。全国各省市均设立了人力资源社会保障部门的官方网站，这些官网普遍设有规范的办理入口和流程指引，确保公众能够清晰、高效地获取所需服务。

③微信公众号、小程序。在微信公众号、小程序的下拉菜单中，通常设有各类补贴的申请指南，供用户参考。此外，部分地区在微信公众号的服务栏提供了申报功能，可以直接填写材料，方便用户申领补贴。

④第三方支付平台。用户可通过第三方支付平台，如支付宝、微信支付等，申领各类补贴。

⑤官方App。官方App是指由各级人力资源社会保障部门开发的，面向公众提供各类政务服务的手机应用程序。这些App常见的主要功能包括服务预约、在线办事、政策法规、办事指南、服务查询、投诉建议等。

6）介绍受理机构。受理机构指负责接收申请人提交的补贴申请和相关材料，并进行审核、审批的机构。受理机构的职责包括受理申请、审核、审批等环节，确保符合条件的申请人能够获得相应的政府补贴。

7）介绍办理时限。办理时限是指从提交补贴申请到补贴发放之间的时间限制，一般包括申请受理时限、审核审批时限和补贴发放时限。办理时限均在政策文件里明确规定，劳动保障协理员在介绍的时候，应重点强调并提醒服务对象在规定时间内办理，以免影响补贴的发放。

（3）记录台账。补贴申领台账用于记录补贴申领的相关信息，包括台账的名称、登记日期、台账页数、服务对象基本信息、申领补贴项目、补贴标准、补贴金额、补贴发放情况等。

（4）跟踪回访。及时对咨询的服务对象情况进行跟踪回访，掌握补贴申领的情况。对申领补贴成功的人员，劳动保障协理员应在台账中予以记载。

2. 操作技巧

（1）多方式详解补贴申领细节。劳动保障协理员应当灵活运用语言、文字、图像、影音等多种媒介，根据服务对象的特定需求与特点，综合采取多样化的沟通手段，确保服务对象能够全面、详尽地了解并掌握补贴申领的具体细节。

（2）提高沟通技巧和表达能力。补贴申领的介绍主要由以下四个方面构成。

1）开场白。开场白应简要阐述该补贴申领的背景和核心目的。

2）申领流程阐述。详细且清晰地解释补贴申领的具体流程和步骤，包括必要的申领条件、所需提交的申领材料以及后续的审核流程等，以确保服务对象能够全面了解并遵循相关规定。

3）总结强调。在介绍完申领流程后，应总结补贴申领流程的重要性和必要性，并强调其对服务对象的实质性意义和作用，以增强服务对象的积极性和紧迫感。

4）后续服务指引。在介绍的结尾部分，应明确告知服务对象在补贴申领过程中如遇问题或困难时，应如何寻求帮助和咨询，包括联系方式、咨询渠道等，以确保服务对象能够顺利、高效地完成补贴申领。

3. 常见问题及其处理

（1）问题：服务对象就某一问题多次咨询。

处理建议：在处理此类问题时，劳动保障协理员务必确保一次性向服务对象全面阐述涉及政策的所有关键要素。例如，补贴的适用对象、补贴的具体标准、申领所需提交的材料清单、详细的申领流程、受理申请的机构信息以及办理业务的时限等。此外，还需特别强调一些关键的注意事项，如照片的具体尺寸要求、照片格式的规定、必要的签字和盖章等细节，以确保服务对象能够准确理解并顺利办理相关业务。

（2）问题：服务对象对政策理解不足。

处理建议：劳动保障协理员应采取通俗易懂的语言，对政策内容进行耐心细致的解释。同时，应站在服务对象的角度，深入理解他们的需求和关切，设身处地为他们着想，急服务对象所急，解服务对象所忧。在解释过程中，应尽量避免使用过多的专业术语，以免增加理解难度。

三、注意事项

1. 介绍适合服务对象情况的申领途径

劳动保障协理员在处理服务事项时，应当依据服务对象的具体特点，采取有针对性的介绍方式，以确保信息传达的有效性。例如，面对年龄较大的服务对象时，鉴于他们可能对计算机、智能手机的操作不熟悉，劳动保障协理员应当主动引导他们通过线下窗口进行申领。

2. 注意规范台账记录流程

为确保台账记录流程的规范性和准确性，劳动保障协理员在工作中应注意明确记录内容和要求、规范记录时间和方法、统一记录格式和标准、加强监督和考核。

学习单元3 咨询就业失业登记办理

一、做好学习前的准备

1. 概念

咨询就业失业登记办理是指为服务对象在就业或失业后提供的一项专业服务。针对服务对象对于办理就业失业登记的条件、办理地点及具体流程等方面的疑问，通过沟通了解和提供个性化的咨询服务，帮助他们解决办理过程中遇到的困难，以便服务对象享受到更便捷高效的服务。

2. 作用

做好咨询就业失业登记办理工作主要包括以下三个方面的作用。

（1）有助于明确办理路径。劳动保障协理员通过提供专业的咨询服务，能够为服务对象指明办理就业失业登记的渠道和地点，从而解决其"应该去哪儿办理"的疑惑。

（2）能够提高办理效率。咨询服务涵盖办理对象范围、所需携带的资料及办理步骤等详细信息，从而协助办理者顺利完成相关手续。

（3）有助于完善基础数据管理。通过咨询服务，劳动保障协理员能够及时获取并更新辖区内人员的就业失业状态信息，为后续的针对性服务提供坚实的数据基础。

3. 规范要求

为进一步做好咨询就业失业登记办理工作，应做到以下两点工作要求。

（1）认真倾听并深挖需求。在服务过程中，部分服务对象并非仅聚焦于办理登记手续本身，而是期望通过此流程满足其特定需求，如享受相关政策等。因此，劳动保障协理员在与服务对象交流时，应细致探查并深入理解其潜在需求，进而提供针对性的帮助方案，以确保服务内容的全面性和有效性。

（2）准确解答问题并给予引导。劳动保障协理员应详细告知办理的途径、手续、所需携带的材料、办理的时限、注意事项等，所有信息应一次性全面、准确地传递给服务对象，以减少其不必要的奔波与延误。

4. 相关知识

（1）"就业创业证"的用途。"就业创业证"是记载劳动者就业和失业状况、进行就业和失业登记、享受公共就业服务和就业扶持政策、享受失业保险待遇等的合法凭证。

（2）电子"就业创业证"。在劳动者办理就业失业登记的过程中，相关信息将会自动在"就业创业证"的对应栏目中进行记载。鉴于数字化服务的普及与便利，很多地区已将传统的纸质"就业创业证"更新为电子版本。

二、掌握服务操作要领

1. 操作流程

（1）介绍办理就业登记的条件。根据人力资源社会保障部《就业服务与就业管理规定》，劳动者从事个体经营或灵活就业的，均可由本人在街道、乡镇公共就业服务机构办理就业登记。

（2）介绍办理失业登记的条件。根据人力资源社会保障部《就业服务与就业管理规定》，在法定劳动年龄内，有劳动能力，有就业要求，处于无业状态的城镇常住人员，可以到常住地的公共就业服务机构进行失业登记。失业登记的范围包括下列失业人员：年满16周岁，从各类学校毕业、肄业的；从企业、机关、事业单位等各类用人单位失业的；个体工商户业主或私营企业业主停业、破产停止经营的；承包土地被征用，符合当地规定条件的；军人退出现役且未纳入国家统一安置的；刑满释放、假释、监外执行的；各地确定的其他失业人员。

（3）介绍办理就业登记（线下办理）的程序

1）提出申请。自主申报的就业人员在辖区街道办理，单位为劳动者申报的在单位辖区区级就业服务机构办理。

2）填写表格。自主申报的就业人员填写"××市自主申报就业登记表"，单位为劳动者办理就业登记的人员填写"单位用工登记表"。填写表格时，应确保所填写的内容真实准确，字迹工整清晰、便于辨识。如遇填写困难，可寻求在场工作人员的协助和指导。

3）提交审核。从事个体经营或灵活就业的个体，除了需要提交相应的登记表之外，还需一并提供包括身份证明、就业创业证、营业执照以及灵活就业证明等必要的材料。若审核未通过，则应主动向工作人员咨询，以明确审核未通过的具体原因。

4）办理登记。对审核符合条件的已持有"就业创业证"的人员，工作人员会在"就业创业证"上记录此次登记的信息；对初次办理未持有"就业创业证"的人员，受理机构工作人员会记录相关信息后发放"就业创业证"（很多省市发放电子"就业创业证"）。就业登记的内容主要包括劳动者个人信息、就业类型、就业时间、就业单位以及订立、终止或者解除劳动合同情况等。

5）及时告知。持有"就业创业证"人员在个人基本情况（包括户籍和常住地址情况、学历情况、职业资格和专业技术职务情况等）、就业与失业状态等发生变化时，要及时告知发证机构进行信息变更，以便享受后续服务。

（4）介绍办理失业登记（线下办理）的程序

1）提出申请。申请办理失业登记人员持本人居民身份证或社会保障卡到就业服务机构提出办理失业登记手续申请。

2）填写表格。认真填写受理机构发放的"失业登记表"。在填写过程中，务必确保所填内容真实可靠，字迹工整且易于辨识。若遇到填写困难，可主动向相关工作人员寻求指导。在填写过程中，应重点关注个人基本情况和失业原因的描述，并确保其准确性。同时，对于所填信息的真实性，应作出明确的书面承诺。

3）提交审核。失业人员填好"失业登记表"后提交给受理机构工作人员进行审核，审核一般采取劳动者书面承诺方式。特殊情况下工作人员会通过信息比对或调查核查的方式确认身份信息和失业状况，对审核不符合条件的人员，工作人员会详细询问并记录其不符合条件的具体原因。

4）办理登记。对审核符合条件的已持有"就业创业证"的人员，受理机构工作人员将会在"就业创业证"上记录此次相关信息；对初次办理未持有"就业创业证"的人员，受理机构工作人员会在记录相关信息后为其发放"就业创业证"（很多省市发放电子"就业创业证"）。失业登记的主要内容包括日期、登记类型（登记失业或退出登记）、失业/退出失业日期、失业登记/注销失业登记原因、经办机构和经办人等。

5）及时告知。持有"就业创业证"人员在个人基本情况（包括户籍和常住地址情况、学历情况、职业资格和专业技术职务情况等）、就业与失业状态等发生变化时，要及时告知发证机构进行信息变更，以便享受后续服务。

（5）介绍其他相关咨询问题。劳动保障协理员在介绍就业失业登记办理时，常常会遇到与办理就业失业登记相关问题的咨询（见表2-1-1），为了确保服务的全面性和专业性，劳动保障协理员对这些问题也应有一定的了解和掌握。

表2-1-1 办理就业失业登记咨询常见的关联问题

关联问题	参考内容
办理失业登记后申领失业保险待遇的问题	失业人员同时符合下列条件的，可以领取失业保险金，并按照规定享受其他失业保险待遇 （1）失业前用人单位和本人已经缴纳失业保险费累计满一年，或者不满一年但本人有失业保险金领取期限的 （2）非因本人意愿中断就业的 （3）已经办理失业登记，并有求职要求的 符合条件的，在领取失业保险金期间，个人无须缴费便可享受基本医疗保险待遇
失业登记后档案保管的问题	档案不能自行保管，必须存放在具有档案保管权限的机构进行集中管理。例如，离校未就业的高校毕业生，建议其将档案存放在户籍地的人才中心统一保管
失业登记后申请就业困难人员认定和就业援助的问题	可以到户籍所在地街道（乡镇）就业服务机构申请就业困难人员认定和就业援助
就业登记后灵活就业社保补贴申领的问题	可申领享受灵活就业社会保险补贴
就业登记后创业补贴申领的问题	可以享受初始创业成功奖励、创业担保贷款及贴息、创业房租补贴等当地创业政策

2. 常见问题及其处理

（1）问题：部分劳动保障协理员认为办理就业失业登记业务相对简单，无须过多解释，对于服务对象的困难，缺乏主动提供帮助的意愿。在某些情况下，明明能够一次性解决的问题，却让服务对象反复多次往返，未能做到一次性详尽告知。

处理建议：建议相关部门加强劳动保障协理员的服务意识培训，强调爱岗敬业的精神。同时，上级部门应定期开展考核工作，设立举报箱等机制，以接受群众监督，改善服务质量和态度。

（2）问题：基层平台由于一人多职的现象普遍，以及人员流动性较高，导致部分劳动保障协理员仅熟悉本机构内部的办理事项，而对于市级、区级层面的业务知之甚少，缺乏必要的履职能力。

处理建议：对新入职的劳动保障协理员实施全面的入职业务培训，确保他们能够快速适应工作环境，掌握基本业务知识和技能，并与持证上岗制度相结合，确保上岗人员具备相应的业务素养。对于已入职两年以上的劳动保障协理员，应开展业务提升培训，帮助他们深入理解业务，提升工作效率和质量。此外，要将培训制度化，作为劳动保障协理员履职的基础，确保培训工作的持续性和有效性。

三、注意事项

1. 不断创新工作方法

本单元所描述的就业登记与失业登记的操作流程，是基于全国线下办理情况的概括性总结，旨在提供参考。在实际办理就业失业登记工作中，办理渠道已呈现多元化趋势，除了传统的线下办理方式外，还可以通过手机 App 等电子渠道进行办理，极大地提升了办理效率与便利性。

2. 尽量详细告知关联事项

劳动保障协理员在介绍就业失业登记办理流程时，应详尽阐述与之相关的各项事宜，确保服务对象能够全面理解这些事项的关联性。服务对象对关联性有了充分理解，他们可以自主决定是否进行相关业务的办理，并依据个人实际情况，选择最为适宜的办理方式。

学习单元4　跟踪享受政策情况

一、做好学习前的准备

1. 概念

跟踪享受政策情况是指在辖区服务对象申请享受相关政策后，针对服务对象在申请中所遇到的困难、申请政策的落实情况和存在问题等，通过回访时的详细沟通交流进行了解，并将情况向上级有关部门反映。

2. 作用

做好跟踪享受政策情况工作主要包括以下两个方面的作用。

（1）有利于完善所制定的政策。基层一线的跟踪服务，作为服务流程中的终端环节，同时亦标志着新一轮工作的起点。这一工作不仅为政策制定者积累了宝贵的实践经验，为既有政策的优化和新政策的制定提供了更具针对性的参考和依据，而且为后续实施精准就业服务奠定了坚实的基础。

（2）有利于及时开展针对性服务。通过持续跟踪，能够明确识别服务对象在申请享受政策时可能遭遇的"盲点""难点"及"堵点"，并对服务效果及满意度进行全面评估，确保问题"早发现、早介入、早处理"。

3. 规范要求

为进一步做好跟踪享受政策情况工作，应做到以下三点工作要求。

（1）提升跟踪技巧。为确保任务的圆满完成，提升跟踪回访交流的技巧至关重要。工作中需要遵循以下原则：以微笑作为交流的起点，运用日常对话作为基本手段，以建立情感联系为切入点。

（2）深入了解情况。一方面，对于已享受到政策的服务对象，应深入了解其满意度，确认申请享受的政策是否达到预期效果，对其生活和工作有何积极影响，并收集其对政策申请流程、手续等方面的意见和建议。另一方面，对于未能享受到政策的服务对象，应详细了解其未享受服务的具体原因，评估对其生活和工作产生的影响，并收集相关诉求和建议。

（3）设定合理的跟踪频次。跟踪享受政策情况的工作应与对辖区失业人员的跟踪工作相结合。建议对就业困难人员实行月度跟踪，而对其他失业人员则实行季度跟踪。

4. 相关知识

（1）构建完善的跟踪服务体系。以劳动保障协理员为核心，积极调动社区民间团体、公益组织、居民小组长、楼长、信息员等多方力量共同参与，以确保跟踪服务的全面性和有效性。

（2）确立多元化的跟踪服务方式。在就业服务信息系统完备的地区，借助信息技术手段，准确查询服务对象的政策享受情况；在信息系统相对滞后的区域，需灵活运用各种跟踪方法，如通过电话核实正在享受政策人员的实际情况，对未享受政策者采取入户走访的方式跟踪，并在一个月内完成。

（3）依托窗口服务进行实时跟踪。充分利用服务对象到街道（乡镇）、社区（村）便民服务中心窗口办理业务的时机，主动开展政策享受情况的跟踪调查。

（4）组织活动集中收集信息。以街道（乡镇）、社区（村）为主体，定期举办报告会、讲座、社区论坛等活动，为服务对象提供交流平台，集中收集并整理申请享受政策情况的相关信息。

二、掌握服务操作要领

1. 操作流程

（1）了解情况。在跟踪工作启动之前，必须全面掌握服务对象的基本状况，涵盖人员属性、就业与失业情况、是否已享受相关就业创业扶持政策等信息。这些信息对于后续工作的顺利推进，特别是构建与服务对象间的良好沟通氛围，获取更为真实且可靠的数据，具有至关重要的意义。

（2）制订计划。制订详细的走访计划，明确走访的形式、具体访问的时间与地点，以及交谈的策略和方法。同时，对于可能遇到的各类问题，应预先进行评估，并提出相应的解决方案，确保为每位服务对象提供个性化的服务。

（3）预约安排。根据服务对象的实际情况，合理安排访问的时间和方法，以确保最大程度地满足服务对象的便利要求。

（4）沟通交流。在交流过程中，对服务对象遇到的各类困难和问题，劳动保障协理员应进行细致的分析，能够当场解答的应清晰明确地说明；若暂时无法解答，则需承诺在了解清楚后给予及时的反馈。

（5）记录信息。准确填写"申请享受政策情况跟踪服务表"，确保记录内容的完整性和准确性。表中应包括个人基础信息（如人员类型、就业失业状况、居住地址、联系方式等）、申请政策详情（如申请政策项目、申请过程中遇到的问题、未申请落实的原因、相关建议等），以及跟踪服务的具体情况（如跟踪人员、跟踪时间、跟踪方式等）。

2. 操作技巧

（1）熟练掌握电话预约跟踪回访的技巧和话术。通常包含以下五个步骤。

1）自我介绍。通话时应先明确表明身份："您好，我是社区（村）劳动保障协理员，请您允许我占用您一些时间。"这样的开场白有助于消除受访者的疑虑。

2）说明时间。以礼貌的方式询问："我可以打扰您一分钟吗？"

3）阐述目的。简明扼要地说明此次电话预约跟踪的目的，即了解受访者在申请享受政策方面的情况。此举旨在确保受访者理解此次沟通的目的，并最大程度地了解其态度。对于不配合的受访者，将考虑采取其他方式进行预约，如通过其邻居、亲戚、朋友或楼长进行介绍。

4）预约后续。在确认受访者意愿后，预约后续跟踪的具体时间和方式。

5）表示感谢。向受访者表达感谢："谢谢您的配合，与您进行的交流非常愉快。我们期待能够继续为您服务，并期待下次与您相见。"

（2）在跟踪访问中，应掌握营造和谐交流气氛的方法。和谐交流气氛是确保跟踪回访取得成功的关键前提，具体做法包括深入了解受访者、建立认同感、关心受访者的需求和发现其优点等。

3. 常见问题及其处理

（1）问题：跟踪回访的设计方案存在显著不足。

处理建议：应避免形式主义的跟踪回访，对于每一位受访者，均须制定个性化方案。同时，充分考虑可能出现的意外情况，并制定相应的应对策略，以确保回访活动的顺利进行。

（2）问题：劳动保障协理员入户跟踪经常会遇到"门难进、脸难看、调查难"的情形。

处理建议：首先，应合理安排跟踪时间；其次，入户时需明确身份，携带工作证件，或借助被访者熟人的引荐（如楼长、邻居等）；再者，入户调查前需自查仪表是否得体，工作证或胸牌是否佩戴，对受访者应持有尊重和谦和的态度，并对可能给受访者带来的生活不便表示歉意。

三、注意事项

1. 持续深化工作技巧的探索

本单元虽然介绍了跟踪回访中的常见技巧，但于实际工作情况而言，这显然还远远不够的。在跟踪服务过程中，劳动保障协理员应依据服务对象的独特个体特征，持续实践并不断优化工作技巧。

2. 彰显责任与担当

在跟踪回访的过程中，劳动保障协理员所面临的困难往往远超预想。作为一名优秀的劳动保障协理员，必须具备强大的抗压能力，深入理解服务对象的心情，并始终保持冷静与耐心，积极协助服务对象分析问题、协调资源、解决问题。

学习单元 5　社区政策落实的反映与报告

一、做好学习前的准备

1. 概念

社区政策落实的反映与报告是指在社区（村）实施现行就业扶持政策的过程中，对服务对象在政策申请享受过程中的实际情况，所遇到的困难和问题，通过详细了解、汇总、分析后，及时以口头、书面报告等方式向上级有关部门反映，使上级部门能够全面把握政策执行现状，识别存在的问题与难点，从而有针对性地制定改进措施，确保政策能够充分发挥其应有的效应。

2. 作用

做好社区政策落实的反映与报告主要包括以下三个方面的作用。

（1）能够精准反映政策在社区（村）层面执行的真实状况。通过翔实的信息收集与上报，政策制定者及上级部门可据此了解政策在基层的实际执行效果，为后续的决策提供参考依据。

（2）有助于识别并解决政策实施过程中的问题。通过对收集到的问题进行深入分析和评估，能够及时发现政策执行中的偏差与不足，进而采取措施进行纠正，确保就业创业政策能够最大限度地发挥其效能。

（3）为服务对象提供有效的沟通渠道。将基层政策执行的情况以及服务对象的意见反馈给上级或相关部门，有助于上级部门及时了解情况，并做出相应的处理决策，从而更好地满足辖区服务对象的需求，解决实际问题。

3. 规范要求

为进一步做好社区政策落实的反映与报告工作，应做到以下三点工作要求。

（1）强化问题收集的时效性。鉴于政策时效性的特点，必须确保信息收集的及时性，并设定相应的时效标准，以确保政策实施情况的及时反映。

（2）细化问题分析与整理。对服务对象反馈的问题进行细致的筛选、分类和整理。应坚持具体问题具体分析的原则，避免一概而论。对于与服务对象个人相关但与政策本身无直接联系的问题，应审慎处理，以免误导上级部门决策，影响政策实施的公正性。

（3）坚持实事求是的原则进行问题反馈。劳动保障协理员应积极倾听真实的声音，当发现确实存在问题时，应勇于揭示真相，基于促进就业的原则，实事求是地向上级报告。在报告中，既要反映积极面，也要揭露存在的问题。此外，劳动保障协理员应重点关注近期新制定实施的政策，确保反馈内容的针对性和实效性。

二、掌握服务操作要领

1. 操作流程

（1）制作表格。为系统掌握本社区（村）服务对象在申请享受政策过程中遇到的各类问题，并便于后续的分类与汇总，需要预先设计"社区政策落实情况及问题表"（见表2-1-2）。此表格涵盖服务对象的基本情况、申请享受政策情况以及调查人员情况三大部分。

表2-1-2　社区政策落实情况及问题表

基本情况	姓名		居民身份证号码			
	性别		年龄		人员类型	
	详细居住地址				联系方式	
申请享受政策情况	申请享受政策项目					
	申请中所遇到的问题和困难					
	有关要求和建议等					
调查人员情况	姓名		服务机构		联系电话	
	核实调查意见					
	建议					

（2）了解情况。通过入户调查、窗口问询、召开座谈会集中问询等方法，详细了解服务对象在申请享受政策时所遇到的问题。

（3）指导填表。指导服务对象填写"社区政策落实情况及问题表"，对填写有困难者，可协助其填写。在所有信息填写完毕后，请服务对象核实、确认。

（4）核实情况。对服务对象所填情况进行初步核实，理清存在问题的根源，对属于服务对象本身的问题要告知原因，对属于本机构的问题要上报领导后迅速整改，涉及上级层面的问题要及时反馈。

（5）分类汇总。将收集到的问题按照"政策项目+问题类别"进行分类汇总，并逐一填入"社区政策落实情况和问题汇总表"（见表2-1-3）。

表2-1-3 社区政策落实情况和问题汇总表

编号	政策项目	问题类别	具体描述	反映人次	相关建议	备注

注：本表结合全国情况进行编制，供劳动保障协理员工作时参考使用。本表共有5项指标，其中政策项目和问题类别是关键性指标。

（6）撰写报告。社区政策落实情况反映报告通常包括标题、开头、主体和结尾四个部分。在主体部分将详细阐述社区政策落实的基本情况和社区政策落实过程中存在的问题两个关键方面。社区政策落实的基本情况，包括各项政策的具体实施进度、覆盖范围以及所取得的初步成效；社区政策落实过程中存在的问题，可能涉及政策执行力度、资源配置、沟通协调等多个方面。

2. 操作技巧

各地可根据具体情况和工作实际因地制宜，采取不同的反映形式。下面就常见的反映形式及其优缺点进行介绍（见表2-1-4）。

表2-1-4 问题反映形式及其优缺点一览表

反映形式	具体描述	优缺点
口头反映	通过口头语言进行反映，如报告、会议、面谈、讨论等形式	优点：速度快、比较灵活，可以进行双向交流并得到及时反馈 缺点：容易出现"过滤"和"夸大"的偏差
书面反映	通过文件、刊物、书面报告、通知等方式	优点：比较正式、具有永久记忆性，可以充分使用和阅读 缺点：不够灵活，不易传达情绪信息
电子反映	通过互联网、电子邮件、微信、QQ等网络传达和交流信息的方式	优点：速度快、效率高，可以多方位沟通，空间跨度大 缺点：难以得到及时反馈

3. 主要内容

（1）撰写报告的总体要求。反映问题报告属于应用文体，基本表达方式是以事实来叙述，让事实说话，在阐述中议论，在议论中分析。在表现事物时，不是用夸张、虚构、想象等手法，而是用较少的文字、精确的数据，言简意赅、精练准确地表达内涵。

（2）撰写报告的格式要求。反映问题报告的行文，通常先后有序，主次分明，详略得当，联系紧密，结构形式与文章内容统一，数据、情况、问题融为一体。报告一般包括标题、开头、主体和结尾4个部分。

1）标题。标题应直接反映出报告的基本精神和主要内容，标题必须具有高度的概括性，用较少的文字集中、准确、简练地进行表达，如"社区政策落实情况反映报告"。

2）开头。开头的任务是提出问题，是表达作者观点的主要部分。开头可以概括全文的主要内容，也可以揭示全文的基本观点。

3）主体。主体的任务是反映政策落实的情况和问题，用数字和事实阐述观点。

4）结尾。对全文进行综合和总结，从而得出结论，明确题旨，引发思考。

4. 常见问题及其处理

（1）问题：工作过程存在过度强调问题而忽略正面成果的倾向，仅关注政策执行中的不足，未能反映政策在落地执行过程中取得的成功与广受欢迎的方面。

处理建议：应秉持实事求是的原则，全面、客观地反映政策执行状况。对于群众普遍认可的政策，应明确指出其优点和成效，以便为上级政策制定部门提供有价值的参考和借鉴。

（2）问题：针对群众反馈要求完善的政策，未深入细致地剖析政策存在的缺陷及其背后的具体原因。

处理建议：为确保问题反映的实效性，需进一步强化调查研究工作。对于存在不足和亟待完善的政策，应明确指出具体问题，并梳理出群众的具体建议，以确保政策的优化调整能够真正符合群众的期望和需求。

（3）问题：在问题处理过程中，只要接收到来自群众的问题反馈，便会直接整理并上报给上级机构，缺乏必要的分析与筛选步骤。

处理建议：对于群众所反映的问题，应当采取更为细致和审慎的态度，进行详尽的分析和筛选。因为并非所有反映的问题都能直接认定为实际存在的问题，可能存在误报或误导性信息。因此，劳动保障协理员必须具备一定的政策素养和判断力，确保上报的问题都是经过充分分析和验证的。

（4）问题：在处理群众反馈时，仅进行简单汇总而未进行分类，从而导致相关部门对问题类型及其所占比重的认知缺失。

处理建议：为确保问题处理的系统性和针对性，建议对群众提出的问题首先进行详细的分类，并在分类的基础上进行汇总和反馈。

三、注意事项

1. 流程的动态优化

本单元所提供的操作流程并非固定不变，各单位可根据本辖区的实际情况，对操作流程进行合理调整与优化，以确保其能够更好地满足实际需求。

2. 实践经验的积累

劳动保障协理员在开展政策落实的反映与上报工作时经常会遇到的各种问题，为确保工作的顺利进行，劳动保障协理员需要不断开展实践活动，勤于总结与积累，从而逐渐提升解决问题的能力。

思考题

1. 政策咨询服务的基本程序是什么？
2. 介绍各类补贴申领的途径和方法的操作流程是什么？
3. 介绍各类补贴申领的途径和方法有哪些操作技巧？
4. 线下就业登记的程序一般包括哪些步骤？
5. 线下失业登记的程序一般包括哪些步骤？
6. 做好跟踪享受政策情况的作用包括哪几方面？
7. 及时反映和报告政策落实中的情况和问题的操作流程一般包括哪些步骤？

培训课程 2

职业介绍服务

学习目标

1. 能为求职者和用人单位办理求职登记、招聘登记服务。
2. 能为求职者宣传择业新观念。
3. 能发布招聘洽谈会信息。
4. 能对求职者和用人单位进行跟踪回访。
5. 能介绍就业通用能力的内容和意义。

学习单元1　办理求职登记、招聘登记

一、做好学习前的准备

1. 概念

办理求职登记、招聘登记是指能够利用线上、线下就业服务平台、窗口，为有求职意愿的来访者办理求职信息登记手续，为缺乏岗位信息获取渠道和经验的求职者提供匹配推荐、求职应聘等一般性信息咨询与指导服务，为有招聘意愿的用人单位办理招聘信息登记手续，为缺乏求职人员登记信息获取渠道和经验的用人单位提供匹配推荐、招聘用人等一般性信息咨询与指导服务，促进供求信息合理匹配、流动与服务有效对接。

2. 作用

做好办理求职登记、招聘登记工作主要包括以下三个方面的作用。

（1）有助于满足供求双方的服务需要。为有需要的来访者提供求职登记、招聘登记服务，是职业介绍服务的核心功能，也是供求双方的基本需求。充足的供求信息储备与供给，可以提升公共就业服务机构的公信力。

（2）有助于促进供求信息的合理匹配与流动。通过充分、规范、有效的信息登记服务，可以实现"一点登记，多点查询"，提高信息发布、人岗匹配的成效。

（3）有助于实现就业服务的有效对接。供求信息登记与服务是对接职业指导、技能培训、政策咨询等服务的基础和依据。

3. 规范要求

为进一步做好求职登记、招聘登记工作，应做到以下三点工作要求。

（1）充分准备。首先，对于服务平台、窗口以及主要服务内容和流程进行明确的重点标识，以确保服务对象能够迅速而准确地找到所需服务。其次，准备齐全相关资料，确保服务设备能够正常运作，同时保持工作环境的整洁有序。最后，积极、热情地接待每一位服务对象，一次性提供必要的服务信息。

（2）分类施策。尊重服务对象的意愿和选择，有针对性地提供信息获取渠道和适宜的信息资源。

（3）提供指导。对服务对象填写的信息进行核准，并对填写的内容进行针对性指导，使所填写的内容切合实际并符合规定要求。

4. 相关知识

（1）供求信息登记表格的主要指标。"求职登记表"主要填写指标包括：姓名、性别、学历、居民身份证号码、联系方式、专业技能、求职意愿、薪酬要求等。"用人单位招聘情况登记表"主要填写指标包括：用人单位名称、工作地址、联系方式、招聘工种、薪酬待遇、面试方式等。

（2）求职应聘的基本技巧。对于登记求职人员，应做到知己知彼。对自己的职业取向、职业发展、性格特点、知识技能、薪酬待遇等，要有客观科学的判断；对招聘单位、应聘岗位的情况、要求要有准确了解，并在此基础上衡量自身条件与应聘岗位要求的适配度，避免自信心不足或好高骛远导致求职失败。而对于劳动保障协理员来说，必须深入理解并掌握服务需求诊断的基础理论常识，如访谈技术、霍兰德职业测试等诊断理论、工具等，确保为登记求职人员提供精准的职业取向类型判断和招聘岗位胜任特征的评估依据。同时，劳动保障协理员还应熟知常见的错误择业观念类型，如好高骛远、追求热门职业、偏好国家机关或国有企业、偏好大城市等倾向，以及墨守成规的就业态度。在此基础上，劳动保障协理员应引导求职者树立正确的择业观念，如"先就业后择业"的渐进策略，以及"多步趋近式"的职业规划，同时强调"干一行爱一行"的工作态度和职业价值观，以促进求职者的职业发展和个人成长。

二、掌握服务操作要领

1. 操作流程

（1）核实证件。即核实求职者和招聘单位的有效证件。求职者的有效证件包括居民身份证、学历证书、职业资格证书、就业失业登记证等；招聘单位的有效证件包括营业执照或组织机构代码证、经办人居民身份证等。

（2）采集录入。指导求职者和用人单位正确填写"个人求职登记表""用人单位招聘情况登记表"，并录入服务平台信息系统。

（3）对接服务。为登记求职人员、招聘单位提供信息发布、查询匹配等一般性咨询指导服务。其中，信息发布，即为登记求职人员、招聘单位选择推荐适宜的发布渠道，即时发布信息。查询匹配，即利用指定的信息服务与管理系统，匹配推荐符合登记求职人员、招聘单位需求特点的信息；或推荐自助匹配查询的渠道方法。建议按照"登记需求个数"与"推荐个数"不低于1∶3的配比推荐信息。提供一般性咨询指导服务，即根据登记求职人员实际需要，提供岗位信息采集渠道、薪酬价位参考等信息咨询服务；根据登记招聘单位实际需要，提供招聘形式选择、招聘简章制定等一般性咨询指导服务。

2. 操作技巧

（1）采集录入信息的原则。采集录入信息要确保信息的真实、完整、有效。在求职信息方面，要确保求职人员在法律规定的劳动年龄范围内；重点群体的求职信息，除居民身份证号、户籍所在地、联系电话等基础信息外，还要通过与求职者进行沟通交流，将其家庭状况、居住地状况、残疾状况等与就业有关的重要信息进行采集，录入精细化采集模块，为下一步评估诊断和提供精准的对接服务打下基础。在招聘信息方面，采集的信息要能够清楚全面地反映用人单位和招聘岗位的情况，避免漏项。

（2）信息发布的主要渠道。信息发布要兼顾线上、线下两类渠道（平台）。线上渠道（平台）建议分类选取贴合服务对象特点的渠道（平台），如官方招聘网站、广播、电视、微信、微博、App、公交移动媒体等渠道；线下渠道（平台）建议选取受众范围广的媒介或人员流动性较大的环境场所，如利用服务大厅、政务大厅、街道（乡镇）、社区（村）等内设的电子大屏幕、信息栏、触摸屏等自助信息查询设备，或通过开通招聘大篷车、开展"送岗下乡"活动等方式发布信息。

（3）职业指导的三个结合。在办理求职登记与招聘登记的过程中，务必紧密关联用人单位的发展需求以及社会经济的整体发展趋势；同时，需充分考虑求职者的个性特征及其职业发展的潜在需求；再者，不可忽视职业道德建设的重要性，以确保在提供求职、招聘的指导建议时，能够保持客观全面，为双方提供准确且合理的参考。

3. 常见问题及其处理

（1）问题：服务缺乏针对性和个性化。不同用工单位的性质类型各异，不同求职者的条件与需求千差万别，其后续服务的程序和内容均存在显著差异。然而，部分劳动保障协理员在提供服务时，往往表现出较为单一的服务内容，甚至习惯性地为服务对象做出选择，从而导致服务评价反馈不尽如人意。

处理建议：劳动保障协理员在提供服务时，应当充分考虑服务对象的具体情况和需求，确保服务内容的针对性和有效性。

（2）问题：信息录入不及时、不完整、不准确。信息录入未能实现"登记即发布"的时效性要求，如信息录入存在滞后，导致求职人员状态"已就业"而未能及时更新，招聘岗位状态"已招满"而未能及时下架。同时，缺乏必要的"二次核验"流程，导致如联系人、联系电话、招聘数量等关键信息录入错误，或招聘单位存在不良记录，从而生成"失效信息"，引发供求双方的投诉。

处理建议：采取 AB 岗制度，对录入的信息进行初步核验，确认无误后再行上传。在核验招聘单位诚信度时，应利用"企业信用信息网"等权威平台，比对招聘单位的基本信息，并重点关注其是否存在不良记录。

三、注意事项

1. 要尊重来访者

在接待来访者的过程中，劳动保障协理员必须始终秉持尊重的原则。在提供问询服务时，应使用文明礼貌的语言，以平等谦和的态度对待每一位来访者。同时，劳动保障协理员需严格把控交流的尺度，确保服务对象的隐私得到妥善保护，对于敏感问题应谨慎处理，以维护来访者的合法权益。

2. 要设置登记服务有效期

本着对供求双方负责的态度，一定要对信息登记的有效期进行限定和提前告知。

（1）登记招聘单位信息的有效期建议设置为1个月。自登记之日起，该信息即发布，并在接下来的30天内保持有效。若在此期间，招聘岗位出现"已招满"情况或招聘数量、内容等有所调整，招聘单位需及时与登记机构联系以进行相应变更。若招聘计划在设定的有效期内未能完成，招聘单位需遵循延期发布的规范要求，重新办理招聘登记手续。

（2）登记求职的个人信息有效期建议设置为半年至一年。若因个人或家庭等原因，求职者无法参与应聘活动，或已成功"就业"，抑或登记的联系电话、专业技能、择业目标等信息发生变动，求职者应及时与登记机构取得联系，以便进行相应的更新。若求职计划在设定的有效期内未能实现，求职者需按照延期发布的规范要求，重新办理求职登记手续。

此外，为确保信息的准确性和服务的及时性，登记机构在首次接待时，应一次性告知服务对象相关注意事项。同时，通过定期跟踪回访、主动问询、了解服务对象的需求动向，并同步更新纸质台账和系统台账，以此提升供求信息的匹配度，优化流动与服务对接的效能。

学习单元2　对求职者宣传择业新观念

一、做好学习前的准备

1. 概念

对求职者宣传择业新观念是指对求职者提供宣传引导服务，帮助其树立正确的职业理想，明确职业目标，建立正确的人生观、人才观及就业观，改变盲目追求从众、攀高、屈就等不切实际的就业观念，促使其理性对待就业，尽早就业、科学就业和稳定就业。

2. 作用

做好为求职者宣传择业新观念工作主要包括以下三个方面的作用。

（1）有助于求职者实现快速就业。通过引导求职者深入剖析自身问题，并树立与时代发展同步、顺应趋势的择业观念，帮助其缩短职业空窗期，实现快速、高效的就业。

（2）有助于求职者实现理性且科学的就业。通过引导求职者设定客观、科学的职业发展目标，并制定长远的职业生涯规划，从而使求职者能够做出更加合理、明智的职业选择，实现科学就业。

（3）有助于求职者实现稳定就业。通过鼓励求职者以追求高质量就业为目标，积极为岗位晋升积累职业经验和能力。同时，引导求职者妥善应对职业生涯各阶段的挑战与困难，以实现稳定的就业状态。

3. 规范要求

为进一步做好择业新观念的宣传工作，应做到以下三点工作要求。

（1）了解职业。随着经济的稳步增长，新兴职业不断涌现，职业分工日趋细化。劳动保障协理员需深入研究和把握新老职业的动态演变趋势，洞悉各职业的独特属性，并全面掌握劳动力市场的实时状况。在此基础上，为求职者提供前瞻性的职业选择指导，助力求职者有针对性地提升个人职业竞争力，并为相关决策提供科学依据。

（2）了解政策。随着经济的蓬勃发展，新创小企业日益崭露头角，各级政府为此出台了一系列就业补贴政策，有效促进了专精特新企业创造大量、多元且丰富的就业岗位资源，这些岗位资源已成为我国经济增长和就业增长的新引擎。劳动保障协理员应积极开展政策宣讲工作，引导用人单位扩大招聘规模、放宽招聘条件，同时鼓励求职者珍惜就业机会，不断积累经验，树立崇高的职业追求，以进一步提升就业质量。

（3）了解职业咨询诊断的基本知识与方法。职业咨询诊断是一项高度专业化的服务。劳动保障协理员在与来访者进行交流时，应确保沟通顺畅且融洽，建立互信关系，协助求职者更全面地认识自我，并以理性的态度进行职业选择。劳动保障协理员作为专业人员，必须深入了解职业发展理论、社会学、社会心理学等相关学科理论，以确保能够提供准确的职业咨询服务。同时，劳动保障协理员还应熟练掌握职业兴趣测评、就（创）业资源评估等基本的测评工具，从而为来访者提供科学的决策参考依据。

4. 相关知识

在推广择业新观念时，劳动保障协理员必须充分考虑个体的现实差异，紧密结合求职者职业生涯的长远规划，为不同阶段设定明确的目标，并依据这些职业目标，制定相应的策略。尽管可供选择的有效策略多种多样，但大致可以归纳为以下三类。

（1）一步到位型。此策略适用于在现有条件下能够直接达成的职业目标，通过整合现有资源迅速实现。

（2）多步趋近型。对于当前条件下无法直接实现的目标，可以采取逐步趋近的方式。即先选择一个与目标较为接近的职业，随后逐步向理想目标迈进。

（3）从业期待型。在无法直接实现理想目标，且缺乏相近职业可选的情况下，建议先选择一个职业投入工作，同时保持对理想目标的期待，等待时机成熟后再实现。

二、掌握服务操作要领

1. 操作流程

（1）了解择业取向。劳动保障协理员通过深入的访谈或专业测评工具精准把握求职者的职业倾向，并对可能存在的就业疑惑进行澄清。这一过程涉及两个方面：一是对职业价值观的明晰，即求职者对职业生活中不同维度的重视程度，是侧重于追求个人职业发展的长远潜力，还是倾向于实现个人的人生价值；是侧重于追求经济收益的最大化，还是满足于作为一个普通劳动者的身份。另一个方面是对求职方法的考量，即求职者对达成职业目标所需途径的认知和选择，涵盖了他们对于不同求职渠道的认知范围和重视程度。

（2）判断择业观念问题类型。在探讨求职者个体择业观念时，劳动保障协理员需要深入分析其与潜在问题之间的内在关联，并明确这种观念问题所属的具体类型。劳动保障协理员将求职者个体的择业观念与社会普遍认可的、正确的择业观念进行对比，审慎评估，以确定其属于哪类错误择业观念。常见的错误择业观主要包括：过度追求热门职业；过分追求高薪待遇；盲目追求所谓的"高大上"职业；缺乏独立思考，盲目跟随他人选择；只关注眼前的利益，忽视长远的职业规划；贪图享受，缺乏职业责任感；急功近利，寻求快速成功的方法，甚至采取不正当手段；持有对某些职业的偏见。

（3）协助确立新观念。针对认识观念偏差的问题，引导求职者采取自我内部辩论、观念重建等策略，纠正其择业观念中的偏差和潜在问题，进而协助求职者形成正确的择业观念。

2. 操作技巧

（1）择业指导的原则。一是引导性原则。在择业指导过程中，应强调求职者的核心地位，即作为指导对象和择业活动的主体，需充分发挥其主体作用。择业指导旨在引导求职者进行深入的自我认知、自我教育和自我提升。二是优势原则。择业决策应充分考虑求职者个人的优势，确保所选职业能够与其优势相结合，从而最大化发挥个人的聪明才智和潜能。当职业与个人优势相契合时，求职者将更易于适应和胜任所选择的职业，从而显著提高成功的概率。三是可行性原则。在引导求职者选择职业时，应注重实际可行性，避免选择脱离现实、好高骛远的职业。通过理性分析，确保所选职业与求职者的实际情况相符合，以提高职业选择的成功率。四是发展性原则。在择业指导过程中，应立足长远发展，鼓励求职者不满足于眼前的、局部的、短暂的利益。通过深思熟虑和全面规划，选择那些具有发展潜力和长期效益的职业。五是融合社会、国家与个人需求原则。在择业指导中，应充分考虑社会和国家的需求，确保求职者的职业选择与社会大背景相契合。同时，也应关注求职者的个人需求，寻求社会、国家与个人需求之间的最佳平衡点。

（2）宣传的主要方式。宣传的主要方式可分为个体宣传和集中宣传两大类别。个体宣传主要采取与服务对象进行"一对一"的沟通形式，这种形式更适宜在独立、静谧的环境中展开，以确保信息的有效传递。而集中宣传则侧重于"一对多"的沟通形式，旨在覆盖更广泛的受众群体，特别是在人员流动性较大的环境场所中实施。

（3）引导改变认知的方法

1）讲道理。反复运用多样化的形式进行宣传和引导，以滴水穿石之力，通过耳濡目染促使求职者认知的逐步转变。

2）学习榜样。这里的"榜样"包含两层含义：一是指那些具有模范、楷模、英雄特质的个体；二是指身边人。实践表明，相较于学习英雄楷模，从身边人身上学习正能量，往往对推动认知转变的效果更为显著。

3）案例分析。通过深入学习和分析具体生动的事例，鼓励求职者在案例学习过程中表达观点、分享体会、剖析自我、重塑认知，从而获取新的认知体验。

4）深度体验。为求职者提供真实的职业环境，使他们在职业活动中感知、体会、总结，进而推动认知的变革，并逐步实现行为的重塑。

5）综合运用各种方法。根据具体情况，结合上述各种方法，坚持正能量的传播和引导，开展综合性的宣传指导。

3. 常见问题及其处理

（1）问题：部分劳动保障协理员在提供服务时，缺乏从求职者角度出发的考量，未能充分满足求职者的实际需求。

处理建议：在宣传过程中，建议劳动保障协理员多换位思考、多提供辅助决策的工具和决策参考，引导求职者对每种抉择进行更为理智的思考，客观评判每个择业观念可能带来的利弊得失。

（2）问题：部分劳动保障协理员倾向于主观臆测，将个人偏好强加于求职者。

处理建议：劳动保障协理员应当坚守事实原则，依据实际情况进行分析推理，应引导求职者正视客观事实，以便他们更清晰地理解择业观念与就业、稳定就业以及职业发展的内在联系。

（3）问题：部分劳动保障协理员以教育者自居，在分析择业观念时，与求职者进行哲学式争论、评判，使求职者自尊心受到伤害。

处理建议：建议劳动保障协理员以鼓励作为主要手段，引导求职者正视新择业观念对个人当前及未来发展的积极影响，协助其树立对未来的坚定信心，并激励其积极追求和实现自己的理想与目标。

三、注意事项

（1）劳动保障协理员在宣传择业新观念的过程中，需规避以下三种倾向：一是不应脱离求职者的个人背景而空谈树立目标；二是不应忽视求职者的个人实际情况而泛谈奋斗发展；三是不应违背求职者的个人意愿而强谈转变。

（2）经验丰富的劳动保障协理员应能够凭借敏锐的洞察力、准确的判断力以及熟练的专业技能，深入挖掘问题产生的根源，探究问题背后的真正原因。

学习单元3　发布招聘洽谈会信息

一、做好学习前的准备

1. 概念

发布招聘洽谈会信息是指通过橱窗、宣传栏、网站、电话、微信公众号、通信交流群、短信、报纸、电视等方式，发布洽谈会的组织形式、举办地点、活动主题、招聘需求等内容，让服务对象提前了解信息，扩大洽谈会的知晓度、提高参与度。

2. 作用

做好发布招聘洽谈会信息工作主要包括以下三个方面的作用。

（1）便于告知活动具体信息。发布招聘洽谈会信息有利于用人单位和求职者获取活动的具体信息，起到了通知的作用。同时，通过主办方提供的联系方式，如电话、邮箱、网址等，方便服务对象随时联系活动主办方，反馈更多需求和信息，有利于提高服务质量。

（2）有利于强化活动宣传工作。发布招聘洽谈会信息可以提升活动的知名度，通过广泛利用互联网、报纸、电视等多元化媒体渠道，增加活动的曝光率，从而吸引更多求职者踊跃参与洽谈会。

（3）有利于提高招聘求职成功率。通过及时发布招聘洽谈会的相关信息，求职者能够提前获取参会企业的详细情况，使他们能够充分准备，提高求职的针对性和成功率。

3. 规范要求

为进一步做好发布招聘洽谈会信息工作，应做到以下三点工作要求。

（1）发布的信息应真实准确。在举办招聘洽谈会时，所发布的信息务必确保真实、准确、完整，严禁任何形式的弄虚作假、误导性陈述或重大遗漏。关于招聘岗位、数量、条件及待遇等相关信息，应清晰明确地呈现，确保不存在任何歧视性内容。信息的表述需客观、公正、准确，不得夸大或缩小招聘岗位的实际情况，更不得故意隐瞒相关信息。此外，任何违反国家法律、行政法规及有关规定的内容,以及任何欺诈性、虚假性信息,均不得在招聘洽谈会上发布。

(2)发布的内容应全面详尽。招聘洽谈会信息的发布、更新与管理过程应规范有序,唯有通过严谨的程序规范,才能确保所发布信息的全面、详尽与有效。另外,发布信息的内容应覆盖全面,如招聘洽谈会的目的、主题、具体时间与地点、组织方的详细信息、参与者的构成、活动流程与具体安排,以及组织方提供的服务与支持等内容。

(3)发布渠道应适宜。应根据招聘洽谈会的具体服务对象选择与之相匹配的发布渠道。同时,充分考虑成本与效果的平衡问题,以确保资源的最优配置。

4. 相关知识

组织招聘洽谈会一般有如下程序。

(1)准备工作。组织招聘洽谈会之前要准备好必要的场所、工具和材料。主要包括以下内容:①本地区人力资源市场供求状况分析材料;②本地区行业、企业工资指导价位资料;③招聘洽谈会场所;④洽谈台位、座椅及其他相关设施;⑤求职者求职登记表、用人单位用工登记表等相关表格;⑥纸、笔等文具用品。

(2)组织做好接待工作。劳动保障协理员要从洽谈会实际需要出发,根据求职登记和用工登记要求,查验确认相关证件、材料,指导填写相关表格。

(3)组织用工招聘洽谈。组织职业供求双方见面互相了解情况,按双方认可的选择对象组织面谈。劳动保障协理员根据职业指导和用工指导的内容,提示求职者和用人单位正确求职和合理用工。

(4)开展职业指导和用工指导。在组织招聘洽谈会过程中,劳动保障协理员应根据职业指导的程序和方法对求职者进行职业指导,根据用人单位用工指导程序和方法对用人单位进行用工指导。

(5)及时了解招聘洽谈结果并做相应处理。在职业供求双方面谈后,劳动保障协理员若未接到双方面谈结果的反馈信息,应及时与用人单位或求职者进行联系,做好后续服务工作,并将面谈结果在有关资料上做相应处理。

(6)及时汇总归纳,进行统计分析。劳动保障协理员应在招聘洽谈会后的一定期限内,对洽谈会招聘情况进行汇总、归纳和统计分析,以作为对本辖区职业供求总体情况分析时的参考依据。

二、掌握服务操作要领

1. 操作流程

（1）确定内容。需要确定招聘洽谈会的主题、时间、地点、参与对象、招聘职位等内容。这些信息需要准确、详细，以便用人单位和求职者能够了解招聘洽谈会的具体情况。

（2）收集资料。在确定招聘洽谈会的基础信息之后，劳动保障协理员需积极与服务对象建立联系，以便系统地收集参会单位的具体职位、所属行业等关键信息。

（3）进行审核。审核时应重点关注信息的准确性、可信度、真实性等方面。整个审核过程需严谨细致，以确保信息的质量和可信度。

（4）选择发布形式。根据招聘洽谈会的主题和受众对象，选择适当的发布形式。

（5）发布信息。发布信息时，务必遵循格式规范、语言表述以及图片质量等要求，以确保所发布信息的准确性及可读性。

（6）跟踪反馈。跟踪反馈时应重点关注参会单位的反馈和求职者的反馈。

2. 操作技巧

（1）发布招聘洽谈会信息的渠道

1）线下渠道

①橱窗、展台：可以在社区、商业区等人流量较大的地方设置橱窗、展台，张贴招聘洽谈会信息。

②公共交通工具：通过公共交通工具（如公交车、地铁、出租车等）向广大群众宣传和发布招聘洽谈会信息。

2）线上渠道

①官方网站：通过各省、市、区、街道、社区及各级公共就业服务机构的官方网站发布信息，官方网站具有权威性且受众面广。

②微信公众号：微信公众号作为当前社会广泛认可的公众交流平台，不仅能够使用人单位和求职者实时掌握招聘洽谈会的相关信息，更为他们提供一个在线互动交流的渠道，有效促进了双方的信息共享与沟通。

③招聘网站：有相当一部分求职者通过各类招聘网站寻找工作机会，为了更

有效地服务广大求职者，建议劳动保障协理员积极与这些招聘网站建立联系并开展合作。

④招聘 App：目前市场上有一系列专业化且功能完备的招聘 App，这些 App 在发布招聘信息方面表现出色，特别适用于需要高效、快速发布大量招聘信息的场景，以满足各类招聘需求。

⑤社交媒体：通过社交网站、微博、微信、论坛、播客等社交媒体发布信息。

⑥广播、电视：通过广播、电视等渠道发布招聘信息也是一种常见的招聘方式。

（2）发布招聘洽谈会信息的原则

1）合法性原则。为确保信息内容的合法性和合规性，所发布的信息应严格遵循《中华人民共和国劳动法》《中华人民共和国就业促进法》《中华人民共和国劳动合同法》等国家及地方颁布的关于劳动力市场管理信息发布的相关法律法规要求。

2）公正性原则。发布的信息要公正，除非有明确的法律法规规定，应坚决杜绝任何形式的特殊照顾或歧视行为，以维护信息发布的公正性。

3）真实性原则。发布的信息须经过严格、认真的审核，确保其内容真实、可靠，坚决杜绝虚假信息。

4）及时性原则。为确保信息的广泛传播和迅速流通，应当选择具备高受众覆盖面及快速传播速度的媒介方式。此外，还需紧密结合招聘洽谈会的实际情况和需求，精确把控信息的发布时机、发布方式及发布次数，以确保信息传递的高效与精准。

3. 主要内容

在推进发布招聘洽谈会信息工作的过程中，首要之务是明确并精准地界定所要发布的核心内容，即发布的主要内容，具体如下。

（1）招聘会的基本信息：包括招聘会的时间和地点。

（2）招聘会的背景信息：包括招聘会的主题、其背后的意义、预设的目标以及举办方的相关信息等，为参与者提供全面的背景介绍。

（3）招聘单位的具体信息：应详细列出招聘单位的职位类型、对应的职位要求以及工作地点，帮助求职者了解职位详情。

（4）参与招聘会的具体流程：包括如何申请参与招聘会、招聘会的流程、需要携带的材料等，以便参与者提前做好准备。

（5）其他相关信息：包括参与招聘会的注意事项、当日的天气情况预报、便捷的交通路线指引等，旨在为参与者提供更周到的服务。

4. 常见问题及其处理

（1）问题：招聘洽谈会涉及的信息比较多，常常会出现遗漏个别信息的情况。

处理建议：预先设计信息发布模板，并在每次发布时指定专人逐项核对以确保无误。

（2）问题：进行信息发布时常常会出现发布渠道与服务对象不匹配的情况，或发布渠道单一。

处理建议：针对服务对象进行深入的分析，选择最为适宜的发布渠道。推荐采取线上、线下多渠道的发布策略，在预算合理且成本可控的前提下，广泛覆盖不同渠道，扩大受众范围，从而优化宣传效果。

三、注意事项

1. 注意审核发布信息的真实性

为确保参会企业发布的招聘信息准确无误，劳动保障协理员应通过多种渠道进行核实与确认，深入了解用人单位的工作条件、工作时间、工资待遇以及社会保险等相关细节。

2. 注意协调相关部门

举办招聘洽谈会需与多个单位、部门紧密协作，共同推进组织工作。为确保活动的顺利进行，劳动保障协理员需提前与各参与单位、部门确立信息发布计划，并在该计划中明确界定各方的责任与分工，以充分保障各方在活动中的协调与配合。

学习单元 4　对求职者和用人单位进行跟踪回访

一、做好学习前的准备

1. 概念

对求职者和用人单位进行跟踪回访是指对求职者和用人单位，尤其是就业资源匮乏、适应能力和抗挫折能力差的就业困难群体，通过电话或上门走访等方式，了解服务效果、满意度和可能存在的其他问题，并提供具有后续支持性的咨询指导服务，确保供求双方获得持续、有效和满意的服务。

2. 作用

做好求职者和用人单位的跟踪回访工作主要包括以下三个方面的作用。

（1）有利于提高服务针对性。服务对象在不同阶段会遇到不同问题，开展定期和不定期的跟踪回访，可以动态了解和掌握服务进度和需求，"对标对表"对接服务，合理分配服务资源。

（2）有利于避免服务对象"返困"。援助服务不是一蹴而就的。尤其是重点群体，在"接受服务配合度"方面，都会存在习惯思维或受家庭成员的影响，需要通过跟踪回访，提供必要的督导、鼓励，避免出现服务前功尽弃、功亏一篑的现象。

（3）有利于提高服务成效。跟踪回访是提高服务质量效率的必要条件，需深入评估服务对象的需求是否被准确识别与满足，问题是否得到有效解决，就业率是否得到显著提升，并基于收集到的评价反馈，及时对工作进行调整与完善。

3. 规范要求

为进一步做好求职者和用人单位的跟踪回访工作，应做到以下三点工作要求。

（1）在跟踪回访工作过程中，劳动保障协理员应保持一种诚恳且乐于相助的态度，展现出耐心与礼貌。

（2）劳动保障协理员应能够从求职者和用人单位的角度出发，针对回访中发现的问题，提出切实有效的解决方案。

（3）劳动保障协理员应积极与入户家庭的成员建立联系，进行深入交流，认真倾听求职者及其家人的意见和建议，以便更好地满足他们的需求。

4. 相关知识

在正式实施跟踪回访工作之前，应预先制定详尽的跟踪回访实施方案。该方案应包含以下五个方面的关键内容，以确保工作的系统性和有效性。

（1）确定目标。在开展跟踪回访工作前应先明确目标，这将为整个跟踪回访工作提供明确的导向。

（2）梳理关键点。为确保跟踪回访工作高效、规范进行，需依据服务对象的基本特点与常见问题,对跟踪回访的关键点进行科学梳理。例如,对于新就业的困难人员要进行"三回访",即回访本人、回访家庭、回访单位。对于回访的具体操作方式、时间安排、内容设定,乃至提问和行动方案,都应事先制定预案,确保回访工作的规范性与系统性。

(3)个性化支持。在规范运作的前提下,尽可能地结合服务对象的情况开展个性化的指导、支持和帮助。例如,针对重点帮扶的人员应当结合基于企业社保补贴鼓励用人单位吸纳就业,或给予社保补贴鼓励服务对象灵活就业、自主创业,以及利用公益性岗位托底安置等;而对于需要一般性帮助的人员,可以围绕就业创业政策咨询、职业介绍、职业指导、职业培训等方面,持续进行跟踪服务,以确保其得到全面而有效的支持。

(4)跟踪回访前的预防性准备。在正式启动跟踪回访之前,为了确保目标的顺利实现,需进行详尽周密的预防性准备工作。例如,为了构建一个稳定且可持续的就业环境,需提前在家庭和单位等多个层面介入,通过沟通协调,强化支持体系,从而奠定坚实的就业基础。同时,在职业环境的适应性方面,同样应采取前瞻性的支持策略,即在问题浮现之前便着手进行辅导与准备,以增强个体对职业环境的适应力与应对能力。

(5)对既定跟踪回访目标进行效果评估。说明对跟踪回访工作成效的评估办法,并要求提供最终评估结果报告和反馈。

二、掌握服务操作要领

1. 操作流程

(1)做好跟踪回访准备。为确保回访活动的顺利进行,首先需明确回访的具体内容,随后根据这些内容制定详尽且系统的跟踪回访实施方案。接下来,需与回访对象建立有效联系,并全面做好相关准备工作,以确保回访活动的顺利进行。

(2)提供跟踪回访。指派具有一定经验、比较有亲和力的劳动保障协理员负责跟踪服务。在沟通过程中应用寒暄、接纳、倾听、重复、澄清等咨询技巧,努力与服务对象建立融洽的交流沟通氛围。当提供解决方案时,要与服务对象细化和讨论解决方案,并着重说明其中的利弊得失。

(3)记录服务内容结果。记录跟踪回访服务所提供的具体服务项目、服务时间、服务效果,建立跟踪服务档案。例如,对一般求职人员进行跟踪回访,要了解应聘进度结果。若岗位推荐成功，直接在指定系统进行结果录入；若推荐不成功，则征求求职者本人意愿，选择是否需要继续进行岗位推荐服务，且将求职者回访主述情况、回访印象等跟踪回访信息录入相对应的系统模块。而对于用人单位招聘情况进行跟踪回访，则应了解录用上岗情况。若匹配推荐成功，记载成功记录；推荐未成功的，了解其原因，调整岗位招聘数量及招聘要求，再次进行用人推荐服务。同时，对用人单位提供的备案材料及时归档。

（4）信息反馈与改进。督导部门将针对跟踪服务的结果，向负责跟踪服务的劳动保障协理员进行反馈，并提出优化跟踪服务流程的具体建议和措施。随后，负责跟踪服务的劳动保障协理员将与服务对象进行深入沟通，明确后续服务的具体安排。

2. 操作技巧

（1）对于不配合的服务对象，劳动保障协理员应把握消除顾虑、消除质疑的原则。消除顾虑是指自始至终表达诚恳相助的态度；换位思考，从服务对象境遇角度思考，提出解决方案；积极听取服务对象及其家人的意见。消除质疑体现为表达清晰、简明、逻辑严谨，并展现出耐心与礼貌，能够包容并接纳服务对象倾诉的意愿。

（2）提供多元化的解决方案，并充分尊重服务对象的个人意愿和选择。对于服务对象提出的对解决方案的质疑或推翻，要视其为优化和完善解决方案的重要契机和动力源泉。

3. 常见问题及其处理

（1）问题：部分劳动保障协理员没有认识到跟踪回访的意义。如跟踪回访走流程、机械化操作，对服务对象提出的服务需求和建议无回应。

处理建议：健全跟踪回访制度体系，依据服务对象特点、服务需求迫切程度等进行梳理，分类设置跟踪回访的频次、不同阶段对应的跟踪回访重点，以及制定对应的支持性解决方案等，为跟踪回访服务提供参考依据。跟踪回访服务要围绕服务对象的需求开展，保证跟踪指导的针对性、时效性和延续性。

（2）问题：部分劳动保障协理员忽视跟踪回访前的准备工作，为服务对象带来干扰和不便。

处理建议：强化工作流程与职业素养方面的培训，加强对走访制度规程、职业素养、相关法律法规等方面的学习实践。

三、注意事项

1. 重点群体实名制管理

对重点帮扶人员实行实名制管理,做到精细化服务,全过程留痕,实施"一人一策"的跟踪服务。

2. 定期组织摸底调查

为确保工作的精准性和有效性,需定期进行摸底排查,并积极倾听服务对象的反馈意见,确保服务能够精准满足服务对象的需求。

3. 重视就业后跟踪指导

持续关注并协助指导服务对象在就业过程中遇到的各类问题,如签订合同、缴纳社保、适应岗位、工资收入、享受政策等。

4. 建立健全服务档案

全面记录服务对象的基本情况、服务需求等个人信息,并对服务内容、政策享受等帮扶情况进行全程跟踪记载。同时,为每个服务对象建立详尽的服务档案,以便进行后续的数据信息动态维护和实时更新。

学习单元 5　介绍就业通用能力的内容和意义

一、做好学习前的准备

1. 概念

介绍就业通用能力的内容和意义是指劳动保障协理员通过多种方式介绍就业通用能力的基本内容和意义,帮助求职者更全面地了解职业能力的定义,提高求职者对就业通用能力重要意义的认识,唤起求职者对该能力养成的内生动力,为下一步接受指导训练奠定基础的工作。

2. 作用

做好介绍就业通用能力的内容和意义工作主要包括以下三个方面的作用。

(1) 有助于求职者全面了解职业能力的定义。职业能力是胜任职业岗位活动的必要条件。职业能力不仅包括专业能力,还包括就业通用能力。求职者如果具有核心的职业能力,则可以扩展就业范围,并增加发展机会。

(2)有助于就业通用能力的普及。与专业能力相比,我国在劳动者就业通用能力的教育、培训资源方面较为匮乏。就业通用能力的普及与提升,已经成为公共就业服务的重要组成部分。

(3)有助于求职者做好学习培训前的准备。通过对基本概念的学习,唤起能力养成的自觉意识和内生动力,使求职者做好心理准备和行动准备,为接受下一步帮扶指导奠定基础。

3. 规范要求

为进一步做好就业通用能力内容和意义的介绍工作,应做到以下三点工作要求。

(1)掌握常用的职业诊断方法。能够运用问询、探查等常用的职业诊断方法进行有效沟通,全面了解求职者在就业通用能力方面的优劣势,为下一步提供针对性的内容介绍提供参考依据。

(2)做好充分的接待准备。能够对求职者的基础信息、就业通用能力的市场需求状况等有基本了解;能够对就业通用能力在职业生活中的具体体现,以及常见问题有一定的掌握;能够对介绍过程中可能用到的影音图文资料进行归集和整理。

(3)做到理论联系实际。能够以求职者的个性特点、接受程度为基础,提供重点突出、易于接受的介绍,切实做到理论联系职业岗位的实际。

4. 相关知识

(1)就业通用能力的基本概念。2003年联合国提出,为了有效促进青年就业,年轻女性与男性都需要掌握一种核心工作技能。例如,沟通交流、解决问题、团队合作等技能,提高自己的就业能力,为在这个以知识和技能为基础的社会中工作做好准备。国际劳工组织提出,就业能力是指个人具有获得和保持工作,在工作中进步,以及应对工作生活中出现变化的能力,包括知识、技能和态度的组合。

(2)就业通用能力的基本内容。参考国际研究成果,结合我国实际情况,本书认为就业通用能力是指劳动者寻找就业岗位、胜任和保持工作,以及适应工作变化转换或提升的基本能力。它是一种区别于专业技术和专项技能而通融于就业全过程的能力,包括学习提高、表达交流、数字认知、与人合作、解决问题五个方面。

（3）发展就业通用能力的意义。一方面，发展就业通用能力是促成个人职业发展和进步的关键因素。就业通用能力不同于专业技术能力，它是从事各种职业、各种岗位都要求具备的基本能力，只有具备了较强的就业通用能力，才能适应不同的职业岗位变化，适应个人职业生涯的发展变化，更好更快地掌握技术技能，为实现就业、工作提升及职业转换奠定基础。另一方面，发展就业通用能力是用人单位招聘和使用人才的基本要求。随着经济结构和产业结构的不断调整，新技术、新产业不断涌现，由此产生对新职业、新岗位、新知识和新技能的需求，劳动者需要具备相应的通用能力来应对这些新变化。此外，发展就业通用能力也是促进人力资源市场良性发展的重要措施。新一轮科技革命和产业变革加大了人力资源市场的波动，需求不确定性增加，结构性就业矛盾加剧，市场竞争日益激烈，人们经常会面临就业、失业、转岗的压力，只有具备了就业通用能力，才能更好地适应市场的变化，提高人力资源的匹配度，促进人力资源市场良性发展。

二、掌握服务操作要领

1. 操作流程

（1）接待问询。通过简单问询，了解求职者基本情况、咨询方向和职业发展规划等，同时整理和提供介绍材料。

（2）提供介绍服务。首先，对求职者提供的基本信息、问题类型进行确认；然后，阐述求职者的需求与就业通用能力之间的内在关联；最后，详细介绍就业通用能力的基本概念、核心组成及其相关内容，确保求职者能够全面理解并把握其内涵。

（3）整理记录与服务对接。将求职者基本情况、介绍要点、求职者反馈等服务过程进行整理记录；依据求职者实际需要，提供服务对接引导和建议。

2. 操作技巧

（1）了解介绍的主要内容。在介绍就业通用能力中的每项具体能力时，应重点介绍概念、构成要素、应用场景等方面，尤其着重对应用场景的介绍。

（2）掌握介绍的方式方法。一是资料分析研究。结合国内外对就业通用能力的相关研究成果，以视频或图片的形式，为求职者演示在就业全过程中所需要具备的基础能力。二是实例列举。将与求职者需求特点相同或问题相近的典型案例，以讲授与互动的形式进行分享，使求职者感同身受。三是现场观摩。组织求职者观摩招聘洽谈会现场，针对就业通用能力在"岗位职责""岗位要求"中的界定与描述进行交流研讨，整理"岗位名称与就业通用能力对应图"等。若引导求职者自行进行观摩，应明确指导具体的观摩流程，如观摩地点的确定、重点观摩内容、聆听信息点及提问要点等，以确保实地观摩活动的有效性与针对性。

3. 常见问题及其处理

（1）问题：求职者对提升就业通用能力的必要性、紧迫性存在认知缺陷。

处理建议：一是创新宣传方式。尤其是要注重动态收集、更新与就业通用能力相关的信息资讯，实时通过各类服务平台、窗口的醒目位置或人员流动性较大的场所，强化视觉冲击。二是扩大宣传范围。尝试与高校、培训机构、用人单位联手，举办就业通用能力专题讲座、演讲比赛、画作征集、供需见面会等灵活多样的宣传推介活动，促使就业通用能力入耳、入眼、入脑、入心。

（2）问题：部分劳动保障协理员自身的就业通用能力良莠不齐，指导效果差强人意。

处理建议：首先，结合劳动保障协理员岗位的职业胜任力要求，不断提高其自身的职业敏感度，夯实理论根基和实践功底。其次，不断强化职业测评工具、咨询技术方法的运用，强化与企业"零距离"对接。再者，在开展服务过程中，注重自身的言谈举止对服务对象潜移默化的影响，确保提供看得见、摸得着的指导建议和引导，满足不同层次、类别的服务需求。

三、注意事项

劳动保障协理员在向求职者介绍就业通用能力时，应深入了解就业通用能力的构成特征。就业通用能力的构成特征主要涵盖以下八个方面。

（1）普遍性：对于所有职业或同类职业群都适用。

（2）可迁移性：从一种岗位到另一种岗位的适应能力，或者说是用已掌握的知识和能力能够解决另外一个问题的能力。

（3）隐形性：不像专业技术那样可见。

（4）可测试性：在实际工作中可以逐渐显现出来。

（5）自主性：强调自身、自我的发展。

（6）工具性：是掌握其他能力的手段和基础。

（7）可持久性：不容易过时，或者说终身享用。

（8）综合性：多种能力的集合。

思考题

1. 为求职者和用人单位办理求职登记、招聘登记的操作流程和注意事项有哪些?
2. 为求职者宣传择业新观念的操作流程是什么?
3. 发布招聘洽谈会信息的操作流程是什么?
4. 发布招聘洽谈会信息有哪些原则?
5. 对求职者和用人单位进行跟踪回访的有关要求和技巧有哪些?
6. 就业通用能力的基本概念是什么?
7. 介绍就业通用能力内容和意义的操作流程是什么?

培训课程 3

职业培训服务

学习目标

1. 能够为服务对象提供登记培训和鉴定需求服务。
2. 能够提供培训和鉴定信息的标准化操作。
3. 能够掌握收集发布培训项目信息的渠道。
4. 能够介绍职业培训、职业技能鉴定补贴政策及范围。

学习单元 1 登记培训和鉴定需求

一、做好学习前的准备

1. 概念

登记培训和鉴定需求是指针对有职业技能培训、创业培训、技能鉴定等方面需求的人员,通过入户走访、电话、调查问卷、窗口指导等方式,介绍培训相关的内容,并结合服务对象的实际推荐参加技能培训的机构、技能鉴定的部门,登记服务对象的培训和鉴定需求。

2. 作用

做好登记培训和鉴定需求工作主要包括以下三个方面的作用。

(1)有助于提高培训需求的针对性。登记培训和鉴定需求可以了解服务对象的培训需求和意愿,帮助其选择适合自己的培训项目。培训机构可以更加精准地了解服务对象的培训需求和意愿,制定更加精准的培训计划和方案。

（2）有助于提高市场需求的适配度。登记培训和鉴定需求，可以更加全面地了解市场需求，制订更加符合市场需求的培训和鉴定计划。

（3）有助于协助相关部门进行有效对接。通过登记服务对象的培训和鉴定需求，一方面可以帮助相关部门更好地了解服务对象的需求，另一方面可以协助相关部门进行资源整合和协同，如协调培训机构和鉴定机构，整合培训和鉴定资源，提高资源利用效率和效果。

3. 规范要求

为进一步做好登记培训和鉴定需求工作，应做到以下三点工作要求。

（1）全面了解服务对象的个体需求。包括职业发展方向和目标、学习能力和学习方式、工作经验和技能水平、兴趣爱好和特长等，以便更好地为服务对象提供符合需求的培训和鉴定服务。

（2）引导服务对象登记适配的需求。根据服务对象的实际需求，引导其登记适合的培训或鉴定项目，避免浪费时间和资源。

（3）结合市场前景确定合适的需求。根据市场需求和趋势，结合服务对象的个体需求，帮助服务对象确定培训和鉴定项目，以提高服务对象的竞争力和市场适应性。

4. 相关知识

职业培训主要包括以下五个方面的作用。

（1）提高劳动者素质。我国人力资源充裕，但部分劳动者的文化和技能素质不高，经验表明，通过职业培训提高劳动者素质，是促进人力资源开发利用的重要措施，也是我国由人口大国转化为人才资源强国的一条重要途径。

（2）促进就业。职业培训对于求职者来说，无论是新成长劳动力初次就业，还是失业人员再次就业，都可以通过获得职业技能，提高就业能力，增强自身的竞争能力，尽快找到工作，缩短失业期。对于在职职工来说，也可以通过获得更高技术等级或一专多能，提高适应岗位转换能力，激发创新能力，增加就业的稳定性。

（3）提升我国企业在国际市场的竞争能力。职业培训能够增加符合需要的社会劳动力供给，缓解一般性劳动力严重过剩、较高素质劳动者严重短缺的结构性矛盾，培养和造就一支应用型技术工人队伍，提高劳动生产率和我国企业在国际市场的竞争力。

（4）预防失业。通过职业培训，劳动者可以适应市场和产业结构的变化，解决职业技能低、职业技术局限性等问题，满足岗位需求，达到预防失业的目的。

（5）实现经济增长方式的转变。职业培训一方面使新成长的劳动力通过就业前的培训具备进入就业岗位的条件；另一方面使已经就业的劳动者通过再培训适应生产力发展和科学技术进步的要求。这对实现经济增长方式的转变具有十分重要的作用。

二、掌握服务操作要领

1. 操作流程

（1）了解情况

1）掌握来访登记需求，主要包含以下两种方式。

①人工手写。劳动保障协理员可以通过手写登记服务对象的需求信息，即填写"辖区服务对象培训需求登记表"，包括服务对象的个人信息、培训和鉴定需求等。

②计算机填写。劳动保障协理员可以将服务对象的需求信息录入计算机系统中，方便后续管理和查询。

2）掌握走访登记需求，主要包含以下两种方式。

①召开需求摸底座谈会。邀请服务对象参加，了解服务对象的需求情况，包括职业发展方向和目标、学习能力和学习方式、工作经验和技能水平、兴趣爱好和特长等方面。

②利用基层网格服务群。通过走访、电话等方式了解服务对象的需求情况，及时登记服务对象的需求信息。

（2）澄清需求。对登记的需求信息进行澄清，确保信息的准确性和完整性。

（3）分析指导。根据服务对象的需求情况，进行分析和指导，帮助服务对象选择适合自己的培训和鉴定项目。

（4）填表登记。根据服务对象的需求情况，填写相应的登记表格，包括服务对象的个人信息、培训和鉴定需求等。

（5）录入系统。将填写好的登记表格录入系统中，方便后续管理和查询。

（6）服务对接。根据服务对象的需求情况，对接相应的培训和鉴定服务，包括培训和鉴定项目、时间、地点、费用等。

（7）跟踪结果。对服务对象的培训和鉴定情况进行跟踪，及时了解服务对象的反馈和需求，不断改进和完善服务。

2. 常见问题及其处理

（1）问题：在登记需求的过程中，对服务对象的实际情况了解不清，就着急提供培训信息。

处理建议：劳动保障协理员应尊重服务对象的培训诉求，全面了解其技能情况。

（2）问题：对培训业务掌握得不够全面，登记的栏目不符合要求。

处理建议：劳动保障协理员应提高业务能力，了解登记的各个流程环节，认真对待工作。

（3）问题：平时工作只满足于登记服务对象的需求，不去了解其登记的目的，工作未见效果。

处理建议：劳动保障协理员应通过沟通了解服务对象登记需求的目的。例如，是为了提升就业技能还是为今后创业储备知识，从而有针对性地为其推荐培训项目。

（4）问题：登记只是被动地在基层平台窗口进行，未能延伸其他方法。

处理建议：劳动保障协理员应改变工作思路，创新登记办法，利用辖区网格群、召开座谈、微信群、调查问卷等方式，提高辖区内服务对象培训意愿。

三、注意事项

1. 应避免误解和偏差

在登记培训和鉴定需求的操作过程中，对澄清需求环节应引起重视，应注意与服务对象进行充分的沟通和交流，确保理解服务对象的需求，避免误解和偏差。

2. 提高工作效率和质量

在登记培训和鉴定需求工作中，应尊重服务对象的需求，提高业务能力，了解服务对象登记需求的目的，创新登记办法，提高登记培训需求的效率和质量。

学习单元 2　提供培训和鉴定信息

一、做好学习前的准备

1. 概念

提供培训和鉴定信息是指针对有培训意愿的服务对象，结合其实际情况（性别、年龄、特长、就业意向等），通过电话、短信、微信、窗口等方式，向他们提供职业培训、职业技能鉴定等方面的信息，帮助他们了解培训机构、培训项目、课程安排、培训方式、报名流程、补贴政策、以往的培训成果等，提升他们参加培训的内生动力，帮助他们更好地选择培训课程。

2. 作用

做好提供培训和鉴定信息的工作主要包括以下三个方面的作用。

（1）有助于服务对象科学地选择培训机构。提供培训和鉴定信息可以帮助服务对象了解不同机构的培训质量、师资力量、课程设置等情况，科学选择适合自己的培训机构。

（2）有助于服务对象精准选择培训项目。提供培训和鉴定信息可以帮助服务对象了解不同培训项目的内容、难度、适合人群等情况，精准选择适合自己的培训项目。

（3）有助于提高后期培训的效率、效果。提供培训和鉴定信息可以帮助服务对象了解培训的目的、要求、标准等情况，在培训过程中更加明确自己的学习目标，提高学习效率和培训效果。

3. 规范要求

为进一步做好提供培训和鉴定信息工作，应做到以下四点工作要求。

（1）了解辖区服务对象情况。包括人口结构、职业分布、培训需求等，以便更好地为服务对象提供培训和鉴定信息。

（2）了解签约培训机构情况。包括机构的规模、师资力量、课程设置等，以便更好地为服务对象提供科学的培训机构选择建议。

（3）学习培训鉴定业务知识。包括培训和鉴定的相关规定、流程、标准等，以便更好地为服务对象提供专业的服务。

（4）选择高效的信息推荐途径。包括微信群、电话、短信、邮件等，便于更好地向服务对象推荐培训和鉴定信息，提高服务效率和质量。

4. 相关知识

（1）职业培训的主要内容

1）基本素质培训。基本素质包括文化知识、道德知识、法律知识、公共关系与社会知识、生产知识与技能。

2）职业知识培训。职业知识培训包括职业基础知识、职业指导、劳动安全与保护知识、社会保险知识等。

3)专业知识与技能培训。专业知识与技能包括专业理论、专业技能和专业实习。学员在专业理论指导下掌握一定的专业技能,并通过实习,提高解决实际问题的能力,为就业打好基础。

4)社会实践培训。社会实践通常包括实地考察、社会调查、志愿服务、文化交流等活动,通过这些活动,可以深入了解社会现象和问题,提高学员的实践能力和综合素质。

(2)职业培训的方法

根据培训对象的不同,职业培训的方法一般有以下四种。

1)开班面授。这是职业培训中最常用的方法,即由培训机构根据国家规定或市场需求制定培训方案、教学计划。然后把培训对象集中起来,由专职或兼职的教师按照教学计划面对面地进行教学。其特点是便于教师和培训对象交流和沟通,做到因材施教。

2)实地指导。这是针对实践性、技术性较强的职业项目的一种培训方法。培训机构在具备条件的实践场地里,由培训教师根据国家规定或市场需求对培训对象进行实地技术指导。教师可以利用实地的设施设备和材料在现场进行教学演示,并手把手教授培训对象。

3)辅导自修。这是以个人自学为主、培训教师定期辅导为辅的培训方法。培训机构或培训教师按照培训教学计划或教学要求,为参加培训的个人指定培训教材或辅导教材,指导其在规定的时间内自学完规定的内容,然后在规定的时间里将参加培训的人员集中起来统一辅导和答疑。

4)网络教学。这是当今发展最快的一种职业培训方法。网络教学系统可以将全国甚至全世界的优秀教师、优秀课程、优秀学习方法等资源整合到一起,让参加培训的人员通过观看视频进行学习、模拟操练。每一位学习者都可以根据自己的学习特点,选择适合的学习资源,按照适合自己的方式和速度在线学习。

在实际培训中,除了上述职业培训方法外,还有一些其他的培训方法,如广播教学、电视教学等。

(3)职业资格证书和职业技能等级证书

职业资格证书和职业技能等级证书通常分为五个等级,从低到高分别为初级、中级、高级、技师和高级技师。

初级,主要针对初级技能人才,证明其具备一定的职业技能和知识。中级,主要针对中级技能人才,证明其具备较高的职业技能和知识。高级,主要针对高级技能人才，证明其具备深厚的职业技能和知识。技师，主要针对技术骨干和技术管理人才，证明其具备高超的职业技能和管理能力。高级技师，主要针对技术专家和技术领军人才，证明其具备卓越的职业技能和创新能力。

二、掌握服务操作要领

1. 操作流程

（1）了解情况。了解情况主要分为三种，一是了解辖区服务对象的基本情况及需求，二是了解与辖区服务对象培训需求相适合的培训机构情况，三是了解本地区产业和行业发展趋势和就业情况。

（2）选择方式。基于对辖区服务对象基本情况和需求的深入分析，精选出符合其实际状况的培训和鉴定方式。

（3）推介信息。根据辖区服务对象的基本情况和需求，向其推介相关的培训和鉴定信息，包括培训机构、培训课程、考试时间、考试地点等信息。

（4）对接服务。为服务对象提供对接服务，包括帮助服务对象报名、提供学习资料、解答疑问等服务，确保服务对象能够顺利参加培训和鉴定。

（5）后续跟踪。在服务对象参加培训后，应进行后续跟踪，了解服务对象的学习和考试情况，提供必要的帮助和支持。

2. 操作技巧

（1）掌握辖区内培训机构的培训项目信息。劳动保障协理员可以通过多种途径了解辖区内的培训机构，包括查阅相关网站，咨询当地人社、教育等部门，以及与培训机构进行沟通交流等方式，了解其培训项目的类型、内容、费用等信息。

（2）掌握本地区人社、民政等部门的培训计划。可以通过查阅当地人社、民政等部门的官方网站或者咨询相关工作人员，了解本地区的培训计划，包括培训时间、地点、内容、费用等信息。

（3）掌握各类培训项目的鉴定方式。劳动保障协理员可以通过查阅相关的国家职业标准、考试大纲等资料，了解各类培训项目考试形式、考试内容、考试时间等信息。

3. 常见问题及其处理

（1）问题：部分劳动保障协理员对服务对象的基本状况及其培训或鉴定需求情况不了解。

处理建议：为提升服务质量，劳动保障协理员应强化服务意识，对服务对象的基本情况进行深入了解,并积极引导其详细阐述培训的具体需求,以便能够提供更为精准、有效的服务。

(2)问题:部分劳动保障协理员未能针对服务对象的需求提供专业知识的有效普及,且存在信息传递的针对性和时效性不足,进而影响了服务对象获得及时培训和补贴的机会。

处理建议:劳动保障协理员需要加强对专业知识的掌握,关注并及时更新政策信息,以便更好地满足服务对象的实际需求。

(3)问题:部分劳动保障协理员对咨询过的服务对象缺乏有效的情况跟踪。例如,未能及时了解服务对象是否成功参与培训以及补贴是否已顺利到位等。

处理建议:劳动保障协理员应提升自身工作的主动性。对于已服务过的服务对象,应定期安排回访,以掌握其最新动态。若服务对象在培训、鉴定等过程中再次遭遇困难,应主动提供必要的帮助与支持。

三、注意事项

1. 及时更新信息

在劳动保障协理员的日常工作过程中,由于培训机构、相关部门以及国家职业标准等信息存在动态性,为确保向服务对象及时准确地提供信息,劳动保障协理员需保持高度的信息更新敏感性,并持续更新相关资料。

2. 增强服务意识

劳动保障协理员在处理常见问题时,应增强服务意识,提高专业知识储备,时刻做好服务准备。定期对服务对象进行回访,帮助其解决问题,促进其职业发展和就业能力的提升。

学习单元3 收集发布培训项目信息

一、做好学习前的准备

1. 概念

收集发布培训项目信息是指劳动协理员通过电话、短信、走访等方法,针对有培训需求的服务对象,搜集、查找、提取、记录和储存职业培训项目信息,并通过多渠道、多媒体对外准确发布培训内容、时间、地点、周期等，使服务对象掌握培训信息，选择培训项目，参加培训，从而提高培训的针对性和有效性。

2. 作用

做好收集发布培训项目信息工作主要包括以下三个方面的作用。

（1）有利于服务对象掌握培训信息。通过收集和发布职业培训项目信息，一方面可以了解到辖区内的培训机构、培训项目、培训时间、培训费用等信息，另一方面可以帮助服务对象了解市场需求和行业趋势，选择适合自己的培训项目，提高职业素质和就业能力。

（2）有利于增加服务对象就业机会。通过收集和发布职业培训项目信息，可以帮助服务对象提高技能和职业能力，建立职业人脉和拓展职业资源，增加就业机会。

（3）有利于促进行业内的竞争和合作。收集和发布培训项目信息不仅有助于激发行业内的良性竞争，还能促进各方之间的深入合作，从而共同推动行业的整体进步与发展。

3. 规范要求

为进一步做好收集发布培训项目信息工作，应做到以下三点工作要求。

（1）收集信息要真实、全面。收集发布培训项目信息时，要确保信息的真实性和全面性，不得夸大宣传或虚假宣传，不得隐瞒重要信息或误导服务对象。同时，要遵守相关法律法规和行业规范，保护服务对象的合法权益。

（2）发布信息要精准、及时。发布培训项目信息时，要确保信息的准确性和及时性，不得发布错误或过时的信息，不得误导服务对象。同时，要根据服务对象的需求和市场变化，及时更新和调整发布的信息，保持信息的有效性和可靠性。

（3）发布渠道要广泛、多元。发布培训项目信息时，要选择广泛、多元的发布渠道，如官方网站、社交媒体、线下宣传等多种形式，以便服务对象便捷地获取信息。同时，也要根据服务对象的特点和需求，选择适合的发布渠道，提高信息的传播效果和覆盖面。

4. 相关知识

（1）新媒体。通常来说新媒体信息推广是指利用互联网、移动互联网等新媒体平台，通过各种手段和技巧，将信息传播给目标受众，以达到宣传推广的目的。

1）微信公众号、朋友圈。通过微信公众号和朋友圈等社交媒体平台，发布培训项目信息，吸引服务对象的关注和参与。可以通过定期发布有价值的内容，如行业资讯，职业技能培训、就业指导等信息，提高服务对象的黏性和参与度。同时，也可以通过与服务对象的互动交流，与服务对象建立良好的关系。

2）促销软文。通过撰写有价值的软文，介绍培训项目的特点和优势，吸引服务对象的关注和参与。可以在行业媒体、社交媒体等平台发布软文，提高信息的传播效果和影响力。

3）广告信息。为了有效提升服务对象的关注度和参与度，可以采取精准的广告投放策略。通过在搜索引擎及社交媒体等平台精准投放广告信息，吸引目标受众的注意。通过深入分析服务对象的特点和需求，筛选出最适合的广告投放平台和方式，提升广告点击率和转化率。

4）短视频、视频。通过策划并制作富有吸引力和实用价值的短视频或视频内容，全面展示培训项目的特点和优势，吸引目标服务群体的关注与参与。此外，利用社交媒体和视频平台等多元化渠道，发布这些视频内容，以扩大信息的传播范围和提升其影响力。还可以借助直播等实时互动形式，与服务对象建立起更为紧密和有效的沟通渠道。

（2）传统媒体。包括报纸、杂志、电视、广播等，可以通过发布广告、新闻报道等形式，扩大培训项目信息的传播范围和影响力。

（3）线下传播。包括展会、路演、宣传活动等，可以通过现场演示、讲解、派发宣传资料等形式，直接与服务对象进行互动和交流。

二、掌握服务操作要领

1. 操作流程

（1）了解情况。摸底辖区内职业培训机构、创业培训机构等计划开设的职业培训项目信息，并对各个项目进行基本了解，包括培训方向、培训内容、培训时间、培训方式等，了解它们的特点和优势。同时，还需要了解服务对象的需求和市场变化，以便为服务对象提供更加全面和准确的信息，帮助他们选择适合的职业培训项目。

（2）收集信息。通过多种途径收集培训项目的信息，包括与各培训机构进行工作联系、关注发布培训信息的线上平台、关注本地人力资源社会保障部门的培训通知等，确保信息的真实性和全面性。

（3）筛选信息。根据辖区内服务对象的培训需求，对收集到的信息进行筛选和整理，选择有价值、有吸引力的信息，选择出优质培训项目。同时也要遵守相关法律法规和行业规范，保护服务对象的合法权益。

（4）发布信息。根据服务对象的特点和需求，选择适合的发布渠道，发布有价值、有吸引力的信息，吸引服务对象的关注和参与。

（5）跟踪效果。对发布的信息进行跟踪和分析，了解信息的传播效果和影响力，根据服务对象的反馈和市场变化，及时更新和调整发布的信息，提升信息的有效性和可靠性。

2. 操作技巧

信息收集和发布要掌握以下四点原则。

（1）目的性原则。信息收集和发布应该具有明确的目的和意义，信息收集和发布的目的应该与服务对象的需求和利益相关，同时符合相关法律法规和行业规范。

（2）真实性原则。信息收集和发布应该具有真实性，不得夸大宣传或虚假宣传，不得隐瞒重要信息或误导服务对象。

（3）时效性原则。信息收集和发布应该根据服务对象的需求和市场变化，及时更新和调整发布的信息，保持信息的有效性和可靠性。

（4）准确性原则。信息收集和发布应该具有准确性，不得发布过时或错误的信息误导服务对象。同时，应该根据服务对象的特点和需求，选择适合的发布渠道，提高信息的传播效果和覆盖面。

3. 常见问题及其处理

（1）问题：部分劳动保障协理员对辖区内的培训机构不熟悉，不了解他们发布信息的渠道。

处理建议：劳动保障协理员应加强与辖区内培训机构的工作联系，建立良好的关系，互通有效信息。

（2）问题：部分劳动保障协理员在宣传培训项目信息时，选择了错误的传播渠道，导致宣传深度、广度不够。

处理建议：劳动保障协理员应加强对辖区内服务对象的情况了解以及对各类宣传渠道特点的了解，从而选择适合的宣传渠道。

三、注意事项

1. 保持客观性和中立性

劳动保障协理员应遵循信息收集和发布的原则，保持信息收集和发布的客观性和中立性，避免因主观因素而导致信息的偏颇和失真。

2. 能够提供专业建议

劳动保障协理员应当根据服务对象的具体实际情况，准确地提供符合其需求的培训项目信息，确保所提供的培训内容与服务对象的能力和需求相匹配，从而协助其做出合理的培训项目选择。

学习单元 4　介绍职业培训、职业技能鉴定补贴政策及范围

一、做好学习前的准备

1. 概念

介绍职业培训、职业技能鉴定补贴政策及范围是指通过设立咨询平台、发放宣传单页、电话联系等多种途径，向辖区内服务对象介绍职业培训、职业技能鉴定补贴以及享受补贴人员范围等相关政策，以帮助服务对象更多地了解政策，享受培训和鉴定补贴待遇，激励服务对象积极参加培训，提升职业技能。

2. 作用

做好介绍职业培训、职业技能鉴定补贴政策及范围工作主要包括以下三个方面的作用。

（1）有助于提高政策知晓率。通过向服务对象介绍职业培训和职业技能鉴定补贴政策和范围，可以帮助服务对象了解政策的具体内容和适用范围，提高政策知晓率，让更多的服务对象受益于政策。

（2）有助于提高参培积极性。通过介绍职业培训和职业技能鉴定补贴政策和范围，可以激发服务对象的参培积极性，让他们更加主动地参加职业培训和职业技能鉴定，提高自身的职业素质和竞争力。

（3）有助于落实补贴政策到位。通过介绍职业培训和职业技能鉴定补贴政策和范围，可以让服务对象了解政策的具体要求和申请流程，帮助他们顺利申请到补贴，确保政策的落实到位，达到政策的预期效果。

3. 规范要求

为进一步做好介绍职业培训、职业技能鉴定补贴政策及范围工作，应做到以

下三点工作要求。

（1）劳动保障协理员需要掌握服务对象的培训需求和期望，提供针对性的服务，帮助他们选择适合自己的培训项目，增强培训效果和提高培训质量。

（2）劳动保障协理员需要熟悉政策规定内容，了解政策的具体要求和适用范围。同时，还需要关注政策的更新和调整，及时了解政策的变化，让更多的服务对象受益于政策。

（3）劳动保障协理员向服务对象介绍政策后，需要为服务对象建立信息档案，记录服务对象的基本信息、培训需求和参培情况等，为后续的服务提供依据和参考。

4. 相关知识

（1）职业培训补贴的人员范围。包括防止返贫监测对象、毕业年度高校毕业生（含技工院校高级工班、预备技师班、技师班和特殊教育院校职业教育类毕业生）、城乡未继续升学的应届初高中毕业生、农村转移就业劳动者、城镇登记失业人员、就业困难人员等（以下统称六类人员），以及符合条件的企业职工。

（2）职业培训补贴用于以下几个方面

1）六类人员就业技能培训和创业培训。对参加就业技能培训和创业培训的六类人员，培训后取得符合规定证书的（包括职业资格证书、职业技能等级证书、专项职业能力证书、培训合格证书，下同），给予一定标准的职业培训补贴。各地应精准对接产业发展和培训对象需求，定期发布急需紧缺职业（工种）指导目录，对指导目录内的职业培训，可适当提高补贴标准。对为城乡未继续升学的应届初高中毕业生垫付劳动预备制培训费的培训机构，给予一定标准的职业培训补贴。其中农村学员和城市低保家庭学员参加劳动预备制培训的，可给予一定标准的生活费补贴。

2）符合条件的企业职工岗位技能培训。对企业新录用的六类人员，与企业签订1年以上期限劳动合同，并于签订劳动合同之日起1年内参加由企业依托所属培训机构或政府认定的培训机构开展岗位技能培训，培训后取得证书的给予职工个人或企业一定标准的职业培训补贴。对按国家有关规定参加企业新型学徒制培训、技师培训的企业在职职工，培训后取得证书的，给予职工个人或企业一定标准的职业培训补贴。

3）符合条件人员项目制培训。各地人力资源社会保障、财政部门可按规定通过项目制方式，向培训机构整建制购买就业技能培训或创业培训服务，按规定对国家重大改革中的失业人员开展职业技能培训，对承担项目制培训任务的培训机构，给予一定标准的职业培训补贴。

（3）职业培训补贴的标准。根据《财政部 人力资源社会保障部关于印发〈就业补助资金管理办法〉的通知》规定，各省、市均制定并出台了具体的实施办法，细化了补贴的项目和标准。

1）就业技能培训。符合条件的培训对象参加不同职业（工种）培训的，原则上每人每年可享受补贴不超过3次，参加同一职业（工种）、不同等级培训的，享受培训补贴职业（工种）等级需从低级到高级；参加同一职业（工种）、同一等级培训的，每人只能享受一次补贴，不得重复申领。享受培训补贴的年度以培训结业时间为准。符合条件的六类人员按规定参加就业技能培训，并取得规定证书的，自证书核发之日起12个月内，可申领补贴，逾期不予办理。

2）企业职工岗位技能培训

①新录用六类人员岗位技能培训。符合条件的企业，在劳动合同（1年以上期限）签订并办理用工录用备案手续之日起1年内，由企业依托所属培训机构或可以承担政策性培训的培训机构组织新录用六类人员参加岗位技能培训，履行预申报手续并取得职业资格证书的，给予企业岗位技能培训补贴。

②企业新型学徒制培训。补贴标准由各省（区、市）人力资源社会保障部门会同省级财政部门确定，学徒每人每年的补贴标准原则上不低于4 000元，并根据经济发展、培训成本、物价指数等情况逐步提高。

③职业技能鉴定补贴。享受职业技能鉴定补贴的对象为享受职业培训补贴的六类人员。六类人员通过初次职业技能鉴定并取得职业资格证书（不含培训合格证书），在核发证书之日起12个月内，向职业技能鉴定所在地培训补贴资金发放机构，申请一次性职业技能鉴定补贴。

④失业保险技能提升补贴。2017年5月，《人力资源社会保障部 财政部关于失业保险支持参保职工提升职业技能有关问题的通知》（人社部发〔2017〕40号）规定，依法参加失业保险并累计缴纳失业保险费36个月及以上的企业职工，自2017年1月1日起取得初级（五级）、中级（四级）、高级（三级）职业资格证书或职业技能等级证书的，可按初级工1 000元、中级工1 500元、高级工2 000元的补贴标准上限申领技能提升补贴，补贴标准可向地区紧缺急需职业（工种）予以倾斜。

二、掌握服务操作要领

1. 操作流程

（1）了解情况

劳动保障协理员应密切关注政府有关部门的网站、微信公众号等，系统地获取最新的政策规定、各类申请的条件及所需提交的申请材料清单。劳动保障协理员还需与当地人力资源社会保障部门保持紧密联系，以便及时获取最新的政策解读、申请流程的详细步骤以及任何可能更新或调整的申请材料要求。另外，劳动保障协理员应积极与职业培训机构建立联系，详细了解各类培训项目的具体内容、预计的培训费用以及培训的具体时间安排等。

（2）政策推介

1）线上介绍。通过社交媒体、微信公众号、政府官网等线上渠道，向服务对象推介政策，使其了解政策内容和申请流程。

2）面对面介绍。通过组织宣传活动、召开政策解读会等方式，向服务对象面对面介绍政策，解答疑问，提高服务对象的政策知晓率和申请意愿。

（3）对接服务。根据服务对象的需求和情况，提供个性化的服务，包括政策咨询、申请指导、材料审核、培训安排等，确保服务对象顺利申请到政策补贴和培训机会。

（4）动态跟踪。在服务对象参加培训和申请政策补贴的过程中，及时跟踪服务对象的情况，解决服务对象遇到的问题，确保政策补贴的落实和培训效果的实现。同时，劳动保障协理员还需要及时了解政策的更新和调整，及时调整政策介绍的内容，确保服务的有效性和可持续性。

2. 常见问题及其处理

（1）问题：部分劳动保障协理员对政策掌握不全、业务不熟悉，介绍政策时缺乏系统性，不能满足服务对象的需求。

处理建议：劳动保障协理员应坚持学习，努力提高业务能力，熟悉掌握各类职业培训及鉴定相关的政策内容。

（2）问题：部分劳动保障协理员仅满足于已经向服务对象介绍过政策，至于是否参加了培训、是否申领补贴都不再继续跟踪。

处理建议：劳动保障协理员应主动跟踪服务对象的培训、补贴申领情况，并记录在册，便于再次跟踪。

三、注意事项

1. 注意宣传方式

劳动保障协理员在向服务对象推介政策时，需要注意宣传内容的准确性和真实性，避免误导服务对象。同时，还需要根据服务对象的特点和需求，选择合适的宣传方式和渠道，强化宣传效果。

2. 提高服务质量

在日常工作中，劳动保障协理员需要注重细节，提高服务质量和效率，提升服务对象的满意度和信任度。同时，还需要不断学习和提高自身的专业能力，以便更好地为服务对象提供服务。

思考题

1. 登记培训和鉴定需求时，有哪些规范要求？
2. 登记培训和鉴定需求时的操作流程是什么？
3. 根据培训对象的不同，职业培训的方法一般包括哪几种？
4. 提供培训和鉴定信息时，有哪些操作技巧？
5. 收集发布培训项目信息工作，应做到哪几点工作要求？
6. 收集发布项目培训信息的都有哪些渠道，各有什么特点？
7. 享受职业培训补贴的人员有哪些？
8. 介绍职业培训、职业技能鉴定补贴政策及范围时，有哪些常见问题？

培训课程 4

创业服务

学习目标

1. 能向服务对象提供创业培训信息并组织其参加创业培训。
2. 能为服务对象介绍创业担保贷款政策。
3. 能为服务对象享受创业相关政策提供帮助。

学习单元1 为服务对象提供创业培训信息并组织培训

一、做好学习前的准备

1. 概念

为服务对象提供创业培训信息并组织培训是指通过窗口、电话、融媒体等方式向有创业意愿和培训需求的城乡各类劳动者提供创业意识、企业创办、企业经营等方面的培训项目信息，并根据服务对象的具体情况组织其参加合适的培训项目，激发其创业意识和潜质，提升其创业和经营企业的能力。

2. 作用

做好为服务对象提供创业培训信息并组织培训工作主要包括以下三个方面的作用。

（1）有助于提升创业意识，促进创业和就业。通过创业促进就业是我国积极就业政策的重要组成部分，创业意识培训可以激发劳动者的创业潜质，发挥创业精神，促进创业和就业。

（2）有助于提升创业者能力，增加创业成功率。通过开展创业培训，使创业者系统掌握创业所需的知识和技能，制订创业计划，评估创业项目的可行性，并根据创业计划理性筹集资金和资源，避免盲目创业带来的风险，增加创业的成功率。

（3）有助于创业者享受创业贷款政策。通过开展创业培训，使创业者具备创业能力，并能提供可行的创业计划书，为创业者享受小额担保贴息贷款政策提供了依据，使创业者更易于获得资金支持。

3. 规范要求

为进一步做好为服务对象提供创业培训信息并组织培训工作，应做到以下三点工作要求。

（1）提供创业培训信息前要做到"三了解"。一是了解辖区内想创业的人数；二是了解有创业培训需求的服务对象的基本情况及具体培训需求；三是了解可以享受创业培训政策补贴的人员情况。

（2）提供创业培训信息时要做到"三精准"。一是针对服务对象情况精准发布信息。可以按照创业者所处阶段提供培训信息。例如，对尚未创业的服务对象，提供创业意识和创办企业培训的项目的信息；对已经创业的服务对象，提供改善企业经营和扩大企业的培训项目信息。还可以基于创业培训的形式提供培训信息，如网络创业培训、电商创业培训项目等。二是要精准提供创业培训机构的信息。创业培训是由政府出资的免费培训，只有具备培训资质，并经人力资源社会保障部门认定的培训机构可以开展创业培训。在向服务对象提供培训机构信息前，要准确掌握培训机构可以提供哪些被人社部门认定的培训课程。三是提供培训信息要做到服务对象与培训机构之间精准对接。在提供创业培训信息时，要把服务对象对培训的需求，如培训时间、培训地点等，与培训机构精准对接。

（3）组织培训要做到"三到位"，即培训前对接到位，培训中服务到位，培训后跟踪到位。

1）培训前对接到位。将确认参加培训服务对象的相关信息及培训需求及时反馈给培训承办机构或培训讲师。培训承办机构要及时安排培训讲师对学员培训期望进行梳理，调整培训内容。培训承办机构提前对培训地点、培训前准备工作进行检查，对接到位，将创业培训过程中产生的问题、风险等不利外部因素降低到最低。

2）培训中服务到位。培训时，需要及时掌握服务对象的参与情况，如统计核实缺席参加培训人员情况，及时联系了解原因。通过"每日培训意见反馈表"的填写，及时掌握创业培训学员培训过程中出现的问题和提出的意见，进行分类处理并有效回复。

3）培训后跟踪到位。创业培训结束后，及时为服务对象提供创业培训合格证明、培训补贴发放、创业相关政策咨询、政策落地等有关创业跟踪服务。帮助服务对象成功创业，并通过创业带动身边人更多人就业。

4. 相关知识

（1）马兰花计划依托创办和改善你的企业（SIYB）、网络创业培训以及后续开发培训课程，为各类群体和各创业阶段提供相适应的培训指导服务。创业初期人员可参加产生你的企业想法（GYB）、创办你的企业（SYB）、网络创业等培训，提升项目选择、市场评估、资金预测、创业计划等能力；已经创业的人员可参加改善你的企业（IYB）、扩大你的企业（EYB）等培训。

马兰花创业培训还针对高校学生、职业院校（含技工院校）学生、返乡入乡创业者、乡村创业带头人、退役军人、残疾人等就业重点群体提供满足群体个性化特点和需求的培训课程。

（2）国家出台积极就业政策，探索补贴培训与小额担保贷款相结合，并逐步建立政策扶持、创业培训和创业服务"三位一体"的工作模式，推动创业促进就业工作。创业培训项目主要依托人力资源社会保障系统，面向就业困难人员等就业重点群体开展补贴性创业培训。补贴资金渠道主要通过就业补助资金或职业技能提升行动专账资金。对参加返乡入乡创业培训的农民工、建档立卡贫困人口、大学生和退役士兵等人员，按规定落实培训补贴。有条件的地方可按规定通过项目制方式购买培训项目，为符合条件的返乡入乡创业人员提供培训。

二、掌握服务操作要领

1. 操作流程

（1）收集相关信息。劳动保障协理员经由细致的市场调研，借助创业培训信息登记表（见表2-4-1），系统地收集服务对象的基础数据。通过信息的集中汇总与分类整理，清晰呈现服务对象的各项特征，如年龄、性别、教育背景、创业动机、过往创业经历以及特定的培训需求等。

表2-4-1 创业培训信息登记表

填表日期：

姓名		性别		照片
学历		专业		
电话		邮箱		
QQ		微信号		

有何特长：

目前您做什么工作？
☐ 在公司做一名领薪水的雇员　　☐ 从企业下岗
☐ 务农，主要供自己消费　　　　☐ 务农，也出售产品
☐ 即将毕业的大学生　　　　　　☐ 其他，请说明

您是否有具体并可行的企业构思？
☐ 不是，还没有
☐ 是，请说明：

请说明您为什么要创办企业？

您打算何时创办企业？

您是否有想创办的企业所需的技术技能？
☐ 没有
☐ 有，请说明：

您期望在培训班学到什么内容？

对参加培训的承诺：
是否能够保证出勤？ ☐是 ☐否　　是否得到家庭成员的支持？ ☐是 ☐否
您确实想创办企业？ ☐是 ☐否　　是否能够遵守课堂要求？ ☐是 ☐否

备注：

（2）分析培训需求。培训需求分析能够精确识别学员的学习期望与实际水平之间的差距，从而有针对性地设计培训内容。

（3）推荐培训项目。劳动保障协理员在完成前期深入的市场调研与服务对象需求分析后，精心挑选并推荐符合不同服务对象需求与背景的创业培训课程。

（4）组织开展培训。服务对象可根据其个体情况，自主选择适配的培训地点与时间段。同时，劳动保障协理员应提前与培训机构或讲师进行充分沟通，以确保服务保障措施得以落实，进而高效、有序地组织创业培训活动。

（5）做好后续服务。在创业培训的整体流程中，后续服务环节至关重要。通过后续服务，可以助力服务对象将其企业想法与知识技能付诸实践，促使创业构想转化为具体实施的创业项目。

2. 常见问题及其处理

（1）问题：在创业培训过程中，部分服务对象在参与培训时缺乏端正的学习态度，以及培训讲师在教学方法单一导致合格率未能达到预期标准。

处理建议：为提升培训效果，应加强对服务对象在培训考核制度方面的学习引导。同时，应重视服务对象在培训过程中的意见反馈，及时与培训讲师进行沟通，以便对教学方法进行必要的调整和改进，从而切实提升创业培训的实效性。

（2）问题：因后续服务的不完善，导致服务对象的创业成功率未达到预期目标。

处理建议：增强对服务对象在培训后的反馈收集机制建设，积极邀请具备丰富经验的培训辅导专家和行业专家，对服务对象开展更为精准、有针对性的后续支持与服务工作。

三、注意事项

1. 在开展创业培训前进行学情分析

创业培训前应邀请培训讲师运用专业的工具对潜在的服务对象进行精准筛选以及深入的学情分析，以便更好地有针对性开展培训，增强培训效果。

2. 培训结束后开展跟踪服务

在完成创业培训后，务必对服务对象进行及时的培训跟踪，并系统地收集服务对象的意见反馈，确保后续服务的完善与有效。同时，应基于服务对象对培训内容的理解消化程度，精准地提供个性化的后续服务，助力服务对象成功创业。

学习单元 2　介绍创业担保贷款政策

一、做好学习前的准备

1. 概念

介绍创业担保贷款政策是指通过窗口服务设立政策咨询台、发放宣传彩页等方式向缺少启动或经营资金、难以靠自身能力获得贷款，以及融资成本高的创业者介绍创业担保贷款、贴息条件和受理程序等相关政策，帮助其解决创业资金问题，降低融资成本，成功创业。

2. 作用

做好介绍创业担保贷款政策工作主要包括以下三个方面的作用。

（1）有助于申请创业担保贷款。通过开展创业担保贷款政策介绍，可以帮助服务对象了解创业担保贷款所涉及的申请条件、申请范围、办理流程等环节，让服务对象了解创业担保贷款政策，尽快申请并获得创业担保贷款。

（2）有助于降低融资成本。如果服务对象能够成功申请到创业担保贷款，可以享受政府贴息，享受政策红利，有效降低融资成本，减少经营开支，提高竞争力，提升创业成功率。

（3）有助于完善创业项目。通过介绍创业担保贷款政策，服务对象一旦提出贷款申请，就需要接受相关尽职调查，促使创业者不断完善自己的创业项目，使其创办和经营企业更加正规。

3. 规范要求

为进一步做好介绍创业担保贷款政策工作，了解创业者的贷款需要，劳动保障协理员应做到"三明确"。

（1）明确申请条件。劳动保障协理员要熟悉了解国家尤其是各地对创业担保贷款申请的相关规定和要求，明确申请条件，确保符合条件的创业者可以方便快捷地申请创业担保贷款。

（2）明确贷款使用范围。劳动保障协理员应掌握创业担保贷款的使用范围并明确告知创业者，防止申请者随意使用，造成不必要的资金损失。

（3）明确审批流程。劳动保障协理员应明确了解审批流程，尤其是各地为促进创业就业，会适时调整创业担保贷款审批流程，劳动保障协理员应防止因不熟悉审批流程而造成创业者申请失败造成不必要的损失。

4. 相关知识

国家高度重视创业工作，近年来相继出台了《关于进一步加大创业担保贷款贴息力度全力支持重点群体创业就业的通知》（财金〔2020〕21号）、《财政部关于修订发布〈普惠金融发展专项资金管理办法〉的通知》（财金〔2019〕96号）、《财政部 人力资源社会保障部 中国人民银行关于进一步做好创业担保贷款财政贴息工作的通知》（财金〔2018〕22号）、《中国人民银行 财政部 人力资源社会保障部关于实施创业担保贷款支持创业就业工作的通知》（银发〔2016〕202号）等一系列政策措施，旨在全面支持创业就业工作，推动经济社会持续健康发展。

二、掌握服务操作要领

1. 操作流程

（1）了解情况。劳动保障协理员与服务对象进行沟通交流，深入了解服务对象的当前实际情况及其具体需求，以确保提供更为精准和有效的服务。

（2）介绍政策。劳动保障协理员向服务对象告知贷款范围、申请条件、申请程序、期限、所需提交的材料、贴息情况等。

（3）资格审核。受理申请后，核对服务对象上报的有关材料的原件和复印件，审核服务对象资料的合理性，并对服务对象的有关情况进行调查核实。

（4）签署意见。劳动保障协理员对服务对象有关情况进行调查核实后，对不符合条件的告知原因，对符合条件的在"创业担保贷款申请表"上签署出证意见，在经办人处签字加盖公章后，提交给上一级部门进行复核。

（5）做好服务。劳动保障协理员应协助创业担保贷款机构做好相关服务，如及时告知经办银行、金融机构发放贷款，财政部门给予贴息。在业务办理过程中，如果服务对象遇到任何困难或问题，劳动保障协理员应积极协调各方资源，提供必要的帮助，确保业务流程顺畅进行。

2. 常见问题及其处理

（1）问题：在部分地方，咨询与业务办理流程未能实现无缝对接，导致服务对象需多次往返办理，不仅增加了办理贷款的时间成本，也提高了创业融资的总体成本。

处理建议：劳动保障协理员应持续强化业务学习，及时掌握并理解最新政策动向。在说明提供的申报材料时，应制定准确详细的清单，并清晰地向服务对象解释整个服务流程，以减少不必要的往返。

（2）问题：部分地区的创业担保贷款吸引力不足，且办理周期较长，同时反担保的刚性限制对工作的开展构成了一定的制约。

处理建议：劳动保障协理员应加强对相关政策知识的学习，以提高业务处理效率。同时，需努力优化审批流程，缩短审批时间，并积极协调其他部门，以实现快速审批。此外，还应协助服务对象寻找合适的反担保人或物，以减轻反担保刚性限制对工作的影响。

（3）问题：部分服务对象存在对贷款性质理解不准确的情况，导致在贷款到期后未能及时履行还款义务，甚至以企业破产为借口逃避还款责任。

处理建议：加强对服务对象的诚信教育及法律常识普及，使其深刻了解贷款的本质属性。同时，应明确告知恶意逃避还款、拒不履行还款义务将带来的严重后果，包括对个人征信记录的直接影响，以此强化其还款意愿和责任感。

三、注意事项

1. 介绍本地最新政策

劳动保障协理员在向服务对象介绍创业担保贷款政策及操作流程时要注意因地制宜，以本地区最新的政策要求进行推荐。

2. 确保服务对象贷款申请信息真实

在劳动保障协理员的日常服务工作中，必须高度重视并确保服务对象的贷款申请材料真实、准确，严禁对材料进行任何形式的包装或篡改，同时，不得为服务对象提供虚假信息以协助其非法获取创业担保贷款。

学习单元 3　为服务对象享受创业相关政策提供帮助

一、做好学习前的准备

1. 概念

为服务对象享受创业相关政策提供帮助指通过入户上门、业务窗口指导等途径，为打算创业或处于创业初期的服务对象提供享受创业培训、创业场地补贴等创业相关政策咨询、办理等相应服务，使创业者尽快享受各类创业政策，解决创业初期所遇到的实际困难，降低创业成本，帮助其成功创业。

2. 作用

做好为服务对象享受创业相关政策提供帮助工作主要包括以下三个方面的作用。

（1）有利于激发更多人创业。通过开展此项工作，使服务对象能切实享受到国家鼓励和支持创业的优惠政策，克服创业中遇到的困难，激发更多有创业意愿的人全身心投入创业大潮中。

（2）有利于带动更多人就业。帮助服务对象享受到国家的创业扶持政策，可以减少创业失败的风险。服务对象能成功创业，可以带来更多就业岗位，带动更多人就业。

（3）有利于企业长远发展。通过开展此项工作，让服务对象享受到创业扶持政策，可以有效地降低创业的运营成本，让有限的资金投入到企业经营需要的地方，稳定企业经营，使企业逐渐发展壮大。

3. 规范要求

为进一步做好为服务对象享受创业相关政策提供帮助工作，应做到以下三点工作要求。

（1）让服务对象少跑腿。对于上门办理政策申请的服务对象，采取"立即办、当天办、网上办"的服务模式，致力于实现"最多跑一次"的服务承诺。大力推行"网上报、网上办"的方式，让审批数据"多跑路"，服务对象"少跑腿"。

（2）符合条件的申请尽快审批。为进一步提高审批效率，应优化服务流程，精简审批环节，加强部门间的数据共享机制。

（3）做到审批服务便利化。应确保同一事项在本辖区内统一标准、统一流程，充分满足服务对象对于"就近、便利、高效"的办事期望和需求。

4. 相关知识

（1）创业培训补贴的对象。面向有创业意愿和培训需求的城乡各类劳动者。重点为贫困家庭子女、贫困劳动力、城乡未继续升学初高中毕业生、各类高校学生、职业院校（含技工院校）学生、离校2年内未就业高校毕业生、农村转移就业劳动者、返乡入乡创业人员、乡村创业致富带头人、下岗失业人员、转岗职工、小微企业主、个体工商户、就业困难人员（含残疾人）、退役军人、即将刑满释放人员等。

（2）创业培训补贴的标准。符合条件的服务对象参加由政府组织的创业培训（包括创业意识培训、创业计划培训、网络创业培训等）考核合格后，创业培训补贴会直接由国库支付给承担培训的机构。

政府为符合条件的在校大学生和16~24岁失业青年提供6个月的创业见习培训。补贴标准按照当年最低工资标准的70%支付。补贴实行按月结算、次月拨付的方式，直接拨付至见习培训学员个人社会保障卡的银行账户。见习培训期间还可以享受由政府提供的意外伤害商业保险。

二、掌握服务操作要领

1. 操作流程

（1）了解需求。通过窗口咨询、访谈等方法与服务对象交流，详细了解其需要享受创业政策帮助的具体需求。

（2）告知服务。根据具体服务需求，告知服务对象享受政策的条件、办理流程、所需要提供的材料等相关内容。

（3）提供帮助。根据服务对象自身能力和学习水平，有针对性地提供线上、线下不同形式的服务内容。

（4）跟踪服务。业务完成后，劳动保障协理员应通过电话、短信及时通知服务对象办理进度，并开展服务反馈活动，进一步完善服务过程中所遇到的问题。

2. 常见问题及其处理

（1）问题：服务对象在咨询相关创业政策的过程中有时还会遇到"事难办，门难进，脸难看"的情形。

处理建议：进一步明确劳动保障协理员的工作职责，加强其业务能力的提升。同时，应牢固树立为民服务的宗旨，主动作为，积极解决服务对象在享受政策过程中遇到的各类问题。

（2）问题：由于部分劳动保障协理员对政策掌握不够熟练，导致服务对象需要在多个地点间频繁往返，耗费了大量时间和精力。

处理建议：为优化服务流程，各地应积极推行一站式服务模式，并严格执行首问负责制。同时，加大力度推行"互联网＋政务"服务，使相关政策享受能够通过手机等在线渠道进行办理，以此提升办事效率，降低办事成本。

三、注意事项

1. 正确把握服务力度

在为服务对象提供政策帮助时,劳动保障协理员务必确保对政策使用的严格把控,严格按照规定的申报条件和流程进行操作,坚决杜绝任何暗示服务对象提供虚假信息以非法获取政策支持的行为。

2. 正确提供政策信息

在协助服务对象享受各类创业政策帮助的过程中,劳动保障协理员需提前深入了解和掌握最新的政策办理流程及申请条件,以确保服务对象的政策办理过程与其之前的咨询、理解保持一致。

思考题

1. 为服务对象提供创业培训信息并组织培训有哪些主要作用?
2. 提供创业培训信息时要做到的"三精准"主要指什么?
3. 介绍创业担保贷款政策的操作流程是什么?
4. 进一步做好为服务对象享受政策提供帮助工作的规范要求是什么?

培训课程 5 就业援助服务

学习目标

1. 能办理就业困难人员和就业援助对象认定。
2. 能定期走访辖区内就业困难对象,宣传就业扶持政策、跟踪管理其就业变化情况。
3. 能为就业援助对象推荐公益性岗位、提供落实扶持政策等帮助。

学习单元1 就业困难人员和就业援助对象认定

一、做好学习前的准备

1. 概念

就业困难人员和就业援助对象认定是指对辖区内服务对象提出的认定申请,按照材料初审、情况公示、审核认定的程序和规范要求,为其办理就业困难人员和就业援助对象身份的认定,为后期开展就业援助帮扶做好前期准备。

2. 作用

做好就业困难人员和就业援助对象认定工作主要包括以下三个方面的作用。

(1)有利于摸清辖区就业困难人员和就业援助对象情况。对辖区内符合条件的人员进行困难人员和援助对象认定,可以掌握辖区内就业困难人员和援助对象的数量、困难类型,通过梳理、分析困难程度,明确需要提供就业援助服务的内容。

（2）有利于就业困难人员和就业援助对象享受援助服务。就业困难人员和援助对象认定，是个人接受公共就业创业服务的凭证，也是得到"一对一"专人援助服务的依据。

（3）有利于落实就业困难人员和就业援助对象专项政策。就业困难人员灵活就业可以申请社会保险补贴，参加技能培训可以享受职业培训补贴。企业吸纳就业困难人员可以享受到社会保险补贴、岗位补贴等扶持政策。

3. 规范要求

为进一步做好就业困难人员和就业援助对象认定工作，应做到以下三点工作要求。

（1）掌握人员认定的政策规定。劳动保障协理员应根据就业困难人员和就业援助对象的基本情况，一次性向其详细告知认定的方式、所需携带的材料、办理的时限、途径、注意事项等。

（2）掌握材料审核的关键环节。劳动保障协理员应认真地审查就业困难人员及就业援助对象所提交材料的合规性与真实性。在具备条件的地区，可优先选择将材料原件进行扫描并直接上传至信息系统进行审核，以提高工作效率。如果当地已实现数据共享，则无需额外提供纸质材料，通过信息系统即可完成认定工作，以减少群众办事流程，提升服务体验，实现数据的电子化流转。

（3）掌握建立台账的具体内容。劳动保障协理员应建立辖区内就业困难人员和就业援助对象认定汇总台账，或通过信息系统生成台账。台账应包括就业困难人员和就业援助对象基本情况、认定时间、困难类型以及享受各类就业扶持政策和就业帮扶情况等内容。

4. 相关知识

（1）就业援助对象一般包括就业困难人员和零就业家庭人员。

就业困难人员是指因身体状况、技能水平、家庭因素、失去土地等原因难以实现就业，以及连续失业一定时间仍未能实现就业的人员。

零就业家庭是指城镇家庭中，所有法定劳动年龄内、具有劳动能力和就业愿望的家庭成员均处于失业状态，且无经营性、投资性收入的家庭。

（2）就业援助对象的类型及证明材料。根据国家政策规定，有劳动能力和就业愿望的登记失业人员中有下列情形之一的，可认定为就业援助对象。就业援助对象类型及证明材料，见表2-5-1。

表 2-5-1　就业援助对象类型及证明材料

就业援助对象		证明材料
就业困难人员类型	享受城乡居民最低生活保障的家庭成员	有效期内的"城乡居民最低生活保障金领取证"
	女 40 周岁以上、男 50 周岁以上人员	户口簿、居民身份证
	特困职工家庭成员	有效期内的"特困职工证"
	残疾人员	残疾人证
	连续失业一年以上人员	"就业创业证"等有关证明材料
	城市规划范围内的被征地农民	城市规划区范围内被征地农民相关证明
	建档立卡贫困户劳动力	扶贫部门出具的证明
	农村零转移家庭人员	村委会开具的相关证明
	由省、自治区、直辖市人民政府根据本行政区域的实际情况确定的其他就业困难人员	提供各省、自治区、直辖市人民政府要求的其他材料
城镇零就业家庭成员		"就业创业证"等有关证明材料

二、掌握服务操作要领

1. 操作流程

就业困难人员和就业援助对象认定可通过线下、线上渠道申请。本单元主要介绍劳动保障协理员受理线下申请的操作流程。

（1）受理申请。符合条件的服务对象到基层平台提出认定申请，基层平台接收提交的材料。劳动保障协理员可通过入户走访核实申请人情况，对不符合条件的人员应告知其原因，并做好解释工作。

（2）指导填表。对符合申请条件的人员，劳动保障协理员指导其填写"就业援助对象申请认定表"（见表 2-5-2）。

表 2-5-2　就业援助对象申请认定表

姓名		性别		文化程度		健康状况		照片
出生年月		年　月	联系电话			户籍性质		
户籍地址				现居住地址				

续表

失业登记时间	年　月　日	失业时间	年　月　日	就业创业证号	
社会保险号					
参加社会保险情况	□养老保险　□医疗保险　□失业保险　□工伤保险　□生育保险				

本人承诺，所填写内容和提供材料真实准确有效，否则承担相应的法律责任。
承诺人（签名）　　　　　　　　　　　年　月　日

困难类型									
享受最低生活保障人员	4050人员	特困职工家庭成员	残疾人	连续失业一年以上人员	城市规划区内被征地农民	农村零转移家庭人员	建档立卡贫困户劳动力	城镇零就业家庭成员	其他
（1）	（2）	（3）	（4）	（5）	（6）	（7）	（8）	（9）	（10）

就业援助对象确认时间	年　月　日	困难类别		有关证件号码		就业援助对象编号			
社区（村）人力资源和社会保障服务站意见	年　月　日	街道（乡镇）人力资源和社会保障事务中心（所）意见			年　月　日	县（市）区就业管理机构意见			年　月　日

注：此表一式一份由社区（村）服务站留存，社区（村）需同时向街道报送就业困难人员申请认定花名册。

（3）初审材料。劳动保障协理员对申请人填写的"就业援助对象申请认定表"和递交的有关证明材料进行认真核实，并与信息系统登记内容进行核对。对于经过初步审核合格的人员，将按照既定程序，在所属地区的人力资源社会保障部门门户网站、官方微信公众号或基层服务平台进行为期五个工作日的公示。在此期间，若未收到任何异议反馈，则将相关信息录入人力资源社会保障信息系统，并报送至所属街道进行复核。

（4）审核认定。街道复核通过后上报县（市）区人力资源社会保障部门，县（市）区人力资源社会保障部门接到基层平台上报的申报材料，在规定工作日内对上报的人员进行审核认定，对符合认定条件的人员签署相应意见并盖章确认。

（5）录入打印。将认定信息在管理信息系统中进行审核确认后予以通过，在"就业创业证"中的"就业援助卡"栏目中打印有关认定信息，加盖认定机构公章，并将"就业创业证"交还社区服务站。有条件的地区可直接通过网络在信息系统上完成申请及认定工作。

（6）反馈信息。社区服务站将上级部门的认定情况反馈至申请人，并将"就业创业证"送达申请人。

（7）跟踪服务。劳动保障协理员要通过信息系统实时掌握辖区内就业困难人员和就业援助对象的认定情况，建立认定结果汇总台账，并整理归档申请材料。同时，加强日常跟踪走访，掌握认定后的就业创业及政策享受情况并记录。

 **相关链接**

不予认定就业困难人员和援助对象的范围

有下列情形之一的不予认定为就业困难人员和就业援助对象。

（1）个人无就业愿望（无正当理由，累计3次不接受公共就业和人才服务机构介绍推荐就业的人员）或无就业能力的。

（2）已被用人单位录用的。

（3）从事个体经营或创办企业，并领取工商营业执照的。

（4）已享受基本养老保险待遇的。

（5）入学、服兵役、移居境外的。

（6）被列为失信被执行人的。

（7）被判刑收监执行的。

（8）有经营性收入的（包括房屋出租、门面出租、入股经营、车辆、土地流转等情形）。

（9）在认定过程中，经群众投诉、举报并被核实存在虚报、冒充、欺骗等不符合认定条件的。

2. 常见问题及其处理

（1）问题：部分劳动保障协理员对就业困难人员和就业援助对象认定的范围、程序、申报材料等未进行广泛宣传，咨询时未能实行一次性告知，致使援助对象多次反复提供材料，有时对于进行线上提交申请的材料不能及时审核。

处理建议：相关部门应全面公开认定的政策依据、条件、程序、时限及申报资料等详细信息，确保办理过程和审批结果的及时公开。同时，应要求劳动保障协理员按时登录信息系统，及时处理线上申请业务，并加强业务学习和培训，以提高其业务经办能力。

（2）问题：在就业困难人员与就业援助对象的认定流程中，针对低保、特困、残疾等人员的确认环节，因部分地区就业系统与民政、工会、残联等部门的信息系统存在不兼容问题，导致部门间数据信息的比对仍依赖于人工操作，并在必要时需提交相关证明材料，因此引发了部分就业困难人员与就业援助对象的不满情绪。

处理建议：为优化工作流程，提高工作效率，建议改进当前的工作模式，致力于实现"最多跑一次"的就业服务承诺。在日常工作中，应主动与相关部门进行沟通协调，以实现信息资源的互通互认，进而提升对就业困难人员及就业援助对象确认工作的效率与准确性。

（3）问题：随着"15分钟"公共就业服务圈的构建，基层承载的业务量显著增加，同时也伴随着政策和业务系统的频繁调整。然而，在某些情况下，上级机构对基层的指导存在滞后现象，未能及时发布政策清单及业务操作指南，这导致部分劳动保障协理员对政策业务理解不足，从而影响了服务效率。

处理建议：为确保基层服务的高效运行，上级就业服务机构在日常工作中应加大对劳动保障协理员的培训指导力度，注重就业扶持相关政策的宣传普及，同时优化业务流程，完善业务培训制度体系，以确保劳动保障协理员能够准确理解政策、熟练办理业务，提升整体服务效率。

三、注意事项

1. 建立台账，严把关口

在就业困难人员和就业援助对象申请、初审、公示、认定的各环节，均要建立健全相应的基础台账，严把就业困难人员和就业援助对象"进""出"两个关口，对新产生的就业困难人员和就业援助对象要认真落实申报登记制度，按规范化要求开展就业援助程序。对就业后又失业并再次成为就业困难人员和援助对象的，要重新认定并再次纳入援助范围。

2. 把握区别，规范认定

根据国家就业援助服务规范要求，公共就业服务机构应对就业困难人员和零就业家庭人员提供就业援助对象认定服务，并将符合条件的申请人纳入就业援助对象范围。

对就业援助对象的认定办法，是由各省市人力资源社会保障行政部门依据当地人民政府规定的就业援助对象范围制定的。目前，各地大部分认定的就业困难人员即就业援助对象。

学习单元 2 走访并跟踪管理就业援助对象

一、做好学习前的准备

1. 概念

走访并跟踪管理就业援助对象是指针对辖区内已认定的就业援助对象，根据其困难程度，通过上门走访、电话、微信回访等方式，了解其家庭状况、援助需求等情况，同时，宣讲就业创业政策，跟踪其就失业状况，及时协调解决他们在就业过程中遇到的困难，促使其积极参与就业准备活动，实现稳定就业。

2. 作用

做好对就业援助对象进行走访并跟踪管理工作，主要包括以下三个方面的作用。

（1）有助于了解就业援助对象现状。劳动保障协理员通过实地走访，可以全面掌握就业援助对象的技能水平、享受的各项扶持政策的具体情况。同时，还可以监测就业援助对象就失业状态的变化，详细了解他们在就业创业过程中遇到的具体困难，并针对性地提供解决方案。对于无法直接解决的问题，将及时向上级部门报告，以寻求协助，使就业援助对象能够感受到党和政府的深切关心、关爱。

（2）有助于促进政策落实。一方面为就业援助对象进行各类就业扶持政策宣讲，提高扶持政策知晓率；另一方面结合就业援助对象的不同需要有针对性地进行政策讲解，协助落实扶持政策。

（3）有助于开展后续服务。通过跟踪了解就业援助对象的现状和服务需求，帮助其分析就业困难原因，进一步做好"一站式""一对一"的后续就业服务，提高就业援助的全面性、及时性、有效性。

3. 规范要求

为做好定期走访就业援助对象，了解其就业变化及申请享受政策的情况，需要做到以下四点。

（1）明确走访的频次。对已认定的就业援助对象要在规定期限内进行走访，确定跟踪回访的时间和次数。

（2）明确走访的形式。劳动保障协理员可以通过个别走访、召开座谈会或电话调查等方式进行走访。走访时应按照"六清"原则开展，即基本情况清、困难类别清、家庭状况清、援助需求清、参保情况清、政策享受清。

（3）宣传就业扶持政策。劳动保障协理员应当全面、准确地向就业援助对象传达享受政策的具体范围、资格条件以及执行标准等相关规定。在此过程中，需紧密结合实际情况，以简明扼要、重点突出的方式，确保政策宣传的精准性和有效性。

（4）跟踪就业失业状况。劳动保障协理员应坚持效果导向，对已就业的援助对象要了解其就业稳定性、享受扶持政策、参加保险等情况。对未就业的援助对象，要了解其在就业、创业过程中遇到的困难，分析存在的问题，研究并提出对策措施，确保帮扶计划落实到位。

4. 相关知识

（1）走访的目的。走访的目的在于深入了解就业援助对象的具体需求，以便为后续的就业服务提供切实有效的依据。在走访前，劳动保障协理员应当向就业援助对象明确阐述此次走访的目的，以期得到被就业援助对象的积极配合与支持。

（2）走访的准备。劳动保障协理员在进行走访工作时，需预先明确走访的具体时间、参与人员及目标地点。此外，为确保走访的顺利进行，需准备相应的宣传材料、同类问题的经典案例、测评工具以及登记表格等辅助资料。在走访过程中，务必遵守时间约定，展现平易近人的态度，提出的问题需精准且具备实效性，同时确保就业援助对象的隐私得到充分保护。

 **相关链接**

退出就业援助对象服务范围的情形

有下列情形之一的应退出就业援助对象服务范围。

（1）被用人单位录用。

（2）从事个体经营或创办企业，并领取营业执照的。

（3）已从事有稳定收入的劳动且收入不低于当地最低工资标准。

（4）已享受基本养老保险待遇。

（5）完全丧失劳动能力。

（6）入学、服兵役、移居境外。

（7）被判刑收监执行或被劳动教养。

（8）终止就业要求或拒绝接受公共就业服务。

（9）连续6个月以上未与公共就业服务机构联系。

（10）已进行就业登记的其他情形。

二、掌握服务操作要领

1. 操作流程

（1）制定走访方案。入户走访前要研究制定走访方案、设计访谈提纲和调查问卷，明确走访人员、责任分工及走访对象。

（2）了解基本情况。入户走访时，指导就业援助对象填写调查问卷，了解其就业意向、技能水平、当前就业情况、参加培训、享受政策等情况，并做好记录。

（3）加强宣传引导。积极向就业援助对象宣传就业扶持政策，发放宣传资料。

（4）跟踪就业变化。了解就业援助对象岗位推荐与应聘情况，已就业的了解就业单位、岗位、薪资、参保状况等；未应聘成功的帮助分析原因，寻求解决办法。

（5）了解政策落实情况。了解就业援助对象的就业创业指导援助情况、培训推荐与参训情况、享受扶持政策情况，协助其解决享受政策过程中遇到的难题。

（6）走访信息归档。走访信息记录包括走访时间、地点、走访人、记录人、摘要、被访人签字、走访照片等。同时，做好信息的整理归档工作，并随时更新，为下一步就业援助提供信息基础。

2. 操作技巧

（1）劳动保障协理员通过走访，采集就业援助对象的就业、培训意愿，了解政策落实等情况，建立就业援助对象"一人一策"跟踪服务表（见表2-5-3）。

表2-5-3　就业援助对象"一人一策"跟踪服务表

基本信息	姓名		居民身份证号码				户籍所属区		
	街道		社区	常住地址			联系电话		
失业登记信息	失业前单位		失业时间	失业类型		就业登记信息	就业地点（单位）	就业时间	就业类型
就业援助对象认定信息	申请时间		确认时间			援助对象编号		援助对象类别	
意愿采集信息	是否有培训意愿				期望培训专业				
	是否有就业意愿				期望就业岗位				
职业指导信息	指导时间		指导类别		指导内容			指导人	
推荐培训信息	推荐时间		推荐项目	培训类别		培训时间		培训项目	
推荐就业信息	推荐时间		推荐工种		推荐就业单位		推荐结果	月收入	
享受政策信息	是否享受				政策内容				
制定一人一策精准援助信息	1. 调查摸底： 2. 综合分析： 3. 职业测评： 4. 确定援助方式： 5. 推荐岗位： 6. 动态跟踪：								
跟踪回访信息	回访时间		回访方式			回访内容			

（2）就业援助对象退出援助的方式

1）就业援助对象主动申请退出。由就业援助对象提出退出申请，基层平台进行初审。初审通过后，由上级公共就业服务机构开展退出复审，确认退出结果。

2）管理部门动态跟踪时要求退出。基层平台动态了解就业援助对象的就业情况，对达到退出援助对象范围条件的人员进行退出初审工作。初审通过后，由上级公共就业服务机构开展退出复审，确认退出结果。

3. 常见问题及其处理

（1）问题：部分劳动保障协理员在走访工作中表现出缺乏深入细致研究的态度，存在消极应付的倾向，具体表现为"仅在上级部门督促时方才进行定期走访"。此外，也有部分劳动保障协理员在走访时仅简单询问就业援助对象现状，未进行深入细致的了解，导致走访工作未能取得应有的成效。

处理建议：劳动保障协理员务必要高度重视入户走访工作。入户走访不仅是劳动保障协理员的基本工作职责，更是他们了解和掌握辖区内就业援助对象情况的主要途径，是开展有效就业帮扶的重要前提。因此，必须提升走访的积极性和实效性，确保每一次走访都能达到预期的效果。

（2）问题：部分劳动保障协理员在走访进行政策宣传时，由于政策不熟悉，只能照本宣科，解说浅尝辄止，导致就业援助对象缺乏参与感。

处理建议：劳动保障协理员应深入学习和掌握相关政策，提升业务熟练度，同时需全面了解就业援助对象的实际需求，积极投身于就业援助活动之中，切实协助解决他们所面临的实际问题。

（3）问题：部分劳动保障协理员在走访活动中，仅仅停留在表面的信息搜集上，对遇到的实际问题既不进行解决也不及时上报，更缺乏系统的台账汇总、记录归档与信息更新工作，走访活动显得流于形式，缺乏实质性的成效。

处理建议：为了改进这一现状，建议建立起一套严格规范的走访记录台账制度，并要求劳动保障协理员在每次走访后及时更新相关信息。

三、注意事项

1. 掌握沟通技巧，合理安排时间

劳动保障协理员应对走访时间进行合理规划，尽量避免在午休或晚间时段进行登门拜访，以免打扰到就业援助对象的正常生活。建议预先与就业援助对象约定具体的走访时间，以确保其在家并有足够的时间进行深入的沟通交流。此外，

可借助楼长、网格员或熟人的协助，进行引荐和介绍。

在进行入户走访时，劳动保障协理员应严格遵循相关的礼仪规范。例如，入户时需穿戴鞋套、使用礼貌用语、佩戴工作证等。

在与就业援助对象进行沟通交流时，劳动保障协理员应运用专业的沟通技巧。通过倾听、简述、摘要、共情和提问等方式，确保信息交流的准确性和有效性。

2. 运用多种方法，把握走访内容

在劳动保障协理员进行入户走访时，应遵循专业与尊重的原则，避免提出与就业服务无关或涉及个人隐私的敏感问题。同时，应深入理解并准确把握就业援助对象所表达的实际需求，以同理心去感受他们的处境。对于援助对象所反映的困难，若能在现场予以解决的，应立即给予明确答复；若现场无法解决的，需及时向上级部门报告，并在问题解决后，将处理结果及时、准确地反馈给相关援助对象。此外，除了传统的入户走访和电话回访方式外，为确保回访的多样性和效率，可以积极采用如微信联系等现代通信手段进行沟通，以减轻对就业援助人员的打扰，避免引发不必要的反感。

3. 明确工作职责，防止过度依赖

劳动保障协理员的角色应严格限定为就业扶持政策信息的传递者及政策落地的执行者。为确保工作顺利进行，必须与就业援助对象明确劳动保障协理员的工作边界与职责，不得对援助对象的任何诉求随意作出承诺，以免陷入被动。同时，劳动保障协理员应积极激发就业援助对象的自主性和积极性，减少其对劳动保障协理员的过度依赖。

学习单元3　为就业援助对象推荐公益性岗位并落实扶持政策

一、做好学习前的准备

1. 概念

为就业援助对象推荐公益性岗位并落实扶持政策是指对辖区内有就业愿望但通过市场渠道确实难以实现就业的困难人员，推荐由政府出资或政策扶持设置的一些临时性、辅助性、非营利性社会管理和公共服务类就业岗位予以兜底安置

（如保安、保洁、绿化等公益性岗位），并协助单位申请公益性岗位补贴和社会保险补贴，达到减轻用人单位运行成本，解决就业困难人员阶段性就业的问题。

2. 作用

做好为就业援助对象推荐公益性岗位并落实扶持政策工作主要包括以下三个方面的作用。

（1）有助于发挥兜底保障作用。为就业援助对象推荐公益性岗位并落实扶持政策可以缓解就业压力，增加就业援助对象家庭年收入，维护其家庭和谐与稳定。另外，通过市场难以实现就业的援助对象，经过基层平台推荐至公益性岗位就业，有利于提高其就业稳定性，降低再次失业的风险，提升政府公信力、增强群众满意度。

（2）有助于发挥政策稳就业作用。为就业援助对象推荐公益性岗位并落实扶持政策可以减少用人单位的支出，减轻运行成本，从而提高用人单位吸纳就业困难人员就业的积极性，发挥稳就业的作用。

（3）有助于变"输血"为"造血"。近年来，各地积极展开探索，以设立短期、临时性公益性岗位为手段，有效激发了就业援助对象的内生动力，实现了从单纯"输血"到自我"造血"的转变。

3. 规范要求

为进一步做好为就业援助对象推荐公益性岗位并落实扶持政策工作，应做到以下四点工作要求。

（1）做好摸底调查工作。要摸清辖区内就业援助对象的就业愿望、岗位要求，收集用人单位需求及本地区公益性岗位数量和类别，做好政策宣传，建立就业援助对象和岗位需求台账。

（2）协助政策落实到位。一是了解就业援助对象上岗、薪酬、合同签订、参保等情况。二是了解用人单位公益性岗位补贴、社保补贴申请落实情况，确保政策措施应知尽知、应享快享。三是维护劳动者的合法权益。如果用人单位有侵犯劳动者合法权益行为，要在第一时间为劳动者提供维权途径，并及时向上级部门反映发现的问题。

（3）规范岗位招聘与管理。按照"公开、公平、公正"的原则，做好公益性岗位招聘工作。招聘前要在门户网站或人力资源社会保障部门指定媒体上发布公益性岗位招聘公告，公告内容包括岗位名称、工作内容、工作要求、工作地点和薪酬待遇等事项。对拟录用人员，由主管部门报当地人力资源社会保障部门核实其身份。符合条件的，由设区市、县（市、区）人力资源社会保障部门向社会公示。公示无异议的,由用人单位为其办理就业登记和劳动用工备案等手续。

(4)加强管理,建立退出机制。建立公益性岗位人员能进能出动态管理机制,做好公益性岗位安置人员期满退出的政策衔接和就业服务。对补贴期满仍然难以通过其他渠道实现就业的大龄就业困难人员、零就业家庭成员、重度残疾人等特殊困难人员,再次按程序通过公益性岗位予以安置,补贴期限重新计算,并报送省级人力资源社会保障、财政部门备案,累计安置次数原则上不超过2次。

4. 相关知识

(1)公益性岗位的概念。公益性岗位是指由各类用人单位开发并经人力资源社会保障部门认定,用于安置就业援助对象就业的岗位。公益性岗位主要包括满足公共利益和就业困难人员需要的非营利性基层公共服务类、公共管理类岗位,一般不包括机关事业单位管理类、专业技术类岗位。

(2)公益性岗位的属性。公益性岗位是用于安置就业援助对象就业的专门岗位,具有托底线、救急难、临时性的属性。管理机制为"按需设岗、以岗聘任、在岗领补、有序退岗",最大特点是使就业援助对象能够"就近就地"实现就业。

二、掌握服务操作要领

1. 操作流程

(1)了解情况。劳动保障协理员应深入掌握就业援助对象的个人背景、技能掌握程度以及职业追求等关键信息,同时,还需对辖区内公益性岗位的开发状况及空岗情况进行全面了解。

(2)制订计划。劳动保障协理员针对所辖区公益性岗位的空缺情况以及就业援助对象的个性化需求,制定初步推荐方案,并根据具体形势和变化进行适度调整。

(3)推荐岗位。劳动保障协理员以多种手段普及公益性岗位政策,力保辖区居民全面了解并熟悉相关政策内容。同时,劳动保障协理员基于对就业困难群体具体就业需求的精准把握,有针对性地推荐合适的公益性岗位信息,确保所有符合条件的人员均能得到妥善的就业安置。

(4)落实补贴。对于录用就业援助对象的单位,协助其申领公益性岗位补贴、社会保险补贴。岗位补贴标准原则上不高于当地最低工资标准;社会保险补贴标准按其为就业困难人员实际缴纳的基本养老保险费、基本医疗保险费（含生育保险）和失业保险费、工伤保险费给予补贴，不包括就业困难人员个人应缴纳的部分。

（5）记载信息。享受公益性岗位补贴和社保补贴的人员，必须在其"就业创业证"中的"享受就业扶持政策情况"栏目内予以记载。

（6）跟踪服务。劳动保障协理员应定期对就业援助对象上岗后的工资发放、社会保险缴纳、单位申领扶持政策等情况进行跟踪走访了解。

1）对申请补贴不成功人员，基层平台根据上级有关部门反馈的情况，向其告知申请未成功的原因并协助解决。

2）基层平台要加强对申请人在享受公益性岗位相关补贴期间的跟踪回访，若有下列情形之一的，应主动向上级部门建议，停止其享受公益性岗位相关补贴。

①从事公益性岗位人员的工资标准低于当地最低工资标准的。

②申请补贴的年限超过规定年限的。

③申请补贴人员从事岗位工作量未达到规定标准的。

④申请补贴人员实际从事岗位（非政策规定的公益性岗位）与原申报岗位不符的。

⑤已享受基本养老保险待遇的。

⑥通过其他途径实现就业再就业的。

⑦被依法追究刑事责任的。

⑧其他应停止享受补贴的情况。

2. 常见问题及其处理

（1）问题：个别劳动保障协理员在工作中存在"等服务"思想，在处理"管理"和"服务"的关系时未能摆正位置，责任心不强，仅满足于完成常规化的工作任务。

处理建议：劳动保障协理员在工作中要增强服务意识，深入基层，主动联系就业援助对象，倾听他们的诉求，改变"等服务"的思想；变"管理"为"服务"，尽心尽责为就业援助对象推荐公益性岗位，并做好政策落实。

（2）问题：部分劳动保障协理员因对政策不熟悉或工作内容太多，不能及时准确解答就业援助对象和公益性用人单位提出的政策和业务问题，而造成就业援助对象在公益性岗位就业和企业吸纳就业困难人员的积极性不高。

处理建议：劳动保障协理员应加强业务学习，提高理论知识水平，积极向就业援助对象和公益性岗位用人单位宣传政策，发挥公益性岗位吸纳就业的积极作用。

（3）问题：在公益性岗位吸纳就业援助对象后，存在用人单位因对政策规定理解不足或工作人员操作不当，未能及时申请补贴的情况。

处理建议：为确保政策的有效实施，劳动保障协理员应系统整理并全面梳理公益性岗位相关的政策规定。通过基层社区的宣传栏、服务窗口等多渠道，为就业援助对象及用人单位精准推送详细的就业服务清单。此外，劳动保障协理员应提供"一对一"和"点对点"的跟踪服务，确保服务的及时性和针对性，从而推动政策的全面落实。

三、注意事项

1. 建立人岗匹配机制，发挥兜底作用

在推荐工作的实际操作中，劳动保障协理员应对推荐对象的情况进行深入、细致的审查。为确保岗位与人员的高度匹配，应建立并完善岗位人员匹配机制，精准推荐符合资格要求的就业援助对象至公益性岗位就业，以充分发挥公益性岗位在保障就业、缓解就业压力中的"兜底线、救急难"的重要作用。

2. 落实落细跟踪服务，发挥政策效应

一是了解就业困难人员在公益性岗位就业后的待遇、参保、工作表现等情况；二是了解其就业稳定情况，发现有就业困难人员工作不稳定倾向的，要查找原因，为其提供政策和岗位援助；三是对回访中发现用人单位有违法违纪现象的要及时给予政策宣传，要求其整改并上报有关部门；四是对回访中发现用人单位未享受扶持政策的，要协助落实补贴政策，发挥政策稳就业的作用。

思考题

1. 做好就业困难人员和就业援助对象认定工作包括几个方面的作用？
2. 不予认定就业援助对象的情形包括哪些？
3. 退出就业援助对象服务范围的情形包括哪些？
4. 就业援助对象退出援助的方式包括哪些？

职业模块 ③ 社会保险服务

培训课程 1

养老保险服务

学习目标

1. 能够提供养老保险咨询服务。
2. 能够指导灵活就业人员办理社会保险参保缴费手续。
3. 能够指导服务对象利用线上平台办理养老保险有关手续。
4. 能够协助进行养老金和遗属津贴领取资格认证工作。
5. 能够指导服务对象正确使用社会保障卡。

学习单元 1　提供养老保险咨询服务

一、做好学习前的准备

1. 概念

提供养老保险咨询服务是指通过为参保人员提供城镇职工养老保险及城乡居民养老保险服务内容、服务流程、转移接续等方面的咨询服务，帮助参保人员了解养老保险业务环节的基本内容，解决参保人员在办理养老保险事务中遇到的实际困难和问题，方便群众办事。

2. 作用

做好提供养老保险咨询服务工作主要包括以下两个方面的作用。

（1）有助于宣传养老保险政策，推动养老保险全覆盖。养老保险政策相对较多、较为复杂，劳动保障协理员通过学习养老保险基础知识和具体服务流程，为参保人员提供养老保险政策和操作层面的咨询服务，能够加深参保人员对政策的理解和认同，积极参保缴费，促进养老保险全覆盖。

（2）有助于参保人员方便快捷地办理养老保险事务。参保人员在处理养老保险参保、信息变更及转移接续等手续时，常常面临诸多疑问，如选择何种保险类型、如何参保，以及因工作变动导致的保险转移等问题。劳动保障协理员为参保人提供专业的咨询服务，能够协助参保人员准确理解相关手续的具体内容和办理流程，从而有效降低参保人员的往返奔波成本。

3. 规范要求

为进一步做好养老保险咨询工作，应做到以下三点工作要求。

（1）准确掌握政策。养老保险工作涉及政策多，且具有延续性。劳动保障协理员要认真学习养老保险政策，掌握相关工作流程、服务内容等，充分理解政策，吃透文件精神，切忌提供咨询服务时模棱两可。

（2）咨询引导到位。养老保险作为一项具备显著惠民特性的政策，其实施效果与参保人员的实际情况和需求息息相关。鉴于参保人员之间存在差异化的认知和态度，劳动保障协理员必须采取更具针对性的政策宣传策略，充分考虑不同人员群体的特性，引导他们根据自身条件合理选择适宜的养老保险类型，以确保政策的有效落地和参保人员的权益得到充分保障。

（3）熟练掌握操作要领。劳动保障协理员应熟练掌握养老保险相关服务程序、服务内容、办事渠道等环节，根据参保人员需求，为其提供操作细节方面的咨询服务，指导参保人员顺利完成养老保险业务办理。

4. 相关知识

（1）养老保险的概念、种类

1）养老保险的概念。养老保险是指国家和社会通过相应的制度安排，为劳动者解除养老后顾之忧的一种社会保险。其目的是增强劳动者抵御老年风险的能力，弥补家庭养老的不足，方法是在劳动者退出劳动岗位后为其提供相应的收入保障。

2）种类

①按现行养老保险覆盖对象分类。按我国现行养老保险覆盖对象可分为企业职工基本养老保险、机关事业单位养老保险和城乡居民基本养老保险。企业职工基本养老保险的覆盖范围是城镇所有企业职工；机关事业单位养老保险的覆盖范围是机关、事业单位工作人员；城乡居民基本养老保险覆盖范围是城乡居民。

②按养老保险的性质和功能分类。按养老保险的性质和功能可分为基本养老

保险、补充养老保险和个人储蓄性养老保险。基本养老保险由国家立法强制实施，政府专门设立社会保险机构负责经办，劳动者必须参加。补充养老保险，是在单位和职工已经参加基本养老保险的前提下，依据国家政策和本单位经济状况建立的、旨在提高职工退休后的生活水平、对国家基本养老保险进行重要补充的一种养老保险形式，如企业年金和机关事业单位职业年金。个人储蓄性养老保险是一种个人行为，是劳动者个人通过选择参加商业保险等形式，以提高退休后的生活水平的保险形式。

（2）城乡居民、城镇职工基本养老保险制度衔接的条件。根据2014年2月人力资源社会保障部、财政部印发的《城乡养老保险制度衔接暂行办法》（人社部发〔2014〕17号）的规定，参加城镇职工养老保险和城乡居民养老保险人员，达到城镇职工养老保险法定退休年龄后，城镇职工养老保险缴费年限满15年（含延长缴费至15年）的，可以申请从城乡居民养老保险转入城镇职工养老保险，按照城镇职工养老保险办法计发相应待遇；城镇职工养老保险缴费年限不足15年的，可以申请从城镇职工养老保险转入城乡居民养老保险，待达到城乡居民养老保险规定的领取条件时，按照城乡居民养老保险办法计发相应待遇。

二、掌握服务操作要领

1. 操作流程

（1）城乡居民基本养老保险参保登记

1）提出申请。符合城乡居民基本养老保险参保条件的城乡居民，需携带户口簿和居民身份证原件及复印件，到户籍所在地村（居）委会提出参保申请，选择缴费档次，填写"城乡居民基本养老保险参保登记表"（以下简称"参保表"）。

2）社区（村）申报。社区（村）劳动保障协理员负责检查登记人员的相关材料是否齐全，在符合条件的"参保表"上签字、加盖村（居）委会公章，并将"参保表"、户口簿复印件、居民身份证复印件和其他相关材料，按规定时限一并上报街道（乡镇）劳动就业社会保障服务中心（所）。居民本人也可携带相关材料直接到街道（乡镇）劳动就业社会保障服务中心（所）或县（区）社会保险经办机构办理参保登记手续。

3）街道（乡镇）初审。街道（乡镇）劳动就业社会保障服务中心（所）负责对登记人员的相关材料进行初审，初审无误后，及时将参保登记信息录入城乡居民养老保险信息系统，在参保表上签字、加盖公章，并按规定时限将"参保表"、户口簿复印件、居民身份证复印件及其他相关材料一并上报县（区）社会保险经办机构。

4）县（区）社会保险经办机构复核。县（区）社会保险经办机构应对登记人员的相关信息进行复核，可与公安、民政、卫生健康、城镇职工养老保险等信息库进行信息比对，复核无误后，通过信息系统对登记信息进行确认，在"参保表"上签字、加盖公章，并及时将有关材料归档备案。

（2）城乡居民基本养老保险信息变更程序。参保变更登记的内容主要包括姓名、性别、民族、居民身份证号码、缴费档次、银行账号、特殊参保群体类型、居住地址、联系电话、户籍性质、户籍所在地址等。

1）提交申请。参保人员及时携带居民身份证及相关证件的原件和复印件到村（居）委会申请办理变更登记手续。

2）受理申请。村（居）委会查验核实资料，指导参保人员填写"城乡居民基本养老保险变更登记表"（以下简称"变更表"）。

3）资料上报。社区（村）劳动保障协理员按规定时限将相关材料及"变更表"上报街道（乡镇）劳动就业社会保障服务中心（所）。

参保人员本人也可到街道（乡镇）劳动就业社会保障服务中心（所）或县（区）社会保险经办机构直接办理变更登记手续。

4）街道（乡镇）劳动就业社会保障服务中心（所）初审无误后，将变更信息及时录入信息系统，在"变更表"上签字、加盖公章，并按规定时限将相关材料及"变更表"上报县（区）社会保险经办机构。

5）变更确认。县（区）社会保险经办机构复核无误后，对信息系统中的变更登记信息进行确认，在变更表上签字、加盖公章，并将有关材料归档备案。

姓名、居民身份证号码等发生变更的人员，当地人力资源社会保障部门需同步换发社会保障卡。

2. 操作技巧

（1）服务流程类咨询。关于服务流程类的咨询，其核心在于解答"办理事项""办理地点"与"办理方式"的疑问，此类问题在日常工作中占据咨询量的主要部分。劳动保障协理员在处理此类咨询时，应首先确保对养老保险高频业务的政策规定及办事流程有深入且准确的了解。其次，在解答过程中，应严格遵循流程顺序，逐一进行详尽的解释和说明，以避免条理混乱或混淆信息。此外，劳动保障协理员的语言表达应力求简明扼要，突出关键信息，确保能够直接有效地解答用户关于"办理事项""办理地点"及"办理方式"的具体疑问。

（2）转移接续问题。转移接续问题比较复杂，涉及企业职工基本养老保险的转移接续、城乡居民基本养老保险转移接续及两种保险之间的衔接问题。由于每位参保人的情况各异，所适用的政策亦有所不同。劳动保障协理员在接待相关咨询时，首先，全面细致地了解参保人的个人信息，如年龄、户籍、参保种类、已缴费年限以及异地参保状况等详尽内容；其次，基于所掌握的详细信息，准确地向参保人阐述养老保险转移接续的相关政策规定；最后，根据政策内容，为参保人提供合理且符合其实际情况的意见建议。

3. 常见问题及其处理

（1）问题：缴纳养老保险划算不划算的问题。

处理建议：对于这类问题，建议劳动保障协理员从以下四个方面进行解答。一是老有所养，参保人员可以按月领取基本养老保险，终其一生，均可按月领取养老金直到死亡。二是基本生活有保障，参保人员的养老金水平随职工工资水平的提高而提高，目前我国已连续十几年提高养老金待遇。三是没有职业差异，无论是城镇个体、私营企业从业人员，还是国有、集体企业职工，只要参加了基本养老保险，就可按同样的基本养老金计发办法享有养老待遇。四是流动不影响待遇，劳动者在所有企业和个体经济组织之间的工作流动，养老保险关系和个人账户都可以保留并随之转移，缴纳的基本养老保险费可累计计算，不影响基本养老金待遇的计发。

（2）问题：城乡居民基本养老保险和企业职工养老保险哪个更合适的问题。

处理建议：城乡居民基本养老保险和企业职工养老保险不存在哪个划算的说法，其原因有二。一是城乡居民基本养老保险和企业职工养老保险面向的参保人群不同：城乡居民基本养老保险的参保人群为年满16周岁（不含在校学生），非国家机关和事业单位工作人员及不属于职工基本养老保险制度覆盖范围的城乡居民；企业职工养老保险的参保人员为与用人单位形成劳动关系的职工。二是城乡居民基本养老保险和企业职工养老保险面对的缴费方式不同：职工养老保险和居民养老保险均以多缴多得、长缴多得为计发原则，但由于缴费金额的不同，职工养老保险缴费标准通常高过居民养老保险，所以整体待遇水平较高，居民养老保险的整体待遇水平较低。

（3）问题：城乡居民缴费期间户籍转移的问题。

处理建议：参保人员在缴费期间户籍迁移、需要跨地区转移城乡居民基本养老保险关系的，可在迁入地申请转移养老保险关系，一次性转移个人账户全部储存额，并按迁入地规定继续参保缴费，缴费年限累计计算。在本县范围内迁移户籍的参保人员不转移城乡居民基本养老保险关系，直接办理户籍地址变更登记手续。

三、注意事项

1. 办理参保登记时指导参保人员使用社会保障卡

社会保障卡在社会保险经办过程中逐步得到认同和普及，办理城乡居民基本养老保险参保登记时如果登记人员未持有社会保障卡，由当地人力资源社会保障部门向登记人员制发社会保障卡。暂不具备使用社会保障卡条件的地区，可暂时使用城乡居民基本养老保险银行存折或银行卡，用于缴纳保险费或领取待遇。

2. 参保人员不得重复参加城镇职工基本养老保险和城乡居民基本养老保险

根据《城乡养老保险制度衔接暂行办法》（人社部发〔2014〕17号）的有关规定，参保人员若在同一年度内重复参加城镇职工基本养老保险和城乡居民基本养老保险的，优先保留城镇职工基本养老保险关系，按月清退城乡居民基本养老保险重复时段缴费，其重复参保的时段只计算城镇职工基本养老保险缴费年限，将城乡居民基本养老保险重复参保时段相应的个人缴费和集体补助予以退还。

3. 办理转移接续时要尊重参保人自主选择

无论是城镇职工基本养老保险还是城乡居民基本养老保险转移接续都必须严格遵守参保人自愿的原则，劳动保障协理员在面对此类咨询时，一定要明确告知参保人员，如果本人不提出申请，任何人、任何机构无权为其办理养老保险转移接续手续。

学习单元2　指导灵活就业人员办理社会保险参保缴费手续

一、做好学习前的准备

1. 概念

指导灵活就业人员办理社会保险参保缴费手续是指劳动保障协理员能够指导

灵活就业人员办理社会保险参保缴费手续，熟练掌握灵活就业人员参保相关政策及工作流程，为其提供参保登记、费用收缴等方面的业务办理或指引，帮助灵活就业人员顺利完成参保缴费手续的系列服务工作。

2. 作用

做好指导灵活就业人员办理社会保险参保缴费手续工作主要包括以下三个方面的作用。

（1）有助于灵活就业人员方便快捷地办理参保手续。由于灵活就业人员具有工作岗位不固定、工作时间不固定、工资待遇不固定等工作特点，劳动保障协理员通过提供有效、及时、准确、灵活便捷的服务方式，帮助灵活就业人员完成社会保险参保缴费手续，能够进一步增强服务对象的幸福感、获得感。

（2）有助于增强灵活就业人员参保意识。灵活就业人员群体庞大，来源复杂，在社会上占比较高，指导灵活就业人员办理社会保险参保缴费，引导更多的劳动者，尤其是新就业形态劳动者正确树立自我保障观念，认识未来生活可能面临的风险，增强其参加社会保险的紧迫感，让其从"要我参保"转变为"我要参保"。

（3）有助于提高灵活就业参保人员抵御风险的能力。当参保人员遭遇失业或辞职时，可以将社保转为个人缴费，以灵活就业人员身份缴纳社会保险，消除劳动者后顾之忧，同时也是社会安定和谐的有效保障。

3. 规范要求

为进一步做好灵活就业人员社会保险参保缴费工作，应做到以下三点工作要求。

（1）政策把握要清晰。灵活就业人员缴纳社会保险的相关规定与企业职工存在显著区别，涵盖了缴费基数、缴费比例以及缴费时间等多个方面。劳动保障协理员需严谨细致地学习并深入理解这些具体政策规定，以便准确解答灵活就业人员在参保缴费过程中可能遇到的实际问题。

（2）参保资料要完整。灵活就业人员没有固定用人单位，参保缴费随意性较大，需要建立健全灵活就业人员参保动态管理台账，定期汇总、整理、装订参保资料，尤其是享受保险补贴的灵活就业人员资料，一定要保存完整，以备查询。

（3）咨询解释要耐心。对于灵活就业群体，由于其需自行承担养老保险的缴纳，常表现出非主动自愿的态度。劳动保障协理员应当深刻意识到这一群体可能面临的经济压力，对他们的情感状态予以充分理解。在进行咨询时，应保持耐心，确保解答详尽且细致，以满足他们的需求。

4. 相关知识

（1）灵活就业人员的构成

1）自营劳动者。包括自我雇用者（自谋职业）和以个人身份从事职业活动的自由职业者等，如自由撰稿人、歌手、模特、中介服务工作者等。

2）非正规部门就业人员。即劳动标准（劳动条件、工时、工资、保险福利待遇）、生产组织管理及劳动关系运作等均达不到一般企业标准的就业人员，如在小型企业、微型企业和家庭作坊工作的就业人员。

3）社区内从事便民服务的人员。如从事家政服务、自行车修理、修鞋、配钥匙、再生资源回收、服装织补、早点制作等其他社区服务性工作的人员。

4）其他灵活就业人员。主要包括小时工、季节工、劳务承包工等一般就业人员。

（2）灵活就业人员缴纳养老保险的规定

1）缴费方式。灵活就业人员参与养老保险时，需按照省级政府所规定的缴费基数与比例进行缴费。通常情况下，养老保险费用应按月进行缴纳，也可选择按季度、半年或年度的方式缴纳。

2）缴费基数及比例。灵活就业人员参加基本养老保险的缴费基数为当地上年度全口径城镇单位就业人员平均工资，缴费比例为20%，其中8%计入个人账户，退休后按企业职工基本养老金计发办法计发基本养老金。

（3）灵活就业人员可以选择参加养老保险的种类

1）城镇职工基本养老保险。无雇工的个体工商户、未在用人单位参加基本养老保险的非全日制从业人员以及其他灵活就业人员都可以根据自身情况，自愿选择参加城镇职工基本养老保险。参保人员可在本省规定的个人缴费基数上下限范围内选择适当的缴费基数。

2）城乡居民基本养老保险。年满16周岁（不含在校学生），非国家机关和事业单位工作人员及不属于职工基本养老保险制度覆盖范围的城乡居民，可以在户籍地参加城乡居民基本养老保险。

二、掌握服务操作要领

1. 操作流程

指导灵活就业人员办理社会保险参保缴费的程序包括参保申请和参保缴费两

个环节。

（1）参保申请。灵活就业人员向当地区（县）社会保险经办机构提出申请，提交居民身份证或居住证，以及当地人力资源社会保障部门要求的相关资料。社会保险经办机构的工作人员对提交的资料进行审查，并对申请人的参保资格进行核实。若申请人身份无误且满足参保条件，经办机构将即时办理参保手续，并打印"灵活就业人员参加基本养老保险核定表"（一式两份），一份由申请人备存，另一份由申请人签名确认后由经办机构留存。若审核发现申请人不符合参保条件，经办部门将不予受理，并向申请人明确解释不予受理的具体原因。

（2）参保缴费。劳动保障协理员负责为灵活就业人员提供专业的咨询和指导，协助他们根据个人的经济状况和需求，合理选择缴费档次和方式。

1）缴费基数选择。灵活就业人员养老保险缴费基数按照参保地上年度全口径城镇单位就业人员平均工资的60%~100%选择，实际工作中一般分为60%、70%、80%、90%、100%五档，灵活就业人员可以选择其中一档缴费。

2）缴费方式。灵活就业人员可以选择与当地社会保险经办机构指定的银行签订"代扣代缴"协议，预先存入保险费用，以便银行按月自动划账进行缴费。此外，还可以按照当地规定的具体方式，选择按月度、季度、半年或年度的方式缴纳养老保险费用。

2. 常见问题及处理

（1）问题：灵活就业人员转企业职工保险的衔接问题。

处理建议：灵活就业人员被单位录用后，根据《中华人民共和国劳动法》《中华人民共和国社会保险法》规定，用人单位应自录入员工之月起为员工办理社会保险缴纳手续，灵活就业人员缴费年限累计计算。

（2）问题：灵活就业人员达到退休年龄而养老保险未缴满15年，是否需要延期缴费的问题。

处理建议：在《中华人民共和国社会保险法》实施（2011年7月1日）后参保缴费，到达退休年龄不满足退休缴费年限要求的人员，不允许补缴，需要延期缴费，直至满足条件；在《中华人民共和国社会保险法》实施（2011年7月1日）前参保缴费，实施后到达法定退休年龄，缴费满5年仍不满15年的，可以一次性趸交至满15年，然后办理退休手续并领取待遇，不满5年的应继续逐年缴费。

（3）问题：灵活就业人员是否只能在户籍地缴费。

处理建议：目前除北京、上海外，各地均已放开灵活就业人员在就业地参加企业职工基本养老保险的户籍限制。灵活就业人员不受户籍限制，原则上由本人在就业地或户籍所在地的县（市、区）就近参加社会保险，缴费档次可在当地人力资源社会保障部门当年公布的社会保险缴费基数上下限标准范围内自主选择，并可自主选择按月、按季或按年等方式缴费。

（4）问题：灵活就业人员档案存放问题。

处理建议：根据现行相关政策，灵活就业的流动人员人事档案可委托其现工作单位所在地（超大城市除外）或户籍所在地的县级以上（含县级）公共就业和人才服务机构或者经人力资源社会保障部门授权的单位管理，其他单位未经授权不得管理流动人员人事档案，严禁个人保管本人或他人档案。

三、注意事项

（1）劳动保障协理员在指导灵活就业人员缴费的过程中，应明确告知其社会保险缴费基数系依据当地社会平均工资进行年度调整。

（2）劳动保障协理员应明确告知灵活就业人员，关于养老保险的缴纳与养老金待遇的计发办法，灵活就业人员与企业职工在养老保险的缴纳与养老金待遇计发方面享有相同的待遇标准。例如，若某一灵活就业人员与某一企业职工在缴费基数、年龄、缴费年限等方面完全一致，则二者在养老金待遇的计发上也将不存在任何差异。

学习单元3　指导服务对象利用线上平台办理养老保险有关手续

一、做好学习前的准备

1. 概念

指导服务对象利用线上平台办理养老保险有关手续是指通过指导服务对象利用线上平台办理养老保险手续，宣传手机"12333" App、电子社保卡、当地人力资源社会保障服务平台等线上办事平台，帮助其了解国家社会保险公共服务平台办理养老保险业务的主要内容、工作程序等，给服务对象提供更多选择，使服务对象足不出户，在家就能办理社会保险相关业务，享受高效、便捷的办事体验。

2. 作用

做好指导服务对象利用线上平台办理养老保险有关手续工作主要包括以下三个方面的作用。

（1）有助于服务对象"少跑腿、能办事、办成事"。通过线上平台办理养老保险参保、缴费，在一定程度上能够节省服务对象等候时间，提高办事效率，降低办事时间成本。

（2）有助于提高工作的精准度。养老保险的业务复杂，所需材料多，涉及服务对象的自身利益，不能出现差错。在线上办理，对于信息有误、缺失及不符合要求的材料可以及时发现并进行系统提醒，减少人为操作带来的误差，向实现"零误差"更进一步。

（3）有助于提高政府的公信力。线上办理养老保险相关业务符合新生代劳动者的办事意愿，通过"不见面"即可办成事，提高了服务对象的幸福感和满意度。

3. 规范要求

为进一步做好指导服务对象利用线上平台办理养老保险有关手续工作，应做到以下三点工作要求。

（1）业务梳理要全面。劳动保障协理员应提前全面梳理线上平台工作内容，了解具体业务工作流程及其相应工作规范，为指导线上办理"零误差"提供基础保障。

（2）宣传和引导要准确。线上办理养老保险相关业务，群众知晓率低，需要劳动保障协理员加强宣传引导，通过线上和线下相结合的宣传方式，让服务对象知悉线上办理养老保险业务的便捷之处，引导服务对象正确操作。

（3）解决问题要及时。线上办理不同于线下办理，当服务对象出现问题时，如不能及时帮助解决，会导致问题扩大化。劳动保障协理员应及时回应服务对象遇到的问题，帮助引导、解答，取得服务对象理解和支持。

4. 相关知识

（1）国家社会保险公共服务平台的概念。国家社会保险公共服务平台由国家社会保险公共服务平台和地方社会保险公共服务平台组成，地方平台包括实体窗口和信息平台。

国家社会保险公共服务平台是全国社会保险公共服务平台的总枢纽，统筹建设公共服务门户，与国家政务服务平台对接，实现公共服务入口、运行调度监控、数据交换共享和业务推送支撑等功能，负责跨地区、跨部门、跨层级社会保险服务数据的汇聚共享和业务协同，为各地区信息交互提供通道和支撑；逐步实现数据向国家社会保险公共服务平台集中，创新引领数据应用，支撑宏观政策决策、经办数字化转型和业务创新发展。

地方社会保险公共服务平台是全国社会保险公共服务平台的具体办事平台，主要依托省、市、县以及街道（乡镇）、社区（村）基层服务平台的实体窗口和信息平台办理业务、提供服务。线下实现"一门式""一窗式"服务；线上逐步通过省级集中统一的信息平台，提供"一网式"服务。纵向推进数据向上集中，服务向下延伸，实现"同城通办""异地可办"；横向拓宽服务渠道，做好地方信息平台与政府政务服务平台、城乡社区综合服务平台的有效对接。

（2）全国社会保险公共服务平台的建设目标。2019年9月，人力资源社会保障部印发《关于建立全国统一的社会保险公共服务平台的指导意见》（人社部发〔2019〕103号）提出了全国社会保险公共服务平台建立的工作目标：以全国一体的社会保险经办服务体系和信息系统为依托，以社会保障卡为载体，以标准规范为保障，采用窗口服务、网上服务、移动服务、电话服务、自助服务等多种方式，实现全国社会保险信息系统和数据互联互通，推动跨地区、跨部门、跨层级社会保险公共服务事项的统一经办、业务协同和信息共享，及时与国家政务服务平台对接，实现"一号申请""一窗受理""一网通办"和"一卡通用"，为参保单位和人员提供全网式、全流程、无差别的方便快捷服务。

（3）国家社会保险公共服务平台的功能。国家社会保险公共服务平台是全国统一的社会保险公共服务总门户，参保人可以通过访问国家社会保险公共服务平台门户网站（https://si.12333.gov.cn）或者下载"掌上12333"App，注册登录后体验相关服务。已申领电子社保卡的人员，可以直接在电子社保卡页面查询办理相关社保服务。截至2022年末，该平台已上线开通9类33项全国统一的社保服务，其中养老保险17项。参保人可以通过该平台查询个人社保权益记录、办理参保登记、办理社保关系转移、完成养老保险待遇资格认证、养老待遇申请、测算养老金等，实现了"跨省通办"。

（4）"12333"人力资源社会保障服务热线。"12333"是人力资源社会保障系统全国统一的公益咨询服务专用电话号码。"12333"人力资源社会保障服务热线秉承"倾听民意，服务民生"的服务理念，为社会公众提供人力资源社会保障领域的政策咨询、信息查询、办事指南、在线受理和投诉举报等公共服务。"12333"人力资源社会保障服务热线在电话服务的基础上，积极拓展服务能力，努力构建12333咨询服务网、掌上12333移动应用、自助一体机、12333短信平台和12333微信服务等一系列服务渠道，全力打造多元化、智能化、一体化的公共服务体系，为社会公众提供高效、便捷、准确的公共服务。

二、掌握服务操作要领

1. 操作流程

劳动保障协理员应了解并掌握线上平台具体业务的操作流程，从而引导服务对象正确操作。

（1）线上办理养老保险待遇资格认证

1）登录国家社会保险公共服务平台（https://si.12333.gov.cn），选择"养老保险"板块，点击"待遇资格认证"栏目中的"人脸识别认证"。

2）打开"认证确认"页面，同意协议后开始认证。开始认证前请检查电脑已连接互联网、摄像头已启用、IE浏览器为IE8以上版本、安全防护软件已退出。首次认证点击"开始认证"按钮，根据提示完成下载和安装，安装完成后，刷新或重启浏览器。

3）阅读认证引导，按要求完成指定动作，认证完成后会自动跳转至认证结果。该平台提供代他人认证功能，操作方式相同。无法在此平台完成认证，也可以通过"掌上12333"App、电子社保卡、本地建设的服务平台进行认证。

（2）城乡居民基本养老保险线上参保登记的程序

1）登录国家社会保险公共服务平台（https://si.12333.gov.cn），选择"养老保险"板块，点击"城乡居民养老保险参保登记申请"服务，选择参保地。

2）填写参保登记信息，需准确填写"所在街道乡镇"和"社区或村"。

3）上传居民身份证或户口簿扫描件，提交参保登记申请。

4）属地经办机构审批办理。

5）查询结果信息。通过查询可知是否完成或不予受理的原因。

（3）城乡居民基本养老保险线上转移申请的程序

1）登录国家社会保险公共服务平台（https://si.12333.gov.cn），选择"养老保险"板块，进入"城乡居民养老保险关系转移"服务。

2）需确认已在新就业地（转入地）办理参保手续，如未办理则不能提交申请。

3）填写转移申请相关信息，上传居民身份证或户口簿扫描件并提交申请。

4）后台工作人员对相关信息进行审核。

5）经核查符合转入条件的，开启后续转移流程。

6）查询申请审核结果信息，以及查询后续转移进度。

（4）企业职工养老保险线上转移申请的程序

1）登录国家社会保险公共服务平台（https://si.12333.gov.cn），选择"养老保险"板块，进入"企业职工养老保险关系转移"服务。

2）确认已在新就业地（转入地）办理参保手续，如未办理则不能提交申请。

3）填写转移申请相关信息，上传居民身份证或户口簿扫描件并提交申请。

4）转入地经办机构负责受理申请。

5）查询审核结果信息，以及后续转移进度。

2. 常见问题及其处理

（1）问题：线上办事进度、结果的查询问题。

处理建议：为确保服务对象能够及时、准确地了解相关信息，劳动保障协理员可以建议服务对象除了在国家社会保险公共服务平台查询外，还可下载"掌上12333" App或通过电子社保卡渠道查询网上申请事项的审核结果及后续转移进度信息。

（2）问题：个人实名注册的问题。

处理建议：线上办理养老保险业务需要先进行个人实名注册，注册时使用的证件为个人居民身份证或社会保障卡，设置包含大小写字母、数字在内的长度8~20个字节的登录密码。登录时可使用登记的手机号码或居民身份证号码。

三、注意事项

（1）参保人员在国家社会保险公共服务平台上预留的信息发生变化时，须及时进行修改。

（2）领取养老金资格线上认证的适用人群范围包括领取企业职工养老保险的退休人员、领取机关事业单位养老保险的退休人员、城乡居民养老保险领取待遇人员、养老保险供养亲属、一至四级按月领取伤残津贴的工伤职工、因工死亡职工供养亲属。

学习单元 4　协助进行养老金和遗属津贴领取资格认证

一、做好学习前的准备

1. 概念

协助进行养老金和遗属津贴领取资格认证是指通过协助办理养老金资格认证及提供遗属待遇领取资格认证工作，帮助参保人了解资格认证的方式、方法、渠道及遗属待遇的申领条件，及时向社会保险经办部门提供相应的资料信息，为养老保险待遇安全、顺利、准确、足额发放奠定基础。

2. 作用

做好协助进行养老金和遗属津贴领取资格认证工作主要包括以下两个方面的作用。

（1）有助于维护参保人员的合法权益。劳动保障协理员协助进行养老金和遗属津贴领取资格认证，面向服务对象宣传工作的意义和内容，取得参保人员的认同，帮助引导参保人员积极主动履行资格认证义务，是确保个人享受养老保险权益的重要环节。

（2）有助于保障社保基金的安全稳定运行。通过协助认证，可以防止冒领及重复领取养老保险待遇行为发生，维护参保人合法权益，保障社会保险基金的安全运行。

3. 规范要求

为进一步做好协助进行养老金和遗属津贴领取资格认证工作，应做到以下三点工作要求。

（1）全面掌握政策内容。随着资格认证工作开展的不断深入，社会关注度日益攀升，劳动保障协理员要切实做到高度重视、认真对待，不仅要掌握领会国家政策文件精神、把握本地政策要义，还要掌握不同认证方式的渠道、方式、方法，这样才能有效促进政策落实。

（2）沟通咨询耐心细致。资格认证工作一直以来比较敏感，尤其是部分退休人员较为抵触，劳动保障协理员要注重培养自身沟通和语言表达能力，在工作过程中需不断总结经验提升自己，取得服务对象的理解和支持。

（3）服务过程以人为本。劳动保障协理员协助认证最重要的一个环节是提供人性化服务，如关注辖区内高龄老人或行动不便的退休人员，结合服务对象实际情况，采取上门入户等便捷有效的方式进行协助认证。

4. 相关知识

（1）国家关于社会保险待遇资格认证的政策规定。随着信息技术的迅猛进步，传统的集中认证已难以满足大数据时代的要求及广大民众日益增长的需求，其所引发的问题愈发凸显，引起了社会的广泛关注与强烈反响。2018年5月，人力资源社会保障部办公厅印发了《关于全面取消领取社会保险待遇资格集中认证的通知》（人社厅发〔2018〕54号），全面取消领取社会保险待遇资格集中认证，要求全国各级人力资源社会保障部门和社会保险经办机构完善工作机制，创新服务手段，实行"寓认证于无形"的认证服务新模式，提升社会保险服务便捷化和人性化水平，加强信息化运用，让信息"多跑路"、群众"少跑腿"，切实提升人民群众的满意度和获得感。

（2）企业职工基本养老保险遗属待遇享受条件。根据2021年9月1日正式实施的《企业职工基本养老保险遗属待遇暂行办法》（人社部发〔2021〕18号）规定：参加企业职工基本养老保险的人员（包括在职人员和退休人员）因病或非因工死亡的，其遗属可以领取丧葬补助金和抚恤金（合称遗属待遇）。遗属待遇为一次性待遇，所需资金从企业职工基本养老保险统筹基金中列支。

参保人员因下落不明被人民法院宣告死亡的，以人民法院宣告的死亡日期作为其死亡时间，其遗属可以领取遗属待遇。被宣告死亡参保人员再次出现的，已领取的遗属待遇应予退还。

（3）城乡居民基本养老保险待遇资格认证规定。社会保险经办机构应每年对城乡居民基本养老保险待遇领取人员进行核对；村（居）民委员会要协助社会保险经办机构开展工作，在村（社区）范围内对参保人待遇领取资格进行公示，并与职工基本养老保险待遇等领取记录进行比对，确保不重、不漏、不错。

二、掌握服务操作要领

1. 操作方法

自2018年全面取消集中认证后，各地构建以信息比对为主、退休人员社会化服务与远程认证服务相结合的认证服务新模式。

（1）以信息比对方式全面开展认证服务。充分运用全民参保、异地就医、互联网监测等数据资源，按月开展数据比对，有条件的可开展实时比对。大力推进"互联网＋人社"，积极探索与公安、民政、卫生健康、交通运输、文化旅游等部门开展业务协作，实现与人口管理、殡葬、就医、乘坐飞机高铁等实名验证场景的信息共享，提升共享的实时性。通过对大数据的分析和应用，核实参保人员领取社会保险待遇资格。

（2）以服务方式精准开展认证信息核实。对于信息比对不能确认待遇领取资格、疑似冒领的人员，原则上结合全民参保计划和退休人员社会化服务等工作开展认证信息核实。通过街道、社区人力资源社会保障工作平台寓认证于服务之中，与健康体检、文娱活动、走访慰问等结合起来。

（3）推行异地居住人员远程自助认证。对于异地居住的人员，各地不得要求参保人返回参保地进行认证。大力推广基于互联网的生物特征识别认证、手机App远程认证等服务渠道，使服务对象就地即可完成认证。对在国外（境外）居住人员，暂继续按照《关于在境外居住人员领取养老金资格审核表有关问题的通知》（外领函〔2015〕660号）要求办理，同时，积极创造条件，尽快改为通过互联网进行视频认证。

2. 操作技巧

（1）广泛政策宣传做到家喻户晓。通过社区公告栏、居民微信群、单位公众号及社区各项便民服务活动，多渠道、多方式宣传资格认证工作的意义和目标，使政策深入人心。

（2）提供上门认证的方式方法要得当。劳动保障协理员上门对高龄老人和行动不便的特殊群体进行养老待遇资格认证时，要特别注意方式、方法以及语言表述，可以结合全民参保计划和退休人员社会化服务等工作，通过组织健康体检、文体活动、走访慰问等方式开展认证，对行动不便者要提供上门服务。

（3）人户分离人员要建档建册确保不失联。领取待遇人员人户分离现象普遍存在，对于这类人员一定要做到基础信息清晰准确，每年通过电话、微信、邮件等方式联系本人或亲属，按时主动进行资格认证，引导其通过线上平台完成认证操作。

（4）做好退休金与遗属津贴衔接。进行遗属津贴领取人资格的认定时，一方面要严格按照政策规定执行，另一方面还应与养老金发放情况相结合，如出现死亡后多领养老金情况，需办理完退费后再办理遗属待遇领取。

（5）引导线上认证降低界定风险。线下受理业务时存在领取人员资格难以界定的风险，目前各地陆续推出线上遗属津贴申领业务，可引导申领人员通过线上平台办理。

3. 常见问题及其处理

（1）问题：参保人员年龄大行动不便或残障人员无法自行认证。

处理建议：目前，养老待遇资格认证方式已充分展现其人性化特点，参保人员无需亲自到场进行当面认证。除了线上认证方式外，社会保险经办机构亦可通过数据比对、社会化服务等多元化手段开展认证工作。对于高龄老人和行动不便的特殊群体，社会保险经办机构将提供上门认证服务，以确保其权益得到充分保障。

此外，为便于参保人员及其家属操作，还支持子女、亲属或朋友通过"亲情服务"功能，添加亲情账户，以协助完成养老待遇资格认证。

（2）问题：错过资格认证时间。

处理建议：县（区）社会保险经办机构每年至少对城乡居民基本养老保险待遇领取人员进行一次资格认证。错过资格认证的，社会保险经办机构对其进行暂停发放处理，待其通过资格认证后，从暂停发放之月起补发并续发养老保险待遇。

三、注意事项

1. 充分认识认证工作重要性

全面取消集中认证后，领取待遇资格核查工作不能削弱。要及时对疑似冒领人员进行信息核实；对确认失去待遇领取资格人员，按照相关规定停发待遇；对发现的冒领行为，责令退回并严格依规处理，涉及违法犯罪的，按规定移送司法机关。

2. 了解遗属待遇领取地的规定

在职参保人员死亡后，其遗属待遇领取地为其最后养老保险关系所在地（含临时基本养老保险缴费账户所在地）。该地区的社会保险经办机构将负责核实参保人员的缴费年限等相关信息，并据此支付相应的遗属待遇。对于已退休的参保人员，其死亡后的遗属待遇领取地点则为其企业职工基本养老保险待遇领取地。

学习单元 5　指导服务对象正确使用社会保障卡

一、做好学习前的准备

1. 概念

指导服务对象正确使用社会保障卡是指通过指导服务对象正确使用社会保障卡，帮助持卡人了解社会保障卡的功能，以便持卡人正确、规范、合法地使用社会保障卡，享受社会保障卡带来的系列便捷服务。

2. 作用

指导服务对象正确使用社会保障卡主要包括以下三个方面的作用。

（1）有助于帮助持卡人解决用卡实际困难。社会保障卡的使用过程中，时常遭遇持卡人对其功能理解不足，以及卡片折损、遗失等状况，这些问题直接妨碍了持卡人在处理如就医、养老金领取等关键事务时的效率。为确保持卡人能够顺利办理各项事务，劳动保障协理员必须掌握并熟练运用关于社会保障卡使用的相关政策及操作流程，以便能够迅速、有效地协助持卡人解决所遇到的问题和困难。

（2）有助于持卡人享受便捷服务。目前社会保障卡使用领域越来越广泛，通过指导持卡人正确使用社会保障卡，确保他们能够充分理解并有效利用社会保障卡提供的各项功能，从而进一步提升社会保障体系的整体效能和持卡人的满意度。

（3）有助于社会保障卡的安全使用。引导持卡人正确使用社会保障卡，规范办理社会保险业务，做到社会保障卡不外借，以避免社会保障卡被他人非法使用或冒用的风险。

3. 规范要求

为进一步做好指导服务对象正确使用社会保障卡工作，应做到以下三点工作要求。

（1）政策宣传要及时。社会保障卡的使用功能不断拓展，劳动保障协理员应深入掌握社会保障卡相关政策，全面了解社会保障卡的使用范围和规范，及时跟踪政策的最新动态，为服务对象答疑解惑。

（2）业务操作要准确。社会保障卡是个人身份的象征，在业务操作过程中，务必仔细核对持卡人的参保信息，确保其准确无误。对于社会保障卡的申领、发放以及后续管理等各个环节,应当严格遵循既定的操作规程,确保流程规范、有序进行。

(3)严防个人信息泄露。社会保障卡的运行与社会保险基金支出的管理密切相关,因此,劳动保障协理员需确保收取的个人资料得到及时、有序的整理归档。对于已作废并回收的社会保障卡,必须严格按照既定程序进行注销处理,以切实保障持卡人个人信息安全,防止任何形式的泄露风险。

4. 相关知识

(1)社会保障卡的功能

1)人力资源社会保障业务功能

①电子凭证。社会保障卡是持卡人办理就业登记、失业登记、参保登记、工伤认定、职业培训、技能鉴定、职称认定等人力资源社会保障业务,享受各项就业服务、社保服务、人才服务的主要电子身份凭证。

②信息记录。在社会保障卡内或相关后台系统,记录了持卡人的个人基本信息、人力资源社会保障关键业务信息,从而形成电子形式的证件副本。

③自助查询。通过社会保障卡在自助服务终端或其他服务渠道连接后台系统,能够查询持卡人个人的人力资源社会保障权益信息,并办理相关业务。

④就医结算服务。通过社会保障卡实现本地和跨地区的医疗保险、工伤保险、生育保险医疗费即时结算,支持挂号、诊疗、妊娠登记、住院登记、购药等就医过程的信息服务,实现就医一卡通。

⑤缴纳费用和领取待遇。通过社会保障卡的银行账户可以实现各类缴费和待遇领取,包括个人各项社会保险缴费、人事人才考试缴费,各项社会保险定期待遇和一次性待遇领取、报销费用领取、就业扶持政策补贴资金领取、重点行业农民工工资领取等。

2)金融支付功能。可以通过社会保障卡的银行账户办理存取款、转账、消费、代收代付等业务。目前,社会保障卡的金融应用为人民币借记应用,其使用范围限定在中华人民共和国境内。

3)扩展功能。社会保障卡可扩展应用到财政、民政、卫生健康、公积金等其他政府公共服务领域中,如惠农财政资金直补、居民健康服务、领取公积金及其他社会保障服务等。

(2)社会保障卡"一卡通"功能的拓展领域

1)在人力资源社会保障领域全面普及人力资源社会保障服务"一卡通"。按照在人社领域"全业务用卡"的思路，通过一张社会保障卡就可以办理人社领域的就业登记、技能培训、参保缴费、养老金领取等95项应用服务，让群众体验到人社服务的便捷。

2）探索在多领域实现民生服务"一卡通"。各地以社会保障卡为载体，在政务服务、就医购药、交通出行、旅游观光、文化体验、惠民惠农补贴发放等多个领域推行"一卡通"应用。

3）协同推动线上线下"一卡通"。在全面推广和普及实体社会保障卡的同时，电子社保卡的推广和普及工作亦在紧锣密鼓地进行中，以确保服务的高效便捷与全面覆盖。

4）积极推进区域用卡"一卡通"。例如，在长三角三省一市推动区域协同立法，探索实现公共服务"同城待遇"；在川渝地区以社会保障卡为载体，实现30多项人社合作服务，同时还以社会保障卡为载体，共同打造了川渝两地的城市书房，在这两个地方通过社会保障卡，图书可以"通借通还"。在海南、广东联合发行社会保障卡"一卡通"旅游年卡，实现了跨省旅游消费"同城待遇"，让群众切实享受到"一卡通"的实惠。

二、掌握服务操作要领

1. 操作流程

（1）社会保障卡信息变更的程序

1）申请。申请人需主动到当地街道（乡镇）劳动就业社会保障服务中心（所）、社会保险经办部门设立的社会保障卡发卡机构或社会保障卡服务机构网点提出信息变更申请。

2）提交材料。在申请时，必须携带原社会保障卡、有效的居民身份证件原件。如果是由他人代办，则还需提供代办人的居民身份证及由持卡人签字的委托书。

3）审核。服务机构会对提交的材料进行仔细查验和审核，确保所有信息的真实性和完整性。

4）信息上报。审核通过后，服务机构会将变更信息上报，进行进一步的处理。

5）数据准备。社会保险经办部门对上报的信息进行比对，确认无误后，将相关数据传递给负责制卡的部门，制卡部门根据提供的数据制作新的社会保障卡。

6）制卡完成。制卡完成后，卡片会发往发卡部门。申请人可以选择通过邮寄的方式接收卡片，或者亲自前往申请地领卡，部分地区还支持在商业银行直接申领。

7）业务办结。服务机构整理留存社会保障卡信息变更的有关资料。

（2）社会保障卡挂失的程序

1）提交挂失申请。持卡人需携带本人有效身份证明（如居民身份证、户口簿等）前往社会保障卡服务网点或通过线上服务平台提交挂失申请。若为代办，还需提供代办人有效身份证明及持卡人的授权委托书。

2）受理挂失。工作人员核验持卡人身份无误后，会留存居民身份证复印件，并打印"社会保障卡业务受理单"存档。部分地区可能会收取一定的挂失工本费，具体以当地规定为准。

3）制卡数据准备。社会保险经办部门在收到挂失申请后，会进行持卡人信息的审核与比对，确认无误后，将相关信息传递至制卡部门。

4）制卡完成。制卡部门根据传递的数据制作新卡，完成后将卡片发往指定的发卡部门。

5）发放卡片。申请人可选择邮寄卡片或自行在申请地领卡。

6）业务办结。社会保险经办部门整理留存社会保障卡挂失的有关资料。

（3）社会保障卡补（换）的程序

1）提交材料。持卡人需携带有效身份证明（如居民身份证、户口簿等）以及需要补（换）的社会保障卡（如果已损坏或遗失，则无需提供原卡）。

2）受理。持卡人将材料提交至社会保障卡服务网点，工作人员核验无误后，会打印"补（换）社会保障卡领卡证明"和"社会保障卡业务受理单"。"补（换）社会保障卡领卡证明"是取卡的重要凭证，持卡人应妥善保管。"社会保障卡业务受理单"则由社会保险经办部门保留存档。

3）制卡数据准备。社会保险经办部门对持卡人的信息进行数据比对，确认无误后，将相关数据传递至制卡部门。

4）制卡完成。制卡部门制作新卡后，发往发卡部门。

5）发放卡片。申请人可选择邮寄卡片或自行在申请地领卡。

6）业务办结。社会保险经办部门整理留存社会保障卡补、换的有关资料。

2. 社会保障卡信息变更的主要内容

（1）关键信息变更。对于姓名、社会保障号码、照片、服务银行等关键信息变更，需按照换发社会保障卡流程进行操作。换发社会保障卡的流程与新申领一致。各地目前已经普遍实现了"立等可取"的换卡服务，针对异地居住人员也逐步开通了邮寄服务。

（2）非关键信息变更。非关键信息变更的，可通过线下社会保险经办机构或当地签约银行进行后台关联信息的变更处理，无需换发社会保障卡。

（3）关于变更照片。持卡人员如果需要更换社会保障卡卡面个人照片，可按照规定格式准备一寸白底电子版照片及持卡人身份证件。若由他人代办，还需额外准备代办人身份证件。准备就绪后，前往当地社会保险经办机构或社会保障卡签约银行办理。

3. 常见问题及其处理

（1）问题：关于挂失期间找回的社会保障卡是否能恢复使用的问题。

处理建议：针对此问题，需根据不同情况区别处理。首先，若持卡人在办理挂失手续后，尚未提交补领申请前，成功找回原社会保障卡的，持卡人可携带有效身份证件及社会保障卡，前往社会保障卡服务机构银行网点，办理相关解挂手续，以恢复该卡的正常使用功能。其次，若持卡人已完成挂失手续并提交补领申请，原社会保障卡则无法再办理解挂，卡片将无法使用。

（2）问题：社会保障卡应用状态查询问题。

处理建议：实体社会保障卡应用状态包括封存、正常、临时挂失、挂失、应用锁定、注销等。持卡人可通过社会保障卡服务机构网点、国家社会保险公共服务平台、全国人力资源和社会保障政务服务平台、自助机、"12333"人力资源社会保障服务热线、各地网上服务平台等查询个人社会保障卡应用状态，也可通过本人电子社保卡全国服务中的"社会保障卡服务"功能查询社会保障卡应用状态。

（3）问题：社会保障卡因损坏换领新卡，账户内资金是否会有影响的问题。

处理建议：社会保障卡具有社会保障功能和金融功能，由于损坏等原因进行社会保障卡换发的，账户资金不会损失。社保待遇按照业务政策执行，不会因换卡造成损失；社会保障卡银行账户资金可按照个人意愿取出或者由银行进行新老账户的资金转移操作。社会保障卡损坏、遗失后应尽快补换新卡，方便持卡人享受相关服务。

三、注意事项

（1）社会保障卡应用状态显示"封存"时应提醒持卡人前往社会保障卡服务网点或通过线上等服务渠道启用社会保障卡的社保功能，启用后即可通过社会保障卡享受政府相关公共服务。

（2）实体社会保障卡临时挂失、挂失时，电子社保卡服务需经本人授权方可使用；实体社会保障卡注销后，电子社保卡中与个人业务相关的服务均不可用。

思考题

1. 城乡居民养老保险与企业职工养老保险有哪些区别？
2. 城乡居民、城镇职工基本养老保险制度衔接的条件是什么？
3. 灵活就业都包括哪几类人员？
4. 国家社会保险公共服务平台的概念是什么？
5. 养老金和遗属津贴领取资格认证的主要方式有哪些？
6. 享受企业职工基本养老保险遗属待遇有哪些条件？
7. 社会保障卡在人力资源社会保障业务领域中有哪些功能？

培训课程 2

失业保险服务

学习目标

1. 能够提供失业保险金领取条件、待遇标准、领取期限和经办业务程序方面的咨询服务。
2. 能为失业人员提供接续失业保险关系服务。

学习单元1　提供失业保险相关咨询服务

一、做好学习前的准备

1. 概念

提供失业保险相关咨询服务是指对咨询失业保险金相关事宜的服务对象，提供失业保险金领取条件、待遇标准、经办程序等方面的咨询服务，准确解答相关政策规定和经办流程的具体内容，使其获得清晰明白的答复，解决咨询人的疑惑和问题。

2. 作用

做好提供失业保险相关咨询服务工作主要包括以下三个方面的作用。

（1）宣传相关失业保险政策。通过为服务对象解答失业保险金申领条件、待遇标准等政策规定，可以及时有效地宣传相关失业保险政策。

（2）方便服务对象申领失业保险金。为服务对象提供失业保险相关咨询服务能够使服务对象知晓申领失业保险金的业务经办程序，方便其办理申领手续。

（3）促进工作提质增效。此项服务不仅有助于服务对象解决问题，同时也有助于劳动保障协理员掌握分析解决咨询问题的政策和方法，进而提升他们的工作能力和服务水平，实现工作效能的整体提升。

3. 规范要求

为进一步做好提供失业保险相关咨询服务工作，应做到以下三点工作要求。

（1）解答咨询问题与宣传教育相结合。劳动保障协理员在解答咨询时，应兼顾政策解读与思想引导。既要准确、详尽地解答政策问题，又要贯穿宣传教育，使服务对象深入理解政策，同时解决其可能存在的思想疑虑。

（2）认真负责与文明服务相结合。劳动保障协理员在解答咨询时，应秉持严谨负责的态度，对每一个问题都给予充分的重视和解答。同时，应确保服务文明礼貌，态度热情诚恳，积极回应服务对象的迫切需求，提供及时有效的帮助。

（3）交流互动与有针对性相结合。劳动保障协理员在解答咨询时，应注重与服务对象的互动交流，及时确认其是否理解和掌握相关信息。同时，应根据服务对象的实际情况和需求，提供有针对性的咨询服务，避免简单机械地复述政策规定，确保服务的个性化与实效性。

4. 相关知识

（1）失业保险金领取条件。失业人员领取失业保险金必须同时具备以下条件：失业前用人单位和本人已经缴纳失业保险费满一年的；非因本人意愿中断就业的；已办理失业登记，并有求职要求的。

失业保险金领取条件中，重点是要理解什么是"非因本人意愿中断就业"。《实施〈中华人民共和国社会保险法〉若干规定》（人力资源社会保障部令第13号）中规定，非因本人意愿中断就业包括下列情形。

1）依照劳动合同法第四十四条第一项、第四项、第五项规定终止劳动合同的。

2）由用人单位依照劳动合同法第三十九条、第四十条、第四十一条规定解除劳动合同的。

3）用人单位依照劳动合同法第三十六条规定向劳动者提出解除劳动合同并与劳动者协商一致解除劳动合同的。

4）由用人单位提出解除聘用合同或者被用人单位辞退、除名、开除的。

5）劳动者本人依照劳动合同法第三十八条规定解除劳动合同的。

6）法律法规、规章规定的其他情形。

（2）失业保险金待遇标准。《中华人民共和国社会保险法》规定，失业保险金的标准，由省、自治区、直辖市人民政府确定，不得低于城市居民最低生活保障标准。

（3）失业保险金领取期限。失业保险金的领取期限是根据失业人员失业前所在单位和本人累计缴费时间计算。失业人员失业前用人单位和本人累计缴费满一年不足五年的，领取失业保险金的期限最长为十二个月；累计缴费满五年不足十年的，领取失业保险金的期限最长为十八个月；累计缴费十年以上的，领取失业保险金的期限最长为二十四个月。

2020年5月29日《人社部　财政部关于扩大失业保险保障范围的通知》（人社部发〔2020〕40号）规定，自2019年12月起，延长大龄失业人员领取失业保险金期限，对领取失业保险金期满仍未就业且距法定退休年龄不足1年的失业人员，可继续发放失业保险金至法定退休年龄。这就意味着在特定情况下失业保险金的申领期限最长可达到36个月。

（4）失业保险待遇的构成。失业保险待遇是由失业保险金，领取失业保险金期间由失业保险基金给予个人趸缴的职工基本医疗保险费、死亡的失业人员的丧葬补助金和抚恤金、职业培训补贴、职业介绍补贴、临时价格补贴等构成。失业保险待遇自办理失业登记之日起计算。

（5）领取失业保险金期间重新就业，再次失业后领取失业保险金的政策规定。失业人员在领取失业保险金期间重新就业，再次失业的，缴费时间重新计算。其领取失业保险金期限与前次失业应领取而尚未领取的失业保险金期限合并计算，但最长不得超过24个月。重新就业后不满一年再次失业的，可以继续申领其前次失业应领取而尚未领取完的失业保险金。上述两种情况，在领取失业保险金时，其前次领取失业保险金标准与现行失业保险金标准不一致的，按现行标准执行。如无应领取而尚未领取的失业保险金期限，本次失业不能领取失业保险金，但其所在单位和个人的缴纳失业保险费记录予以保留。

（6）停止领取失业保险金的政策规定。失业人员有下列情况之一的，应当停止享受失业保险待遇：重新就业的；应征服兵役的；移居境外的；享受基本养老保险待遇的；无正当理由，拒不接受当地人民政府指定部门或者机构介绍的适当工作或者提供的培训的。

二、掌握服务操作要领

1. 操作流程

（1）准备工作

1）了解相关政策规定和程序。劳动保障协理员应准确掌握了解国家和所在地区失业保险金领取条件、待遇标准等相关政策规定，熟知失业保险金申领的经办程序，能够为服务对象提供正确的咨询和建议。

2）建立专业知识库。劳动保障协理员应收集和整理与失业保险相关的信息和材料，构建完善的专业知识库，以便能够随时查阅和分享给服务对象。

3）熟悉社交媒体使用。劳动保障协理员应熟练使用社交媒体平台，如微信、QQ、微博等，以便在线上与服务对象进行互动和咨询。

（2）接待登记

1）明确咨询诉求。劳动保障协理员需细致聆听服务对象的陈述，并通过直接对话的方式，深入理解其咨询的具体内容与所面临的问题。对于非现场咨询场景，应运用电话、在线交流等手段，以确保准确把握咨询需求。

2）翔实登记咨询资料。劳动保障协理员需准确记录服务对象的姓名、有效的联系方式、居民身份证号码等关键基础信息，以及具体的咨询事项。若服务对象因涉及利益或相关利害关系，选择不透露真实姓名或身份，应当尊重其选择，并做出相应记录。

（3）提供咨询

1）提供基本信息和政策解读。劳动保障协理员需根据服务对象咨询的问题，向其提供有关失业保险申请条件、申请流程、受理材料等方面的基本信息和政策解读。

2）回答问题和解决疑惑。对服务对象提出的问题和疑问，劳动保障协理员要及时按照有关政策规定给予准确、清晰地答复。如果遇到无法解答的问题，可以寻求上级或其他专业人员的帮助，并承诺在了解具体政策规定后另行答复。

（4）反馈和改进

1）评价反馈。在咨询服务圆满结束后，为确保服务质量的持续提升和用户体验的优化，劳动保障协理员应引导服务对象对咨询服务进行评价和反馈，并将这些意见和建议进行系统收集和分析，以备将来检索、查找、总结以及跟踪服务使用。

2）分析改进。劳动保障协理员应对服务对象咨询的问题进行分析与整理。对于重大问题或涉及范围广泛的事项，应立即向上级领导和业务部门进行详尽的报告。对于咨询频率较高的业务问题，应及时汇总整理出清晰易懂的宣传资料或指引手册，以确保服务质量的持续优化与提升。

2. 操作技巧

（1）熟知失业保险相关政策规定。劳动保障协理员作为重要的服务窗口，其核心要求之一是必须对失业保险的政策规定有深入的了解，并熟练掌握申领失业保险金的业务办理流程以及各类服务渠道。这是其有效提供失业保险政策咨询和业务办理服务的基础。只有通过精确掌握政策规定，劳动保障协理员才能够确保在解答服务对象疑问时，提供准确、专业的指导，帮助他们更好地理解政策，解决疑虑。

（2）准确理解服务对象所咨询问题的内容。在劳动保障协理员的咨询服务过程中，常会遇到咨询者因对失业保险政策理解不足、事件描述模糊、业务流程不熟悉等原因，导致咨询内容与其真实情况存在潜在偏差。因此，劳动保障协理员在倾听咨询者陈述后，应当先精准地提炼咨询核心要点，梳理关键信息，确保对问题有清晰准确的把握，随后基于这些信息，为咨询者提供专业且符合需求的咨询服务。

（3）准确解答服务对象提出的问题。在咨询服务中，准确回应服务对象的问题对于维护服务品质至关重要。因此，劳动保障协理员在回答咨询时，应着重注意以下两个方面：一是答复内容应严格依据相关政策法规，以确保信息的精准性；二是应尽力做到当面一次性告知，以减少服务对象的等待时间和咨询次数，提高服务效率。

3. 常见问题及其处理

（1）问题：失业登记时忘记申领失业保险金，如何补领的问题。

处理建议：《人力资源社会保障部办公厅关于进一步推进失业保险金"畅通领、安全办"的通知》（人社厅发〔2020〕24号）取消了申领失业保险金应在终止或者解除劳动合同之日起60日内办理的申请期限。只要在申请补领时符合申领条件，即可领取失业保险金。

（2）问题：在职期间取得了职业技能等级证书并领取相关补贴，失业时是否影响失业保险金的领取的问题。

处理建议：只要个人在失业时符合社会保险法规定的领取条件，在职期间取得职业技能等级证书并领取相关补贴，不影响失业保险金的领取。

（3）问题：没有缴纳失业保险，能否申领失业保险金的问题。

处理建议：根据社会保险法规定，失业前用人单位和本人已经缴纳失业保险费满一年的是领取失业保险金的必要条件。因此，没有缴纳失业保险，是不能申领失业保险金。

三、注意事项

（1）劳动保障协理员在接待咨询时，务必保持专注，避免随意打断服务对象的提问，确保全程倾听。如遇未听清之处，应立即与服务对象确认。同时，需使用简洁明了的语言，详细阐述失业保险的政策规定及申领流程，确保解答与政策宣传、耐心服务相结合，使服务对象能够全面理解并知悉相关信息。

（2）在接待咨询过程中，劳动保障协理员应迅速作出回应，力求减少服务对象的等待时间，展现积极的工作态度与专业服务素养。

学习单元2　为失业人员提供接续失业保险关系服务

一、做好学习前的准备

1. 概念

为失业人员提供接续失业保险关系服务是指按照政策规定和业务经办程序为办理接续失业保险的服务对象，提供政策宣传、经办业务咨询、业务受理、初审材料等服务，帮助解决具体问题，使其顺利办理失业保险关系接续手续。

2. 作用

做好为失业人员提供接续失业保险关系服务工作主要包括以下两个方面的作用。

（1）帮助解决失业保险关系接续实际问题。通过为服务对象提供怎样办、到哪办、需要准备的材料等引导服务，使其知晓接续失业保险关系的办理渠道和程序，从而解决接续失业保险关系问题。

（2）有助于失业人员增加就业机会。在进行接续失业保险关系服务时可以为失业人员提供一系列的就业服务，使其及时得到更多就业机会的信息和帮助，促进其更快地重新就业。

3. 规范要求

为进一步做好为失业人员提供接续失业保险关系服务工作，应做到以下两点工作要求。

（1）即时受理快速办理。在办理失业保险关系接续的过程中，通常涉及转出地和转入地的社会保险经办机构，并可能涉及资金划转等手续，这些程序相对烦琐，所需办结时间通常较长。为确保服务对象的权益得到及时保障，劳动保障协理员应当立即受理相关申请，并积极协助服务对象完成失业保险关系的有效接续。

（2）加强业务协同联动。劳动保障协理员应积极妥善协调转出地和转入地社会保险经办机构的工作对接，并及时向上级机构提交请示并报告工作进展，以协助服务对象高效完成失业保险关系接续。

4. 相关知识

（1）失业保险关系接续的概念。本书中所指失业保险关系接续是指失业人员跨省、自治区、直辖市流动的关系接续。既可以是失业人员凭失业保险关系迁出地出具的相关证明材料及按照规定转出的金额，到转入地办理享受相关失业保险待遇，也可以是不享受待遇仅转移接续失业保险关系的手续。

（2）失业人员接续失业保险关系的规定。《人力资源社会保障部办公厅 财政部办公厅关于畅通失业保险关系跨省转移接续的通知》（人社厅发〔2021〕85号），在《失业保险金申领发放办法》关于失业人员失业保险关系跨省、自治区、直辖市转移若干规定的基础上，提出了进一步规范个人失业保险关系跨省转移接续，畅通失业保险待遇申领渠道的具体措施规定，主要有以下内容。

1）参保失业人员转移接续

①参保失业人员符合领取失业保险金条件的，在最后参保地申领失业保险金及其他相关待遇，也可以选择回户籍地申领，待遇发放期间不得中途变更发放地。选择户籍地申领的，须办理失业保险关系转移。

②对不符合领取失业保险金条件、符合领金条件但未申领，以及正在领金期间的参保失业人员，跨省重新就业并参保的，失业保险关系应随之转移至新参保地，缴费年限累计计算。

③失业保险关系跨省转迁的，失业保险费用应随失业保险关系相应划转。但在转出地参保缴费不满1年的，只转移失业保险关系，不转移失业保险费用。

2）需划转的失业保险费用计算方法及待遇发放标准

①需划转的失业保险费用包括失业保险金，领金期间基本医疗保险费，领金期间接受职业培训、职业介绍的补贴。其中，基本医疗保险费和职业培训、职业介绍补贴按参保失业人员应享受失业保险金总额的一半计算。

②转入地经办机构按照本统筹地区规定和标准，为参保失业人员核定失业保险金发放期限和各项失业保险待遇。

③转出地划转的失业保险费用，不足待遇支付部分由转入地失业保险基金支付，超出待遇支付部分并入转入地失业保险基金。

3）转移接续失业保险关系包括以下内容：姓名、社会保障卡号、就业失业状态、参保缴费记录（已核定失业保险金缴费记录和未核定失业保险金缴费记录）、应当领取而尚未领取的失业保险金记录、失业原因、失业保险待遇标准、基金转移金额、转入地和转出地经办机构信息及其他必要信息。

4）转移失业保险费用的时间要求。转出地经办机构应在失业保险关系转出后的1个月内向转入地划转失业保险费用。失业保险费用划转期间，不影响转入地经办机构按规定为参保失业人员发放失业保险待遇。转入地经办机构不得以费用未划转到位为由，拒发失业保险待遇。

根据上述规定，失业人员符合领取失业保险金条件，且在多个省份（自治区、直辖市）有失业保险参保关系和有效缴费记录的，个人选择在最后参保地或选择回户籍地申领失业保险金，须办理跨统筹区失业保险关系转移，合并计算其缴费年限，同时按规定随失业保险关系划转失业保险费用。转出地经办机构将参保失业人员有关信息转出后，仍需保留信息备份，注明失业保险关系转入地信息和失业保险费用划转金额及明细。

对于失业人员在省（自治区）跨地区转移失业保险关系的，按照本省（自治区）的具体规定执行。

二、掌握服务操作要领

1. 操作流程

（1）受理申请

1）在本地参加失业保险的非本地户籍人员，在与用人单位解除或终止劳动合同后符合领取失业保险金条件，申请将在户籍地的失业保险关系转入本地合并计算，享受失业保险待遇。

2）在外地参加失业保险的本地户籍人员,符合转出地失业保险金领取条件并申请回户籍地,享受失业保险待遇。

（2）审核材料。劳动保障协理员对失业人员在线上平台或现场提出的申请,通过登录当地失业保险经办系统,根据线上平台推送的申请人信息或现场提供的个人信息,按规定对申请人提供的失业保险关系转移凭证及其他相关申请材料予以审核,重点审核个人身份与转移材料是否一致,是否符合当期享受失业保险待遇规定,转移的失业保险费用是否符合国家规定等。相关信息内容不全的,不得要求申请人再到转出地开具相关证明,经办人员应及时与转出地经办机构联系,核实相关信息,确保失业保险关系转移接续材料齐全,信息完整准确。对不符合转移接续条件的,及时向申请人说明情况,退回材料不予办理。

（3）办理手续。经审核,失业保险关系接续材料齐全,符合当地转入规定的,经办机构要及时办理接续手续,按照当地失业保险金标准和申领规定,为失业人员核定失业保险金领取期限及其他相关待遇。

2. 操作技巧

失业保险关系跨省转移接续既可在线上平台进行,也可线下通过经办窗口进行。同时,还可以根据实际情况,自主选择在转出地或者转入地办理。

（1）线上方式。即通过国家社会保险公共服务平台或电子社保卡申领渠道、手机App等在线上平台办理接续失业保险关系手续。线上办理具有操作简便、流程优化、无需现场办理、实时追踪办理进度等多重优势。

（2）线下方式。即现场申请。对于没有开通网上经办的地区或不便线上办理的,申请人持个人居民身份证到转入地失业保险经办机构窗口提交失业保险关系转移凭证及相关申请材料,经审核符合转移接续条件的,由转入地经办机构办理接续手续。

（3）在转出地办理。参保失业人员可先到转出地经办机构开具转移凭证,之后到转入地经办机构办理关系转入。对符合条件的,转出地经办机构收到申请后应在5个工作日内办理转出,转入地经办机构收到转出地开具的失业保险关系转移接续联系函后,应在5个工作日内办理转入。对不符合条件的,要说明理由。

（4）在转入地办理。参保失业人员也可直接到转入地经办机构申请转移失业保险关系,转入地经办机构不得要求申请人再到转出地开具相关证明。对符合条件的,转入地经办机构在收到申请后,应在5个工作日受理并向转出地经办机构发出失业保险关系转移接续联系函,转出地收到联系函后,应在5个工作日内办理转出。对不符合条件的，要说明理由。

3. 常见问题及其处理

（1）问题：接续失业保险关系是否影响就业的问题。

处理建议：接续失业保险关系是为了落实失业人员应享受的相关失业保险待遇，享受失业保险待遇是保障符合条件失业人员基本生活和促进其尽快实现再就业的一项基本权利和重要手段。因此，接续失业保险关系不会对以后的就业造成影响。

（2）问题：接续失业保险关系在哪里办理的问题。

处理建议：已经实现网上办理接续失业保险关系的地区，可以直接登录国家社会保险公共服务平台（https://si.12333.gov.cn）办理。对尚未实现网上办理接续失业保险关系的地区，需本人或委托人持授权委托书及相关接续材料到转出地或转入地经办机构现场办理。

三、注意事项

1. 严格审核申请材料

劳动保障协理员需严格遵循政策规定及接续程序要求，认真核实服务对象提交的各项材料。对于材料不齐全或不符合规定的情况，严格禁止违规办理相关业务。

2. 及时回应投诉和疑问

劳动保障协理员在提供接续失业保险关系工作过程中，可能会遇到一些投诉和疑问，面对此类情况，劳动保障协理员需要及时回应并妥善处理，保持良好的沟通和服务质量。

思考题

1. 失业保险金的领取条件、待遇标准和领取期限是什么？
2. 失业保险金申领的经办程序是什么？
3. 停止领取失业保险金的政策是什么？
4. 为失业人员提供接续失业保险关系服务的工作要求是什么？

培训课程 3 工伤保险服务

1. 能提供工伤认定、工伤待遇、经办程序等的咨询服务。
2. 能指导服务对象利用线上平台办理工伤保险申领。

学习单元 1 提供工伤认定、工伤待遇、经办程序等的咨询服务

一、做好学习前的准备

1. 概念

提供工伤认定、工伤待遇、经办程序等咨询服务是指劳动保障协理员在接待服务对象或答复电话咨询工伤保险业务过程中,能够准确介绍工伤认定、工伤待遇等政策规定,准确介绍经办具体流程,提醒服务对象应该准备的资料和注意事项,使服务对象掌握政策依据、办理地点、办理时限、办理要求等。

2. 作用

做好提供工伤认定、工伤待遇、经办程序等咨询服务工作主要包括以下两个方面的作用。

(1)准确解答服务对象提出的问题。工伤人员在办理工伤保险业务时,会遇到各种问题,如受伤后如何及时就医、根据工伤保险政策能够享受哪些具体权益,以及哪些费用可以通过工伤保险基金进行报销等。为了确保工伤人员能够及时得

到必要的帮助和准确的指导，劳动保障协理员需以严谨、高效的态度，为工伤人员提供详尽的解答，协助他们顺利完成工伤保险业务的办理。

（2）帮助服务对象掌握工伤保险经办程序。服务对象遭受工伤事故后，为确保其能够依法享受工伤保险待遇，需遵循严格的审批流程。劳动保障协理员应引导服务对象全面了解相关的工作流程，并指导其按照规定准确、高效地办理各项工伤保险业务。

3. 规范要求

为进一步做好提供工伤认定、工伤待遇、经办程序等咨询服务工作，应做到以下三点工作要求。

（1）政策讲解清楚。工伤保险政策复杂，涉及面广，劳动保障协理员要认真学习领会工伤保险相关法律法规和政策，正确指导工伤人员享受合法权益，防止因政策未吃透而出现指导错误。

（2）服务热情周到。劳动保障协理员应以严谨、稳重、理性的态度对待服务对象，确保服务过程周到且细致。在接待过程中，即使是简单的行为，如主动为工伤人员倒上一杯水或让出一个座位，亦能体现出对其的尊重与关怀，从而极大地促进双方交流的顺畅与和谐。

（3）注重工作技巧。劳动保障协理员应当深入理解工伤人员所处的境遇，并切身感受他们所面临的实际困难。在沟通交流中，应积极探索有效方式，确保与工伤人员能够建立顺畅的沟通渠道。当面对情绪较为激动的个体时，应特别关注其心理状态的疏导，可以运用亲切、家常式的沟通方法，积极建立信任与亲近感，从而有效缓解和消除其负面情绪。

4. 相关知识

依据《工伤保险条例》和《工伤认定办法》有关规定，劳动保障协理员应掌握以下工伤认定政策。

（1）工伤认定的概念。工伤认定是社会保险行政部门依据法律的授权，对职工因事故伤害或者患职业病，确认是否属于工伤或者视同工伤的行政行为。工伤认定工作由统筹地区的社会保险行政部门实施。

（2）工伤认定申请时限

1）职工发生事故伤害或者按照职业病防治法规定被诊断、鉴定为职业病，所在单位应当自事故伤害发生之日或者被诊断、鉴定为职业病之日起30日内，向统筹地区社会保险行政部门提出工伤认定申请。遇有特殊情况，经报社会保险行政部门同意，申请时限可以适当延长。

2）用人单位未在规定的时限内提出工伤认定申请的，受伤害职工或者其近亲属、工会组织在事故伤害发生之日或者被诊断、鉴定为职业病之日起1年内，可以直接按照规定提出工伤认定申请。

（3）工伤认定结论。工伤认定结论是社会保险行政部门依法对受到事故伤害的职工做出的是否属于工伤的认定结论。认定为工伤的，方可享受工伤待遇。社会保险行政部门应当自受理工伤认定申请之日起60日内作出工伤认定决定。对于事实清楚、权利义务明确的工伤认定申请，应当自受理工伤认定申请之日起15日内作出工伤认定决定。

二、掌握服务操作要领

1. 操作流程

（1）接待服务对象。针对前来咨询工伤认定相关业务的用人单位及职工，应保持微笑服务，展现和蔼可亲的态度，并运用礼貌用语进行交流。在沟通过程中，以平和的语气主动发起对话，并通过提问的方式，积极了解服务对象的具体需求和相关背景信息，为后续详细介绍相关政策规定及提供准确的引导服务奠定基础。

（2）了解具体情况。在与服务对象的交流过程中，应始终保持积极的态度，通过细致地倾听和恰当地询问，深入了解他们所面临的问题。这些问题可能涉及工伤认定的具体细节、工伤待遇的申领、经办程序的某一环节等。劳动保障协理员应详细了解问题的当前进展状态，以及解决的可能性。若遇到服务对象表达不清或无法明确表达真实意图的情况，应耐心地进行交流沟通，直至完全掌握真实情况，以确保服务的准确性和有效性。

（3）提供咨询服务。劳动保障协理员对服务对象提出的问题应按政策要求进行解答，属于政策范围内的，积极给予引导和帮助，不属于政策范围内的，也不能一推了之，要进行细心的解释。劳动保障协理员在咨询过程中，必须保持文明用语，力求将解答内容以通俗易懂的方式呈现。

2. 主要内容

（1）工伤认定。服务对象申请办理工伤认定有关手续，需要告知以下工作要点。

1）报备。职工发生事故伤害，用人单位可通过电话、传真、网络等方式及时向业务部门进行工伤事故备案，并根据事故发生经过和医疗救治情况，填写"工伤事故备案表"。

2）申请。用人单位、职工本人或者其近亲属按照规定向当地社会保险行政部门提交材料、申请工伤认定。

3）调查取证。社会保险行政部门受理工伤认定申请后，根据审核需要对事故伤害进行调查核实，用人单位、职工、工会组织、医疗机构以及有关部门应当予以协助。职工或者其近亲属认为是工伤，用人单位不认为是工伤的，由用人单位承担举证责任。用人单位拒不举证的，社会保险行政部门可以根据受伤害职工提供的证据或者调查取得的证据，依法作出工伤认定决定。

4）认定。社会保险行政部门应当自受理工伤认定申请之日起60日内作出工伤认定决定，出具"认定工伤决定书"或者"不予认定工伤决定书"。

（2）工伤待遇申领。服务对象办理工伤待遇申领有关手续，需要告知以下工作要点。

1）待遇资格审核与验证。申请工伤保险待遇人应填写"工伤保险待遇申领表"，并提供以下证件和资料：居民身份证或户口簿、工伤认定结论、工亡职工供养亲属身份及供养关系公证材料等。审核通过后，社会保险经办机构待遇审核部门在"工伤保险待遇申领表"上填写审核意见，并及时记录有关信息，形成享受工伤保险待遇人员信息库，将审核意见告知申请人。

2）待遇审核

①医疗（康复）待遇审核。工伤职工在门诊、急诊、本地及外埠就医发生的医疗费用，工伤认定前的医疗费用由参保单位或个人垫付，待接到"工伤认定决定书"后，至社会保险经办机构按规定办理审核手续。申请医疗（康复）待遇应填写"工伤医疗（康复）待遇审核表"并提供以下资料：已通过资格审核和验证的"工伤医疗（康复）待遇申请表"，工伤职工的医疗（康复）票据、病历、费用清单、处方及检查报告，经同意的"工伤职工转诊转院申请表"，省、自治区、直辖市社会保险经办机构规定的其他资料。

②辅助器具配置审核。工伤职工申请配置（更换）辅助器具，应提供以下资料：已通过资格审核和验证的"工伤职工配置（更换）辅助器具申请表"，劳动能力鉴定结论，配置辅助器具确认书，辅助器具配置票据，省、自治区、直辖市社会保险经办机构规定的其他证件和资料。

③伤残待遇审核。社会保险经办机构待遇审核部门受理工伤职工伤残待遇申

请，需要审核以下资料：已通过资格审核与验证的"工伤职工伤残待遇申领表"；劳动能力鉴定结论；省、自治区、直辖市社会保险经办机构规定的其他资料。

④工亡待遇审核。职工因工死亡，社会保险经办机构待遇审核部门受理工亡待遇申请，并审核以下资料：工伤认定结论；死亡证明；省、自治区、直辖市社会保险经办机构规定的其他资料。申请领取供养亲属抚恤金的，应提供以下资料：居民身份证原件及复印件；与工亡职工关系证明；依靠工亡职工生前提供主要生活来源的证明；完全丧失劳动能力者提供劳动能力鉴定结论书；孤儿、孤寡老人提供民政部门相关证明；在校学生提供学校就读证明；无法提供证明的签署相关承诺书等。

3）待遇发放。由工伤保险业务经办部门将工伤待遇核定结果通知申请工伤待遇的用人单位或工伤职工、供养亲属，履行告知义务。定期待遇按月发放，工伤医疗费等一次性待遇按当地规定期限发放。

（3）工伤就医咨询服务。服务对象申请办理工伤就医有关手续，需要告知以下工作要点。

1）住院备案。由用人单位、工伤职工或其近亲属通过全省统一的工伤保险业务经办系统进行网上报备。

2）医疗费用报销。用人单位申报医疗费用，填写"工伤医疗待遇申请表"并提供以下资料：医疗机构出具的伤害部位和程度的诊断证明；工伤职工的医疗票据、病历、清单、处方及检查报告；省、自治区、直辖市社会保险经办机构规定的其他证件和资料。

3）门诊医疗费。工伤职工因工伤进行门（急）诊诊疗时，工伤保险协议医疗机构应严格遵守工伤保险的三个目录（工伤保险诊疗项目目录、工伤保险药品目录、工伤保险住院服务标准）。治疗结束后工伤职工只需要结算自付部分，其余医疗费用由当地社会保险经办机构与工伤保险协议医疗机构统一结算。

3. 常见问题及其处理

（1）问题：职工发生工伤后，如不能及时申请工伤认定，就无法享受工伤相关待遇。特别是对一些轻伤人员，用人单位不太重视，职工个人也不知晓维权的正常渠道。

处理建议：劳动保障协理员要对前来咨询工伤业务的人员讲清政策和经办流程，引导工伤人员维护自己的权益。

（2）问题：职工如果发生交通事故，是否能申请工伤保险待遇的问题。

处理建议：依据《工伤保险条例》第十四条规定：职工在上下班途中，受到非本人主要责任的交通事故或者城市轨道交通、客运轮渡、火车事故伤害的，应当认定为工伤。依据《工伤保险经办规程》相关规定，属于交通事故或者城市轨道交通、客运轮渡、火车事故的，工伤保险经办机构审核工伤待遇时，职工除提供正常的申请工伤待遇相关资料外，还需提供相关的事故责任认定书、事故民事赔偿调解书。工伤保险经办机构业务部门根据民事伤害赔偿法律文书确定的医疗费与工伤待遇中的医疗费比较，不足部分予以补足，其工伤医疗待遇不得重复享受。

三、注意事项

1. 注意沟通方法

由于工伤人员因工作相关事故受到伤害，往往伴随情绪波动，可能产生过激反应，劳动保障协理员在此情况下应以耐心、细致的态度与之进行沟通与交流，确保为工伤人员提供充分的关怀与支持。

2. 注意办事时限

关于工伤报备、工伤认定都有较为严格的时限规定，劳动保障协理员需要提醒服务对象务必在申请时效内按要求提交申请，避免因为超过时限给后续办理工作造成困难。

 **相关链接**

认定工伤的规定

1. 认定工伤的情形。职工有下列情形之一的，应当认定为工伤。

（1）在工作时间和工作场所内，因工作原因受到事故伤害的。

（2）工作时间前后在工作场所内，从事与工作有关的预备性或收尾性工作受到事故伤害的。

（3）在工作时间和工作场所内，因履行工作职责受到暴力等意外伤害的。

（4）患职业病的。

（5）因公外出期间，由于工作原因受到伤害或者发生事故下落不明的。

（6）在上下班途中，受到非本人主要责任的交通事故或者城市轨道交通、客运轮渡、火车事故伤害的。

(7)法律、行政法规规定应当认定工伤的其他情形。

2. 视同工伤的情形。职工有下列情形之一的,视同工伤。

(1)在工作时间和工作岗位,突发疾病死亡或者在48小时之内经抢救无效死亡的。

(2)在抢险救灾等维护国家利益、公共利益活动中受到伤害的。

(3)职工原在军队服役,因战、因公负伤致残,已取得革命伤残军人证,到用人单位后旧伤复发的。

职工有上述第一、第二项情形的,按照规定享受工伤保险待遇;职工有上述第三项情形的,按照规定享受除一次性伤残补助金以外的工伤保险待遇。

学习单元2　指导服务对象利用线上平台办理工伤保险申领

一、做好学习前的准备

1. 概念

指导服务对象利用线上平台办理工伤保险申领是指劳动保障协理员能够熟练掌握工伤保险线上平台办理要领,熟练掌握线上平台可以办理的具体事项,针对服务对象的实际需求,指导服务对象利用线上服务平台办理工伤保险业务。

2. 作用

做好指导服务对象利用线上平台办理工伤保险申领工作主要包括以下两个方面的作用。

(1)方便工伤人员办理和查询工伤业务。随着各地工伤保险经办系统的推广使用,工伤人员可通过线上平台查询相关工伤业务的办理方式和进度,极大方便了工伤人员办事,实现了少跑路甚至不跑路的目的。

(2)提高工伤保险经办效率。工伤保险经办系统中能够实现网上经办的业务逐步增多,如工伤事故备案、就医申报、工伤认定(劳动能力鉴定)结果查询、工伤待遇申领、辅助器具配置、工伤康复等,大幅缩短了经办周期和时间,提高了工作效率。

3. 规范要求

为进一步做好指导服务对象利用线上平台办理工伤保险申领工作，应做到以下两点工作要求。

（1）耐心细致。在服务对象通过线上途径办理事务时，可能会遭遇诸多困难，致使事务处理过程受阻。为确保服务的顺畅进行，劳动保障协理员应展现充分的耐心，并提供必要的指导和帮助。

（2）注意保密。劳动保障协理员在指导服务对象办理业务过程中，对于涉及的年龄、住所、就医、康复等隐私信息，要注意保密，不能泄露给其他人员，给服务对象造成不必要的困扰。

4. 相关知识

（1）工伤保险信息化的概念。工伤保险信息化是指充分利用计算机网络系统，建立工伤保险网上业务经办系统，实现工伤保险业务全流程信息化，促进工伤保险网上业务办理一体化，逐步取消手工操作，提升工伤保险管理服务效能，为工伤保险参保人和参保单位提供便利。

（2）工伤保险线上服务平台建设的原则。国家全面推进工伤保险信息化，坚持省级统筹立项建设、整合集中部署，整体推进社会保险信息系统省级集中建设；坚持统筹兼顾、分步实施，分内容分阶段推进工伤保险相关信息系统建设；坚持取消手工和脱机操作，实现工伤保险业务全流程信息化，强化内控管理；坚持标准统一、共享协同，实现工伤保险与相关信息系统之间的信息共享和业务协同，推进工伤保险网上业务办理"应上尽上"。

二、掌握服务操作要领

1. 操作流程

（1）了解服务对象需求。劳动保障协理员通过交流沟通，查验相关证件、材料，了解服务对象的具体情况，准确掌握服务对象的具体需求。

（2）选择线上办理平台。除了国家统一构建的服务平台，如"12333"人力资源社会保障服务热线及国家政务服务平台外，各地亦普遍建立了具备各自特色的工伤保险在线办理平台。服务对象可以针对不同的业务需求，需选择相应的平台进行办理，部分业务甚至可在多个平台上完成。因此，劳动保障协理员应全面熟悉并掌握各在线办理平台的功能特性，以便有效地指导服务对象选择最为合适的线上办理平台。

（3）指导登录线上服务平台。线上服务平台通常要求服务对象提供居民身份证、社会保障卡等具备法律效力的身份证明文件，以确保服务对象的身份得以验证。劳动保障协理员应严格遵循各线上办理平台的具体要求，根据系统提示指导服务对象登录线上服务平台。

（4）办理工伤保险业务。劳动保障协理员应严格遵循既定程序和要求，引导服务对象进行具体事项的办理。对于服务对象在操作过程中遇到的困惑或不解，劳动保障协理员需提供必要的协助。若遇线上平台无法办理的情形，劳动保障协理员需指导服务对象前往对应的经办窗口，以现场办理方式完成业务处理。

2. 操作技巧

（1）熟练掌握就医申报的要点

1）职工发生工伤后，应使用社会保障卡在工伤保险协议机构进行治疗，情况紧急时可以先到就近的医疗机构急救。职工在统筹地区以外发生工伤的，应优先选择事故发生地工伤保险协议机构治疗，用人单位要及时向业务部门报告工伤职工的伤情及救治医疗机构情况，并待伤情稳定后转回统筹地区工伤保险协议机构继续治疗，由用人单位、工伤职工或其近亲属通过全省统一的工伤保险业务经办系统进行网上报备。

2）工伤职工因工伤进行门（急）诊或住院诊疗时，工伤保险协议机构应严格遵守工伤保险诊疗项目目录、工伤保险药品目录、工伤保险住院服务标准。

3）工伤职工因旧伤复发需要治疗的，在工伤保险业务经办系统填写"工伤职工旧伤复发治疗申请表"，由就诊的工伤保险协议机构提出工伤复发的诊断意见，经业务部门核准后到工伤保险协议机构就医。对旧伤复发有争议的，由劳动能力鉴定委员会确定。

4）居住在统筹地区以外的工伤职工，经统筹地区劳动能力鉴定委员会鉴定或者经统筹地区社会保险行政部门委托居住地劳动能力鉴定委员会鉴定需要继续治疗的，工伤职工本人应在居住地选择县级以上工伤保险协议机构进行治疗。同时，登录工伤保险经办系统填报"工伤职工异地居住就医申请表"并经过业务部门批准。

5）工伤职工因伤情需要到统筹地区以外就医的，在工伤保险业务经办系统填写"工伤职工转诊转院申请表"，由经办机构指定的工伤保险协议机构提出意见，报业务部门批准。

（2）熟悉工伤事故备案的要点

1）职工发生事故伤害，用人单位可通过电话、传真、网络等方式及时向业务部门进行工伤事故备案，并根据事故发生经过和医疗救治情况，填写"工伤事故备案表"。

2）职工发生事故伤害或按照职业病防治法规定被诊断、鉴定为职业病，经社会保险行政部门认定工伤后，用人单位应及时在工伤保险业务经办系统填写"工伤职工登记表"，并提供居民身份证原件及复印件、认定工伤决定书、工伤职工停工留薪期确认通知等证件和资料。

3）工伤职工经劳动能力鉴定委员会鉴定伤残等级或护理等级后，用人单位应在工伤保险业务经办系统办理劳动能力鉴定登记，提供劳动能力鉴定结论书等证件和资料。

4）业务部门通过系统上报资料核查工伤职工的参保缴费情况，审核用人单位提供的证件与资料，核对工伤认定事实与事故备案是否相符，对符合相关条件的职工确认领取工伤待遇资格，进行工伤登记。

5）工伤职工因转移、解除或终止劳动关系，工伤保险关系发生变动而变更工伤登记，相关用人单位在工伤保险业务经办系统填写"工伤保险关系变动表"并提供相关证明资料。

（3）熟悉工伤认定、劳动能力鉴定等结果网上查询的方法。工伤职工在完成前期的工伤认定和劳动能力鉴定申请相关工作后，可在规定办理期限内在工伤保险业务经办系统中查询工伤认定和劳动能力鉴定结果。

3. 常见问题及其处理

（1）问题：长期异地居住的工伤职工旧伤复发，如何在异地进行就医备案的问题。

处理建议：对于长期异地居住的工伤职工，需在参保地完成异地长期居住登记手续。若需进行工伤就医治疗，无需返回参保地进行就医备案，可选择通过工伤保险经办系统、政务服务网进行备案，或利用App、小程序、服务电话进行备案。在完成备案手续后，应按照异地居住就医的相关规定进行治疗，治疗完成后，可借助工伤保险业务经办系统办理报销手续。

（2）问题：行动困难的工伤职工如何查询工伤认定和劳动能力鉴定办理结果的问题。

处理建议：工伤职工可以通过单位工伤保险经办人员登录本地工伤保险经办

系统进行办理结果查询,也可以通过本社区劳动保障协理员登录本地工伤保险经办系统进行结果查询。

(3)问题:职工遭遇工伤如何选择医疗机构的问题。

处理建议:职工遭遇工伤需要急救时,可就近选择医疗机构进行紧急伤情处理,待病情稳定后再转至工伤保险协议医疗机构,因急诊急救所产生的工伤医疗费用可从工伤保险基金中支付。

三、注意事项

1. 定期备份信息

网上经办过程中会产生大量数据和信息,要做好定期备份工作,防止出现断电、数据覆盖等现象导致信息数据丢失。

2. 定期更换登录密码

为保护参保人、参保单位信息不泄露,保证网上经办信息数据安全,劳动保障协理员需要定期更换登录密码。

3. 及时处理垃圾信息

对于网上经办过程中产生的重复或者错误的无效数据、垃圾信息,劳动保障协理员应做到及时处理,避免因长时间未处理与正确信息交叉,造成不良后果。

思考题

1. 提供工伤认定咨询服务过程中需要注意的事项有哪些?
2. 工伤待遇审核主要包括哪些项目?
3. 办理工伤保险服务的线上平台有哪些?
4. 参保人员发生工伤事故后如何进行就医申报?

培训课程 4 医疗保险服务

学习目标

1. 能提供城乡居民医疗保险参保服务内容、服务流程等方面的咨询服务。
2. 能指导服务对象申领医保电子凭证及电子社会保障卡。
3. 能收取规定服务对象的药费凭证,能操作药费报销单机版系统。
4. 能指导参保人员按规定通过线上平台申请异地就医手续。

学习单元 1　提供城乡居民医疗保险咨询服务

一、做好学习前的准备

1. 概念

提供城乡居民医疗保险咨询服务是指劳动保障协理员应熟悉城乡居民医疗保险参保政策,在接待前来办事人员或通过电话咨询城乡居民医疗保险业务过程中,能熟练提供城乡居民各类人员的参保条件、服务流程等方面的咨询服务,帮助解决服务对象遇到的实际困难和问题,引导参保人员进行参保缴费的系列工作。

2. 作用

提供城乡居民医疗保险咨询服务主要包括以下两个方面的作用。

(1) 便于解答服务对象提出的问题。城乡居民医疗保险的参保群体庞大且多样化,人员结构复杂。在参保手续办理过程中,参保人员常常会遇到一些疑问,如所需办理的具体手续、办理地点、办理时间、缴费方式等。为了解答这些疑问，劳动保障协理员需要提供及时、准确的答复，以消除参保人员的疑虑，确保他们能够顺利、高效地完成参保手续。

（2）便于做好医疗保险政策宣传。医疗保险政策相对较多，变化也比较快，不少居民理解不深不细，甚至有时存在误解，劳动保障协理员需要引导参保对象正确认识、理解城乡居民医疗保险政策，看到医疗保险可能带来的福利，积极参保缴费，早日享受医疗保险待遇。

3. 规范要求

为进一步做好提供城乡居民医疗保险咨询服务工作，应做到以下三点工作要求。

（1）政策掌握要准确。城乡居民医疗保险在基层的工作量比较大，也是街道（乡镇）、社区（村）的重点工作。劳动保障协理员要认真学习医疗保险相关政策，吃透文件精神，正确指导服务对象参保、缴费，防止说外行话、办错误事，给参保工作造成损失或负面影响。

（2）方式方法要恰当。劳动保障协理员和服务对象交流需要注意方式方法，多换位思考，想服务对象之所想，急服务对象之所急，设身处地为服务对象着想。要善于用服务对象听得懂、愿意听的语言和服务对象交流，不打官腔，不说大话、空话，更不能欺骗服务对象。

（3）咨询服务要周到。遇到服务对象不理解政策、情绪不好等情形，劳动保障协理员要和服务对象主动沟通交流，妥善解决服务对象遇到的具体问题。不能因为忙而忽视了服务态度，激化与服务对象的关系，给工作造成不利影响。

4. 相关知识

（1）全民参保计划的要求。全民参保计划是依据社会保险法等法律法规规定，以社会保险全覆盖为目标，通过信息比对、入户调查、数据集中管理和动态更新等措施，对各类群体参加社会保险情况进行记录、核查和规范管理，从而推进职工和城乡居民全面、持续参保的专项行动。全民参保计划的目标是实现法定人群全覆盖。要求各级医疗保险管理部门不断完善与本地区公安、民政、人力资源社会保障、卫生健康、退役军人、市场监管、税务、教育、残联、乡村振兴等部门的数据共享交换机制，加强人员信息比对和共享，核实断保、停保人员情况，精准锁定未参保人群，形成本地区全民参保计划库。根据本地区常住人口、户籍人口、就业人口、城镇化率等指标，依托医保信息平台，科学合理确定年度参保扩面目标。

（2）定点医疗机构和定点零售药店。基本医疗保险实行定点医疗机构和定点零售药店管理。定点医疗机构和定点药店的布局和管理，直接关联到参保人员的切身利益，是医疗保险工作的重点管理环节，是参保人员普遍关心关注的问题。

定点医疗机构是指经统筹地区医疗保障行政部门审查，并经医疗保险经办机构确定的，为基本医疗保险参保人员提供医疗服务的医疗机构。分为省、市、县、街道（乡镇）、社区（村卫生服务站）五级，各统筹地区医疗保险经办机构分别负责确定、管理本统筹地区定点医疗机构。

定点零售药店是指经统筹地区医疗保障行政部门审查，并经医疗保险经办机构确定的，为基本医疗保险参保人员提供处方外配服务的零售药店。处方外配是指参保人员持定点医疗机构就医后，持医师开具的药方在定点零售药店购药的行为。

二、掌握服务操作要领

1. 操作流程

（1）热情接待。服务对象前来办理或电话咨询城乡居民医疗保险业务，劳动保障协理员应当按照服务规范，热情主动接待，引导服务对象到指定窗口或办公场所按流程办理。

（2）了解具体情况。劳动保障协理员应当积极与服务对象建立有效沟通，细致了解服务对象所需办理的具体事务，进而提供相关政策解读和办事流程的详细说明，以确保服务的准确性和高效性。

（3）提供咨询服务。对服务对象咨询的问题按政策和流程进行梳理，逐项予以解答，属于政策范围内的，积极给予引导和帮助，不属于政策范围内的诉求，进行细心地解释。对于服务对象常见的问题，劳动保障协理员应进行归纳整理，形成规范答复意见，确保咨询服务准确、高效。

（4）做好跟踪服务。城乡居民参加基本医疗保险，是街道（乡镇）、社区（村）的重点工作，要求无死角、无遗漏。劳动保障协理员对咨询参保的服务对象，要进行跟踪服务，确保问题落实到位。

2. 常见问题及其处理

（1）问题：一些特殊群体如何参保的问题。

处理建议：我国针对特殊群体的参保问题，已制定并实施了一系列相关政策。

对于灵活就业人员，他们可根据自身实际情况，选择适当的方式参与职工基本医疗保险或城乡居民基本医疗保险。为更好地满足灵活就业人员的需求，国家持续优化和完善参保缴费方式，并放宽了对灵活就业人员参保的户籍限制。

同时，为减轻特定困难群体的经济负担，我国实施了对符合条件的困难人员（包括农民工、城乡居民、残疾人、灵活就业人员、生活困难人员等）的居民医保个人缴费补贴政策。此外，新就业形态劳动者也被纳入医疗保障体系中，他们既可以选择参加城乡居民基本医疗保险，也可以以灵活就业人员身份参与职工基本医疗保险。

（2）问题：参保需要提供哪些资料的问题。

处理建议：城乡居民在参保时，需准备并提交本人居民身份证原件及复印件、户口簿以及近期免冠照片。全日制在校学生（涵盖中小学、中等职业学校及技工学校），应由学校统一提供其学籍证明、户籍证明及所需照片。城镇低保人员、丧失劳动能力的重度残疾人员及低收入家庭中 60 周岁以上的成员，须额外提供由民政部门或残联出具的低保证明、城市居民最低生活保障金领取证、残疾证及其他相关证明材料。

三、注意事项

（1）劳动保障协理员在回答问题时，应确保有理有据、严谨规范，且严格遵循相关政策规定。应避免含糊其词、模棱两可的表述，更不能出现答复错误的情况，以免在具体办事环节中产生争执和矛盾。

（2）在接待老年人、残疾人等特殊群体时，劳动保障协理员应实施一系列便民、利民的服务措施，以确保这些群体能够享受到更加周到、细致的服务。

学习单元 2　指导申领医保电子凭证及电子社保卡

一、做好学习前的准备

1. 概念

指导申领医保电子凭证及电子社保卡是指劳动保障协理员应熟悉医保电子凭

证及电子社保卡的相关知识，熟悉办理医保电子凭证及电子社保卡的渠道和程序，对前来申领医保电子凭证及电子社保卡的人员，根据其身份类别，按照政策规定，指导其办理医保电子凭证及电子社保卡，方便参保人员办事和享受医疗保险有关待遇的系列工作。

2. 作用

做好指导申领医保电子凭证及电子社保卡工作主要包括以下两个方面的作用。

（1）能引导参保人员正确认识医保电子凭证及电子社保卡。社会保障卡、医保电子凭证和电子社保卡，其功能虽各有不同但又有交集，容易导致参保人员在应用时出现混淆，劳动保障协理员需为参保人员提供明确且专业的指导。

（2）能帮助参保人员申领医保电子凭证及电子社保卡。对于部分特殊群体或个体而言，在申领医保电子凭证及电子社保卡的过程中可能会遇到一些困难，劳动保障协理员应主动承担起协助与引导的职责，协助参保人顺利获取并使用医保电子凭证及电子社保卡。

3. 规范要求

为进一步做好指导申领医保电子凭证及电子社保卡工作，应做到以下两点工作要求。

（1）发放准确。社会保障卡、医保电子凭证以及电子社保卡都是与参保人员一一对应的，办理过程中必须确保准确无误。若发生任何错误，后续更正流程相对烦琐。

（2）保证安全。社会保障卡、医保电子凭证、电子社保卡与医疗保险基金支出相关联，在实际工作中应注意遵守工作规范，杜绝在申领、发放及后续管理等环节的安全隐患。

4. 相关知识

（1）社会保障卡在医疗保险中的用途。社会保障卡在医疗保险中主要有存储个人账户资金、定点药店购药、门诊就医、住院就医、异地结算、信息查询等用途。随着医疗保险工作的开展，各地也出现了一些新开发的用途，劳动保障协理员要注意收集。

（2）医保电子凭证在医疗保险中的用途。医保电子凭证由国家医保信息平台统一生成，标准全国统一，跨区域互认。参保人可以在全国已上线医保电子凭证的地区办理有关医保业务。

参保人员在定点医疗机构就医或结算时，展示医保电子凭证二维码，医疗机构可以扫码识别参保人员身份，办理就医或结算手续。参保人员凭医保电子凭证可在跨省联网定点医药机构就医、购药，只需结清应由个人负担的费用，应由医保基金支付的费用由就医地经办机构与定点医药机构按医保服务协议结算。拥有医保电子凭证意味着参保人员就医购药无需再携带实体卡，刷一刷医保电子凭证就能轻松结算。不管是挂号、看病、买药，还是医保查询、参保登记、报销支付，一张电子凭证，就能办理相关医保业务。

（3）电子社保卡在医疗保险中的用途。电子社保卡是社会保障卡的有效电子凭证，与实体社会保障卡一一对应，由人力资源社会保障部统一管理。与实体社会保障卡一样，电子社保卡全国统一、全国通用，具有身份凭证、信息记录、自助查询、医保结算、缴费及待遇领取、金融支付等功能。

电子社保卡在医疗保险工作中陆续应用，并重点推进了一系列线上业务功能，如在线查询医保权益记录、在线就医购药的支付结算以及在线办理参保缴费等事务。

二、掌握服务操作要领

1. 操作流程

（1）申请医保电子凭证的程序。医保电子凭证可通过国家医保服务平台、微信、支付宝、银行等渠道申领。申领人员需要参加基本医疗保险并通过实名、实人认证。银行渠道申领医保电子凭证须是手机银行 App 的用户。通过国家医保服务平台申领程序如下。

1）下载应用。在应用市场搜索"国家医保服务平台" App 下载安装。

2）注册医保电子凭证。进入国家医保公共服务平台 App 注册界面，按提示填写姓名、证件号码、证件有效期、密码等信息。如系统验证无误，即注册成功。若申领医保电子凭证失败，需要通过人工服务渠道进行咨询。

3）登录。注册成功后，可直接登录。证件号码即医保电子凭证号码。当用户在手机上成功登录后，再次启动国家医保公共服务平台 App 时，系统将自动显示医保电子凭证。

（2）绑定医保亲情账户的程序。亲情账户是一种便捷的服务，它允许医保账户持有人为其家庭成员创建子账户。成功添加亲情账户后，持有人可以在获得家庭成员授权的情况下，代为使用医保电子凭证的相关功能，如查询家庭成员的年度医疗费用情况。对于家中有老人和儿童的情况，通过绑定亲情账户，可以帮助他们激活医保电子凭证。在老人和儿童就医时，持有人可以使用手机展示家庭成员的医保电子凭证，以便于办理看病、取药等手续，并且可以查询家人的医疗费用明细。

1）在应用市场搜索"国家政务服务平台"，下载安装并激活医保电子凭证。

2）在"国家政务服务平台"App中，点击底部的"我的"菜单，进入个人中心页面，在"我的家庭成员"板块，点击"+"图标，根据指引操作添加亲情账户。

3）选择合适的绑定方式。在进行绑定操作时，可以根据系统提示选择使用居民身份证号或者其他方式进行绑定。若被绑定人尚未办理居民身份证或其他相关证件，但持有其他有效证件号码，也可按照系统提示完成绑定流程。特别需要注意的是，若被绑定人年龄超过16周岁，为确保绑定操作的合法性与真实性，系统将要求被绑定人本人进行人脸识别，认证通过后方可成功完成绑定操作。

4）上传信息。使用居民身份证号绑定亲情账户时，应准确输入家庭成员的姓名和居民身份证号码，并选择与家庭成员的关系。确认所有信息填写无误后，点击相机图标，根据页面上的示例，上传个人承诺书和户口簿的正面与反面照片。若使用出生医学证明绑定亲情账户，应按照提示准确填写新生儿母亲的姓名、居民身份证号码以及出生医学证明的编号。随后，根据指引进入查询结果页面，仔细核对出生医学证明的查询结果是否准确。确认信息无误后，进行新生儿母亲的人脸识别验证流程。

5）查看结果。人脸识别验证成功后，即亲情账户绑定成功。用户可以在"国家政务服务平台"App的个人中心页面，进入"我的家庭成员"版块查看和管理已添加的家庭成员信息。

（3）申请电子社保卡的程序。在社会保障卡持卡人允许的前提下，电子社保卡可以在经过正规安全认证的各类应用程序中领取和使用，如人力资源社会保障部门官方应用程序、各大商业银行提供的应用程序以及合法的第三方支付平台应用程序等。通过电子社保卡App申领程序如下。

1）在应用市场搜索"电子社保卡"App下载并安装。

2）进入"电子社保卡"App注册界面，根据屏幕上的提示输入姓名、社会保障卡号等相关信息，完成注册流程。一旦信息填写正确并提交，注册即可成功。如果申领失败，可以联系人工客服进行咨询。注册成功后，可直接登录。

2. 常见问题及其处理

（1）问题：医保电子凭证密码在不同渠道是否通用的问题。

处理建议：在某一渠道激活医保电子凭证，设置的密码在其他渠道是通用的。医保电子凭证需要修改、重置密码时，可以在任一官方授权渠道输入原密码后修改或重置密码。

（2）问题：如何解除亲情账户的问题。

处理建议：需要解除亲情账户时，需要登录到相应的平台或应用，进入个人中心页面，寻找与"我的家庭成员"或"亲情账户"相关的管理选项，查看关联的所有亲情账户。点击想要解绑的亲情账户，进入解绑页面，勾选任一解绑方式，即可解绑选择的亲情账户。

三、注意事项

（1）参保人可根据个人使用需要，自愿激活医保电子凭证。选用医保电子凭证还是使用实体社会保障卡由参保人自己决定，不会影响医保待遇。

（2）办理医保相关业务的平台现在有很多，但办理关联亲情账户业务只能在国家政务服务平台上进行。

（3）在社会保障卡挂失或补换卡期间，医保电子凭证还能继续使用。

学习单元3　收取规定服务对象的医药费凭证与操作医药费报销单机版系统

一、做好学习前的准备

1. 概念

收取规定服务对象的医药费凭证与操作医药费报销单机版系统是指劳动保障协理员对参保人员提出的医疗药费报销申请，能够按照医疗保险政策规定进行甄别，收取符合政策规定的医药费凭证及相关佐证资料，录入医药费报销单机版系统，并提供审核的系列工作。

2. 作用

做好收取规定服务对象的医药费凭证与操作医药费报销单机版系统工作主要

包括以下两个方面的作用。

（1）有利于服务对象了解医疗保险报销政策。参保人员在就医购药过程中产生的医疗药费，部分属于政策范围内可报销的项目，而部分则不在此范围内。劳动保障协理员在此过程中需充分发挥其职责，协助参保人员全面理解医疗保险报销政策，确保参保人员能够依据政策规定进行就医购药行为。

（2）有利于掌握甄别医药费凭证的要领。医药费凭证种类较多，比较复杂，有时还会出现假凭证，需要劳动保障协理员熟悉医药费凭证种类，掌握验证的方法。

3. 规范要求

为进一步做好收取规定服务对象的医药费凭证与操作医药费报销单机版系统工作，应做到以下三点工作要求。

（1）政策掌握准确。医药费报销关系参保人员的切身利益，对于参保人个人而言，总希望能够获得更多的报销额度。然而，作为劳动保障协理员，必须坚守政策规定的界限，确保报销金额既不超出规定，也不因疏忽而少报。

（2）注意沟通技巧。在医药费报销的流程中，在收取医药费凭证这一环节会直接与服务对象进行交流，因此也容易产生意见分歧。作为劳动保障协理员，在操作过程中应尽量不触及参保人员的个人隐私，防止不愉快场面的发生。若遇到无法报销的医药费凭证，应以耐心、细致的态度向服务对象解释原因，并力求获得其理解与支持。

（3）增强风险意识。医药费凭证被提交至医疗保险经办机构后，将直接用于医疗保险基金的支出。为确保医疗保险基金的安全和有效使用，劳动保障协理员必须严格遵循政策规定，坚持执行核查程序。

4. 相关知识

（1）医药费凭证的概念。医药费凭证是指参保人员在就医、购药过程中，医疗机构、药店等医药机构开具的有效付费凭证，多为税务、财政等行政部门监制的收据。现阶段，电子凭证也得到了广泛使用。

（2）城乡居民医疗保险待遇相关政策。城乡居民医疗保险待遇主要包括普通门诊医疗待遇、门诊慢性病医疗待遇、住院医疗待遇等。

普通门诊医疗待遇由统筹地按照当地人均缴费额的一定比例，建立门诊统筹基金，主要用于参保居民在基层定点医疗机构发生的普通门诊医疗费用。暂不具备建立门诊统筹制度条件的，可采取家庭账户（个人账户）方式支付普通门诊医疗费用，逐步过渡到门诊统筹。

门诊慢性病医疗待遇是对参保居民患特殊慢性病需治疗的，如恶性肿瘤放化疗、尿毒症透析治疗等，可申请享受门诊慢性病医疗待遇，经医疗保险经办机构组织医疗专家评审，达到享受标准的，从认定为门诊特殊慢性病之日起享受门诊特殊慢性病待遇。门诊慢性病种类和待遇水平，统筹地区根据基金支付能力合理确定，向社会公布。

住院医疗待遇是指参保居民在定点医疗机构发生的政策范围内的住院医疗费用中，起付标准以下由个人支付，起付标准以上由住院统筹基金按比例支付，额度不超过住院统筹基金年度最高限额。

（3）城镇职工医疗保险待遇相关政策。城镇职工医疗保险待遇主要包括城镇职工基本医疗保险待遇和大病保险待遇。国家公务员在参加基本医疗保险的基础上，享受医疗补助政策。

基本医疗保险待遇分为门诊医疗待遇和住院医疗待遇。门诊费用分为普通门诊费用和慢特病门诊费用，按各统筹地区具体规定给予报销。参保人员住院发生的医疗保险支付范围内的医疗费用中，起付标准以上、最高支付限额以下的部分，由统筹基金按照规定的比例给予支付。最高支付限额以上的费用按照各地大病保险规定范围的报销比例报销。

二、掌握服务操作要领

1. 操作流程

各地医疗保险信息系统普遍设计了手工报销功能模块，对符合医疗保险基金支付范围，定点医疗机构和定点零售药店未能直接结算的医药费，由经办人员进行手工报销。医药费报销单机版系统操作步骤如下。

（1）参保查询。劳动保障协理员在受理服务对象医药费报销申请时，需要查询服务对象的参保信息，核实服务对象是否为参保人员，申请报销的医药费是否符合医疗保险政策规定，是否按规定履行了审批程序。

（2）审查。劳动保障协理员对服务对象提交的医药费凭证进行审查，将符合报销政策的医药费凭证筛选出来。将不符合报销政策的医药费凭证退回服务对象，并做好解释说明。

（3）信息录入。劳动保障协理员将符合报销政策的医药费凭证，连同医药费明细、相关佐证材料、社会保障卡账号或银行卡账号等，按操作规范逐项录入系统。可以手工录入，由其他工作人员校验；也可以选用相关扫描设备录入，再由工作人员进行校验，应确保录入系统的信息和纸质缴费凭证相一致。

（4）信息报送。劳动保障协理员要及时按规定提交录入的信息，供下一个环节审核。同时，需定期对录入系统的医药费进行统计、汇总和分析。

（5）结果查询。医药费报销一般需要一个较长的过程，劳动保障协理员要跟踪关注医药费报销进度，及时为服务对象提供查询服务，帮助服务对象早日享受到待遇。

（6）建立档案。医药费原始凭证是重要的医疗保险基金支出凭证，需要长期保存。劳动保障协理员要将收取的医药费凭证按规定归集整理，存入档案，以便查阅。

2. 主要内容

劳动保障协理员对医药费凭证审查的主要内容如下。

（1）医药费凭证种类。主要包括挂号费、检查费、化验费、手术费、治疗费、住院费和药费等。若涉及交通事故造成的人身伤害时，还应包括残疾辅助器具费，因康复护理、继续治疗实际发生的必要的康复费、护理费、后续治疗费等。

（2）医疗保险的三个目录。国家对纳入基本医疗保险支付范围的药品、诊疗项目、医疗服务设施范围和支付标准进行严格规定，俗称"三个目录"，即基本医疗保险药品目录、基本医疗保险服务设施目录、基本医疗保险诊疗项目目录。

1）基本医疗保险药品目录。主要是指纳入基本医疗保险支付范围内的药品，主要分为甲类药品和乙类药品。甲类药品是由国家统一制定，在临床治疗中必须使用的药品。使用这部分药品产生的费用全部纳入报销范围。乙类药品主要是指在临床中选择性使用疗效较好的药品，这部分药品价格普遍比甲类药品高。

2）基本医疗保险服务设施目录。主要是指由定点医疗机构提供的，在诊断、治疗和护理过程中必需的生活服务设备。主要包括普通住院病床、隔离及危重患者住院病床、门（急）诊留观病床、包含在床位费当中的日常生活用品、院内运输用品等。

3）基本医疗保险诊疗项目目录。主要是指符合规定条件的各种医疗技术服务项目和采用医疗仪器、设备与医用材料进行的诊断、治疗项目。

3. 常见问题及其处理

（1）问题：一些凭证不符合相关规定或要求，不能报销。

处理建议：参保人员报销时往往把就医、购药过程中收集到各种收款凭证一并提交给经办人员，劳动保障协理员需要仔细甄别。列入医保报销范围的项目，一般应同时具备下列条件：一是属于"三个目录"范围内的项目；二是符合本地医保管理部门对报销项目的具体规定；三是与符合待遇享受条件的医疗行为密切关联；四是凭证的日期、开具凭证的单位应符合本地医保管理部门的要求。

（2）问题：医疗药费凭证造假案件时有发生，一些不法分子私自制造医疗机构住院费收据、购药收据，自己使用或变卖给参保人员套取医疗保险基金。一些医疗机构或药店开具的医疗药费凭证在数量、数额、日期等方面存在明显瑕疵，明显不符合常理。

处理建议：劳动保障协理员应当积极学习和积累相关领域的专业知识，增强辨识能力，以严谨、细致的态度严格审查医疗药费凭证，确保每一份凭证的真实性和准确性。

（3）问题：同一笔医药费在同一统筹地区或不同统筹地区按医疗保险政策进行报销。

处理建议：同一笔医药费在同一统筹地区或不同统筹地区按医疗保险政策进行报销将构成重复报销，属于重复享受待遇。医疗保险制度与商业保险同时报销，不属于重复享受待遇。重复报销是严重的违法违规行为，是重点打击的骗保行为。

三、注意事项

1. 要注意预防风险

医药费报销直接关联到医疗保险基金支出，涉及较大的工作风险。因此，劳动保障协理员要熟悉政策，熟悉"三个目录"，严格遵循既定的工作流程，不得有丝毫的疏忽和轻率，更需坚决杜绝任何形式的徇私舞弊行为。

2. 要注意积累工作经验

收取服务对象医药费凭证是一项相对复杂的工作，劳动保障协理员在日常工作中要注意积累医药费凭证的种类、医药费明细的常规要求、常规药品和服务项目的价格，以便审查时校验真伪。一旦察觉医药费凭证存在任何异常或不符合常规之处，要及时通过电话、网络等途径进行核实，不给不法分子可乘之机。

3. 提高工作效率

在处理服务对象的手工医药费报销事宜时，由于涉及的资金均为服务对象自行垫付，因此期望能够尽快完成报销流程。劳动保障协理员在坚守严格审查的原则下，也应理解服务对象的心情和需求，注重提升办事效率，积极回应服务对象关切的问题。

学习单元4　指导参保人员按规定通过线上平台申请异地就医手续

一、做好学习前的准备

1. 概念

指导参保人员按规定通过线上平台申请异地就医手续是指对政策规定清晰，符合异地转诊就医条件的参保人员，如异地安置退休人员、异地长期居住人员、常驻异地工作人员等长期在参保地外工作、居住、生活的人员，指导其通过国家医保服务平台、国家政务服务平台、国务院客户端小程序、医保电子凭证等线上途径办理异地就医备案手续，方便参保人员办事，减轻线下办理压力的系列工作。

2. 作用

指导参保人员按规定通过线上平台申请异地就医手续主要包括以下两个方面的作用。

（1）有助于为异地长期居住的参保人员提供就医便利。指导参保人员按规定通过线上平台申请异地就医手续，能方便符合条件的参保人员异地转诊就医，节约办事时间，提高办事效率。

（2）有利于提高经办机构的服务能力。指导参保人员通过线上平台办理异地就医手续，使其掌握线上平台办理的要领，能够大大降低线下办理数量，将窗口办理资源留给较为复杂的事项。

3. 规范要求

为进一步做好指导参保人员按规定通过线上平台申请异地就医手续工作，应做到以下两点工作要求。

（1）简化办理流程。设计清晰、直观的申请流程图和操作指南，确保参保人员能够一目了然地了解整个申请过程，减少因操作不当或信息不明确而导致的重复申请或错误申请。

（2）缩短办理时限。线上办理异地就医手续往往需要后台进行审批，劳动保障协理员接到线上提交的申请后，要尽快审批，不能超过承诺的办理时限。

4. 相关知识

（1）异地就医的概念。异地就医是指基本医疗保险参保人员在参保关系所在省、自治区、直辖市以外的定点医药机构发生的就医、购药行为。

参保人员就医需要按照参保地的就医政策规定，办理就医手续，否则，就有可能出现垫付资金、不能报销或报销比例降低等情形，增加参保人员的经济负担。因病情需要转往外地定点医疗机构时，必须办理转诊转院审批手续。

（2）异地就医备案的范围。对参加基本医疗保险的下列人员，可以申请办理异地就医，并可直接结算医疗费用。

1）跨省异地长期居住人员，包括异地安置退休人员、异地长期居住人员、常驻异地工作人员等长期在参保省、自治区、直辖市以外工作、居住、生活的人员。

2）跨省临时外出就医人员，包括异地转诊就医人员，因工作、旅游等原因异地急诊抢救人员以及其他跨省临时外出就医人员。

二、掌握服务操作要领

1. 操作流程

（1）询问具体情况。劳动保障协理员应了解参保人员通过线上平台申请异地就医手续过程中遇到的具体困难和问题。对来到窗口咨询的，要热情接待；对电话咨询的，要仔细询问，耐心倾听，从而掌握参保人员的具体情况和遇到的问题。

（2）确定实际问题。参保人员经常遇到的问题包括不了解异地就医的政策规定、不了解异地就医的待遇变化、不了解异地就医申报的渠道、不了解需要提供的材料、不会操作线上平台等，劳动保障协理员应在日常工作中注意积累这方面的知识和技能。

（3）提供指导服务。参保人员需要到参保地之外的地区就医时，参保地经办机构按规定为参保人员办理登记备案手续。对属于办理范围内的，按政策和流程予以解答，积极给予指导和帮助；不属于办理范围内的诉求，按政策规定给予解释和引导。对不了解线上平台或操作遇到困难的人员，要耐心介绍操作要点和注意事项，必要时可帮助参保人员操作，直到办结为止。线上平台无法办理时，要及时引导参保人员通过窗口办理。

2. 操作技巧

（1）掌握异地就医申报的渠道。参保人员可在参保地经办机构窗口、指定的线上办理渠道或国家医保服务平台 App、国务院客户端小程序等多种渠道申请办理登记备案手续。通过全国统一的线上备案渠道申请办理登记备案的，原则上参保地经办机构应在两个工作日内办结。有条件的地区，可为参保人员提供即时办理、即时生效的自助备案服务。

（2）掌握异地就医备案的有效期限。跨省异地长期居住人员登记备案后，未申请变更备案信息或参保状态未发生变更的，备案长期有效；参保地设置变更或取消备案时限的，按参保地规定执行，原则上不超过 6 个月。跨省临时外出就医人员备案后，有效期原则上不少于 6 个月。有效期内可在就医地多次就诊并享受跨省异地就医直接结算服务。

（3）熟悉办理登记备案手续需提供的材料。为了便于管理，《国家医保局 财政部关于进一步做好基本医疗保险跨省异地就医直接结算工作的通知》（医保发〔2022〕22 号），对办理登记备案手续需提供的材料做了原则性的规定。

1）异地安置退休人员需提供以下材料

①医保电子凭证、有效身份证件或社会保障卡。

②"＿＿＿＿省（区、市）跨省异地就医登记备案表"（以下简称备案表），见表 3-4-1。

③异地安置认定材料：户口簿首页和本人常住人口登记卡或个人承诺书（见表 3-4-2）。

2）异地长期居住人员需提供以下材料

①医保电子凭证、有效身份证件或社会保障卡。

②备案表。

③长期居住认定材料（居住证明或个人承诺书）。

3）常驻异地工作人员需提供以下材料

①医保电子凭证、有效身份证件或社会保障卡。

②备案表。

③异地工作证明材料（参保地工作单位派出证明、异地工作单位证明、工作合同任选其一或个人承诺书）。

4）异地转诊人员需提供以下材料

①医保电子凭证、有效身份证件或社会保障卡。

②备案表。

③参保地规定的定点医疗机构开具的转诊转院证明材料。

5)异地急诊抢救人员视同已备案。

6)其他跨省临时外出就医人员备案,需提供医保电子凭证、有效身份证件或社会保障卡,以及备案表。

表 3-4-1 　　　　省(区、市)跨省异地就医登记备案表

姓名		性别		险种	1. 职工医保 2. 居民医保
人员类别	1. 异地安置退休人员 2. 异地长期居住人员 3. 常驻异地工作人员 4. 异地转诊人员 5. 其他跨省临时外出就医人员	登记类别		1. 新增 2. 变更	
社会保障号码		社会保障卡卡号(可选)			
参保地家庭住址		异地联系地址			
联系电话1		联系电话2			
转往省(区、市)		转往地区(市、州)			
温馨提示: 1. 跨省异地就医直接结算执行就医地规定的支付范围及有关规定、参保地规定的基本医疗保险基金起付标准、支付比例、最高支付限额、门诊慢特病病种范围等有关政策。 2. 办理备案时直接备案到就医地市或直辖市。参保人员根据病情、居住地、交通等情况,自主选择就医地开通的跨省联网定点医疗机构住院就医。门诊就医时按照参保地异地就医管理要求选择跨省联网定点医药机构就诊。 3. 到海南、西藏等省级统筹的省份和新疆生产建设兵团就医的,可备案到就医省份和新疆生产建设兵团。 4. 异地急诊抢救人员视同已备案。 5. 未按规定办理登记备案手续,或在就医地非跨省定点医疗机构发生的医疗费用,按参保地现有规定执行。					
本人(被委托人)签名		填表日期			

经办机构:　　　　　联系电话:　　　　　经办人:　　　　　经办日期:

表 3-4-2 基本医疗保险跨省异地就医备案个人承诺书

姓名		性别		联系电话		
身份证件号码			参保地		就医地	
人员类别	跨省异地长期居住人员 跨省临时外出就医人员 异地安置退休人员 异地长期居住人员 常驻异地工作人员 异地转诊就医人员 其他跨省临时外出就医人员			☐ ☐ ☐ ☐ ☐ ☐ ☐		
参保地跨省异地就医备案告知书 （由参保地经办机构填写）						
承诺事项： 本人申请办理跨省异地就医备案业务，已阅读并知晓"备案告知书"所述内容，同意遵守相关规定。因个人原因无法提供异地就医备案相关证明材料，本人保证符合此业务办理条件，所述信息真实、准确、完整、有效，愿意接受信息共享查询核验，由此产生的一切经济损失和法律责任均由本人承担。 　　　　　　　　　　　　　　　　　　　　　承诺人（签名、指印）： 　　　　　　　　　　　　　　　　　　　　　　　　年　月　日						
说明	本表由参保人员填写，由医保经办部门存档，两年内不得销毁。					

3. 常见问题及其处理

（1）问题：高龄参保人员操作难的问题。

处理建议：高龄参保人员对线上办理业务普遍比较陌生，有恐惧感，甚至有抵触情绪。部分高龄参保人员使用的手机还是老年机，不具备办理线上业务的功能。劳动保障协理员要耐心指导高龄参保人员使用手机办理线上业务。

（2）问题：各地政策差异问题。

处理建议：国家对异地就医出台了相对统一的政策规定，但各地医疗保险支付能力强弱不同，管理水平差别较大，出于实际情况，各地又会制定一些具体的限制性政策，劳动保障协理员平时要多关注各地的政策调整动态，在指导办理过程中，要考虑参保地和转入地的政策差异问题。

（3）问题：在参保地和居住地反复切换的问题。

处理建议：在异地就医过程中，部分参保人员需要在参保地和居住地反复切换，其中既有治疗和生活的实际需要，也不排除参保人员在钻医疗保险政策的空子，这给经办机构管理带来了许多困难。劳动保险协理员要谨慎处理，按规定程序办事，防止骗取医疗保险基金的情况发生。

三、注意事项

（1）劳动保障协理员要熟练掌握线上办理技巧，认真倾听服务对象的服务需要，掌握服务要领，精准服务，在较短的时间内解决服务对象的具体需要。

（2）劳动保障协理员应充分考虑老年人等群体的实际困难，不得以可线上办理为由拒绝窗口受理，保障老年人等群体的基本需求。

（3）劳动保障协理员应善于接受网络时代的新鲜事物，关注国家加强政务信息有序共享，支持政务服务跨部门、跨层级办理的要求，关注医疗保险信息平台与各级政务信息服务平台的对接，掌握政务服务事项一网通办的新技术、新方法。

思考题

1. 提供城乡居民医疗保险咨询服务的操作流程有哪些？
2. 医保电子凭证和电子社保卡的用途有哪些？
3. 如何申请医保电子凭证和电子社保卡？
4. 城乡居民医疗保险待遇主要包括哪些项目？
5. 劳动保障协理员审查医药费凭证的主要内容有哪些？
6. 异地就医备案的范围包括哪些群体？
7. 参保人员申报异地就医有哪些渠道？

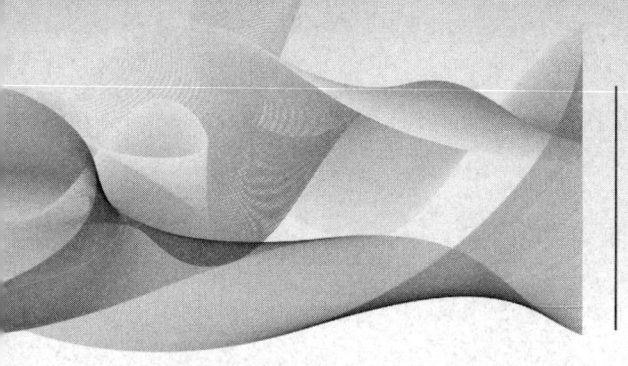

职业模块 ④
退休人员社会化服务

培训课程 1

退休人员政策法规咨询

学习目标

1. 能对退休人员来信来访进行登记和分类。
2. 能为退休人员介绍社会化管理服务项目。
3. 能为退休人员提供社会保险待遇政策咨询与查询服务。

学习单元1 对退休人员来信来访进行登记和分类

一、做好学习前的准备

1. 概念

对退休人员来信来访进行登记和分类是指退休人员以来信、来访、邮件、电话等多种形式,向社会化管理服务机构或工作人员反映问题和情况,表达意见和诉求,请求答复和解决,社会化管理服务机构按照法定方式和规定流程予以处置的服务工作。

2. 作用

做好对退休人员来信来访进行登记和分类工作主要包括以下两个方面的作用。

(1)有利于提升政务监督。退休人员通过信访,一是可以确保个人合法权益得到有效保障,获取应有的关怀和补充救济;二是通过此举推动社会化管理服务机构改进服务质量,以维护社会公共利益并保障广大公众的基本权益。

（2）有利于密切联系群众。信访服务是党凝心聚力，构建更加美好和谐社会的一项重要群众工作。做好对退休人员来信来访进行登记和分类工作有利于加强党对信访工作的全面领导，做好新时代信访工作，能够保持党和政府同群众之间的密切联系。

3. 规范要求

为进一步做好退休人员来信来访进行登记和分类工作，应做到以下两点工作要求。

（1）坚持信访优先原则。一是坚持党的全面领导，确保政治方向正确。二是坚持以人民为中心，践行党的群众路线。三是坚持党政同责、一岗双责的工作责任。四是坚持依法解决问题，依法规范信访秩序。五是坚持源头化解矛盾，将引发信访问题的矛盾纠纷化解在基层、化解在萌芽状态。

（2）做好信访监督和指导。一是做好信访工作的考核。以依法依规、就地及时解决信访问题为导向，对信访工作情况进行考核。二是做好信访工作的督办。针对办理信访事项推诿、敷衍、拖延、弄虚作假或者拒不执行信访处理意见等情形的，应当进行督办，并及时提出改进工作的建议。三是做好信访人的管理。信访机构定期或不定期开展信访工作的宣传教育，引导信访人按照规定程序、法定方式进行信访。

1）信访人实行实名制管理。任何组织和个人，不得泄露信访人隐私信息，不得打击报复信访人。

2）信访人涉嫌违法犯罪的。对于违反治安管理行为的，或者违反集会游行示威相关法律法规的，由公安机关依法采取必要的现场处置措施，给予治安管理处罚；构成犯罪的，依法追究刑事责任。

3）信访人涉嫌诬告陷害的。对于捏造歪曲事实、诬告陷害他人，构成违反治安管理行为的，依法给予治安管理处罚；构成犯罪的，依法追究刑事责任。

4. 相关知识

（1）信访人。退休人员社会化管理服务机构服务的信访人一般泛指退休人员、退休人员家属两大群体。

（2）信访形式。信访形式一般包括：网络、电话、书信、传真、来访走访等多样形式。

（3）信访部门职责。退休人员社会化管理服务机构应当设立专门的信访部门，履行下列职责：一是受理、转送、交办信访事项。二是协调督促、指导解决重要信访问题和信访事项。三是真实反映信访工作数据，分析研判信访工作形势，提供信访工作决策的参考依据；提出信访工作的改进意见或建议。四是完成交办的其他信访工作。

二、掌握服务操作要领

1. 操作流程

（1）信访登记及受理程序。一是退休人员社会化管理服务机构主动向社会公开网络信访网址、通信地址、咨询（投诉）电话、信访接待时间和地点、查询信访事项处理进展及结果等事项的流程方式。二是退休人员社会化管理服务机构主动阅办来信和网上信访、定期接待群众来访、定期走基层，积极解决群众反映强烈的信访问题。三是信访人采用书面形式提出信访事项的，应进行实名制登记、并记录联系方式。采用口头形式提出的信访，社会化管理服务机构应当如实记录，交由本人审阅并签名确认。四是退休人员社会化管理服务机构应加强信访工作信息化、智能化建设，有序推进信访信息系统互联互通、信息共享，及时将信访事项录入系统，方便信访人对办理情况进行评价和查询。

（2）信访分类及处理程序。一是信访事项能够当场处理的，应当场书面告知；不能当场处理的，应当自收到信访事项之日起15日内书面告知信访人。二是信访处理按照"诉求合理解决到位，诉求无理教育到位，生活困难帮扶到位，行为违法处理到位"的原则，有效维护正常信访秩序。三是信访事项自受理之日起，应当在规定时限内办结；情况复杂确需延长办理期限的，必须通过上一级审批，并书面告知信访人延期理由；重大、紧急的信访事项和信访信息，应当第一时间向上一级部门报告。四是信访人对信访处理意见不服的，可以依次向原办理单位提出信访复查或进一步向原办理单位的上一级提出复核，信访复查或复核单位应当及时给予书面回应。五是开展退休人员信访的实地调研走访，对生活确有困难的信访人，应当告知或依法帮助申请社会救助。

2. 操作技巧

（1）信访归类。信访归类技巧涉及信访方式、信访事项、信访人三个方面。

1）信访方式。一是书信方式，一般涉及控诉申诉、检举、救助等内容。二是电话（网络）方式，一般涉及检举等内容。三是走访方式，一般涉及控诉检举、救助等内容。

2）信访事项。一是意见建议类，二是检举控告类，三是申诉求助类。

3）信访人。一是咨询型信访。一般以了解政策方针、切身利益、法律法规等政策为信访目的。二是议政型信访。一般以对政策方针、规章制度、工作质量、服务内容等进行"参政议政"评价，提出个人意见或建议为信访目的。三是维权型信访。自我保护意识较强，喜欢据理力争，当权益得不到保护或受到侵害时，通过信访进行维权。四是闹访型信访。一般不讲道理，采取胡搅蛮缠、无理取闹等手段，以发泄私愤、匿名诬告为信访目的。

（2）信访归级、归口。信访归级管理一般按照"属地分级管理"的原则开展信访工作。信访归口管理一般按照"谁主政，谁管理"的原则开展信访工作。

3. 主要内容

（1）建立健全信息收集、分析研判和快反快处的信访接访机制。

（2）加强对退休人员权益保护和信访工作的宣传，满足退休人员信访需求，提高信访工作质量和效率。

（3）对于退休人员信访的问题，调解是一种有效的解决途径。

4. 常见问题及其处理

（1）问题：因时间久远、信访积压、接访人员更迭、政策新旧冲突、信访人基于一己私利等特殊原因，导致部分信访问题未及时处理或久决不下，从而形成信访遗留问题。

处理建议：一是尊重问题历史、客观正视历史遗留信访情况。二是准确分析历史遗留信访"痛点难点"演变历程与实质根源。三是首先从法律和政策依据中找"法理依据"，其次把握退休人员信访诉求的"关键点"，最后梳理出解决方案的"突破口"，积极化解历史遗留信访难题"积案"。

（2）问题：因协同部门较多，协调难度大、信访人诉求过高或无理要求等特殊原因，导致部分信访问题当时未处理或未妥善处置，从而形成重复信访问题。

处理建议：一是针对信访问题要主动解决、及时解决，争取一次性根本解决问题。二是针对信访问题所涉及的法律法规及政策，开展普法及答疑解惑，避免当事人提出非理性要求，从而引发重复上访。三是针对信访问题的接待处理要坚持工作原则，严格执行有关工作程序，避免当事人越级上访或重复上访。

（3）问题：因上访者利用信访制度、滥用信访权利、突破合理合法诉求而借"上访"之名无休止地提出无理要求，导致部分信访问题无法处置，从而形成极端信访问题。

处理建议：一是强化信访知识普法、信访服务指南等必要宣传；二是严肃"闹访""缠访"的打击处理；三是合法有效利用公安、司法等公共职能，保障信访双方的合法权益。

三、注意事项

（1）劳动保障协理员必须尊重每一位来访人员，用工作热忱拉近与来访人员之间的距离，避免或消除彼此对立情绪。

（2）接访目的就是要及时答复诉求和处理问题。对于简易信访诉求，应现场给出解决方案并处理；对于有难度的信访诉求，在充分掌握情况后现场给出解决思路并就方案取得当事人的理解和同意；对于复杂或历史性的信访诉求，按照接访程序转交有关责任单位，做好督办跟踪并按规定的时限作出适当回复，并保持与信访人的信息互通。

（3）无论多么复杂的信访诉求，都有一个问题根源，劳动保障协理员一定要依据事实，秉持政策和法律法规解决问题，并且力争一次性彻底解决到位。

学习单元2　为退休人员介绍社会化管理服务项目

一、做好学习前的准备

1. 概念

为退休人员介绍社会化管理服务项目是指按照社会化管理的职能职责，为退休人员提供有关社会化服务项目；同时，能够向退休人员介绍基本服务及增值服务内容，并明确退休人员享有条件、待遇标准及办理流程等有关事项。

2. 作用

做好为退休人员介绍社会化管理服务项目工作主要包括以下两个方面的作用。

（1）有助于提供服务。为退休人员介绍社会化管理服务项目，一是确保退休人员对于服务项目的具体内容有全面且深入的了解；二是帮助退休人员根据所提供的服务项目，高效、精准地完成所需办理的事项。

（2）有助于优化服务。为退休人员介绍社会化管理服务项目，实质就是现场答疑解惑的服务。从实践上来看，社会化管理服务机构开展现场答疑解惑、引导陪伴服务，是退休人员群体喜闻乐见的服务方式之一。

3. 规范要求

为进一步做好为退休人员介绍社会化管理服务项目工作，应做到以下五点工作要求。

（1）合法合规。劳动保障协理员应遵守相关法律法规和政策，确保退休人员的权益得到合法有效的保护。在任何情况下，均不得违反法律规定开展管理服务工作。

（2）保护隐私无歧视。严格保护退休人员的个人隐私，不得泄露个人信息，确保信息安全和保密性。劳动保障协理员提供服务时不能因性别、种族、宗教、年龄等因素而歧视或排斥退休人员，确保所有退休人员能够平等享受服务和权益。

（3）均衡和透明。服务资源分配应公平、合理，不能偏袒或歧视特定群体，资源分配过程和结果应公开透明。

（4）责任和义务。劳动保障协理员应明确自己的责任和义务，按照职责范围提供相应的服务，不得推诿、拖延或违背承诺。

（5）及时反馈和改进。劳动保障协理员应积极倾听并接纳退休人员的意见和建议。对于收集到的反馈，应迅速响应，有效解决问题，以确保服务质量的持续优化和专业服务水平的不断提升。

4. 相关知识

（1）服务内容。包括但不限于社交活动、健康管理、心理支持、居家保健、文体娱乐、教育培训等服务项目，旨在满足退休人员提高生活质量的不同需求。

（2）组织机构。退休人员社会化管理服务项目通常由社区组织、居委会、老年活动中心等机构提供。以集中地点、集中服务为主要形式，以方便为退休人员提供帮助和支持为目的。

（3）服务目标。退休人员社会化管理服务项目的目标是帮助退休人员充分融入社会、提升个人技能和兴趣爱好，保持健康积极的心态，增进与他人的交流与合作，过上幸福、充实的退休生活。

（4）资金来源和支持。社会化管理服务项目的资金通常来自政府拨款、社会捐赠和企业支持等。

二、掌握服务操作要领

1. 操作流程

（1）掌握退休人员服务需求。掌握退休人员服务需求主要通过以下两种方式。一是座谈会。确保座谈会的环境适宜且私密的前提下，与退休人员建立面对面沟通，收集整理服务需求。二是通过发放服务需求意见表了解退休人员兴趣和服务愿望，掌握其普遍或集中的兴趣、爱好、技能和愿望。

（2）介绍服务背景和内容。通过介绍服务项目背景和宗旨，使退休人员对社会化管理服务有基本了解。同时，逐一介绍服务项目及具体内容，包括退休活动、社会培训等涵盖社交活动、健康管理、心理支持、教育培训等集中性、差异性的服务需求。

（3）服务项目介绍与评估。通过服务项目介绍，使退休人员更加全面地了解服务项目，更好地参与退休活动项目中。评估结果主要用于项目改进和提高服务质量。

2. 操作技巧

（1）内容介绍。一是重点介绍满足退休人员需求以及提升生活质量的具体服务内容。二是强调集体生活的重要性，重点强调社交活动、建立新友谊和新群体共同生活的益处。

（2）方式介绍。充分利用会议、社区活动、纸质宣传资料以及社交媒体平台，确保信息的广泛覆盖与有效传达。向退休人员提供全面、连续、系统的服务内容介绍，避免退休人员在理解和接收信息时出现任何遗漏或误解。介绍时还应特别强调服务项目的长期性和可持续性，通过引导退休人员展望未来发展和愿景，增强他们对服务的信任感和期待值。

3. 主要内容

（1）社会化管理服务项目分类

1）社交活动类。包括但不限于社区聚会、集体旅游、文艺表演、兴趣小组等，旨在促进退休人员之间的交流、互动。

2）健康养老类。包括但不限于健康咨询、康复指导、体检和健康教育等，以帮助退休人员保持身体健康和预防疾病。

3）心理健康类。包括但不限于提供心理咨询、心理支持、心理健康教育等，以帮助退休人员处理心理问题，调节情绪，提升心理素质。

4）教育培训类。为退休人员提供文化、艺术、技能和兴趣爱好的培训课程，包括但不限于书法、绘画、音乐、计算机、外语等，以帮助退休人员参加继续教育和继续学习。

5）社区服务类。包括但不限于志愿者服务、关怀访问、颐养中心、老年食堂等，以帮助退休人员参与社区建设、回馈社会、获得关心和关爱。

6）经济福利类。包括但不限于医疗保健、退休金、福利津贴、商家折扣等，为退休人员提供经济上的特殊优惠和福利。

7）法律咨询类。提供法律法规及政策咨询、维权指导、法律援助等服务，帮助退休人员了解与维护自身合法权益。

8）技能培训类。提供社交沟通、情感交往、群体生活等方面的培训，帮助退休人员适应新环境和新角色，使得退休生活更加丰富多彩。

（2）项目申请条件及材料

1）基本条件

①申请人需为合法的退休人员，符合退休人员服务项目服务对象的定义。

②根据不同的服务项目，可能对退休人员的年龄有一定的要求。例如，某些项目可能只接收60岁及以上的退休人员。

③部分服务项目对退休人员的居住地存在限制。例如，只接受本地居民申请等条件限定。

2）申请材料

①提供居民身份证或其他有效身份证明材料，以证明申请人的合法身份。

②退休证或其他有效材料，以证明申请人的退休身份。

③提供户口簿、居住证或相关居住地址证明，以证明申请人的居住地。

④其他相关材料。例如，健康证明、财务状况证明、社保证明、家庭状况证明等。

（3）项目申请的一般流程

1）了解服务项目。事前了解有关退休人员社会化管理服务项目，包括服务内容、受理条件、申请流程、所需材料等。通过咨询相关机构、查阅官方网站或咨询其他退休人员了解项目信息。

2）准备申请材料。根据所需材料清单，准备申请所需的各类材料。包括身份证明、退休证明、居住证明以及其他相关证明文件等。

3）填写申请表格。根据服务项目要求填写申请表格。填写时要仔细阅读相关指导，确保填写准确无误。

4）递交申请材料。将申请表格和所需材料一同递交到相关的社会化管理服务机构。确保按照要求递交申请，以及在规定的时间内完成申请。

5）审批与通知。社会化管理服务机构负责对申请进行审批。无论审核通过或未通过，都应当以书面形式通知申请者本人。

4. 常见问题及其处理

（1）问题：由于劳动保障协理员素质参差不齐，服务质量存在不稳定性。

处理建议：一是加强服务人员的专业培训，提高服务质量。尤其是主管机构应当建立相关的培训机制，提供针对退休人员服务的培训课程，提升劳动保障协理员的专业素养和服务技能。二是加强监管和投诉受理机制，对服务质量不达标的情况进行纠正处理。

（2）问题：退休人员对社会化管理服务项目的了解不全面、不准确，获得服务信息的层面、渠道有限。

处理建议：加强信息公开和政策宣传，确保退休人员获得准确的服务信息。一是政府建立统一的信息平台，发布各类服务项目的信息，提供办事指南和常见问题咨询解答。二是加强政策推广宣传方式，多途径、多渠道、多形式向退休人员传达服务信息。

（3）问题：不同社会化管理服务项目之间的衔接不够紧密，导致服务缺乏系统性、连贯性。尤其是退休人员在享受社会化服务时存在重复申请、流程复杂等实际问题。

处理建议：建立完善的社会化服务衔接机制，推动各个服务项目之间的协调合作。一是政府主导不同管理服务机构信息化互联互通，简化申请流程，减少重复材料的提交等。二是通过数据共享和信息互通，提高申办便捷性。三是持续加强政府部门、管理服务机构、社会化组织和退休人员共同努力，逐步解决退休人员社会化管理服务的问题，提升退休人员幸福感与获得感。

三、注意事项

（1）劳动保障协理员介绍服务项目时，要帮助退休人员更好地理解服务项目的意义和价值，增加对服务项目的信心和兴趣。

（2）劳动保障协理员向退休人员介绍服务项目时，要明确服务项目的申请条件和流程，帮助退休人员准备必要的材料和了解申请的具体步骤，确保申请经办顺利进行。

（3）关于服务项目的常见问题和疑虑，劳动保障协理员可以采用示例或成功故事加以介绍说明。实例效果和成果，可以最大程度消除退休人员的疑虑和不确定感。

（4）在介绍服务项目时，劳动保障协理员要向退休人员提供一对一的咨询和辅导，让退休人员能够无障碍地获取社会化服务的帮助和支持。

学习单元3　为退休人员提供社会保险待遇政策咨询和查询服务

一、做好学习前的准备

1. 概念

为退休人员提供社会保险待遇政策咨询和查询服务是指劳动保障协理员通过官方网站、手机App和现场查询等途径，为退休人员提供退休人员养老金待遇计发、医疗保险待遇计发、其他社保待遇计发等政策解释，以及具体经办所需的申请材料、经办流程、办事指南等方面的解释说明服务。

2. 作用

为退休人员提供社会保险待遇政策咨询和查询服务主要包括以下四个方面的作用。

（1）有助于确认个人权益。通过为退休人员提供社会保险待遇政策咨询和查询服务可以帮助退休人员了解自己应该享受的具体退休待遇。例如，养老金领取方式和金额、医疗保险报销范围和比例等。

（2）有助于了解相关政策。通过为退休人员提供社会保险待遇政策咨询和查询服务，可以帮助退休人员了解相关政策的具体规定和执行方式。

（3）有助于帮助答疑解惑。退休人员在面临退休后的各种问题和疑虑时，可以通过咨询与查询服务获得解答。

（4）有助于提供辅助决策。退休政策咨询与查询可以为退休人员提供必要的信息和数据，帮助他们做出符合自身情况和需求的决策。

3. 规范要求

为进一步做好为退休人员提供社会保险待遇政策咨询和查询服务工作，应做到以下三点工作要求。

（1）具备专业素养。劳动保障协理员应具备充足的专业知识和技能，能够熟悉并理解相关社会保险政策，以便能够准确、全面地帮助退休人员解答和解决问题。

（2）实现信息公开。社会化管理服务机构应向退休人员提供准确、全面、及时的社会保险政策信息，包括政策规定、申请流程、待遇标准等，确保退休人员了解自己的权益和福利待遇。

（3）保持渠道畅通。社会化管理服务机构应为退休人员提供多种便捷的咨询与查询渠道。例如，上门咨询、电话咨询、网络咨询等，方便退休人员获取所需的信息和服务。

4. 相关知识

（1）养老金待遇咨询与查询

1）了解养老金的计算方法和标准，包括缴费年限、缴费基数、缴费比例等因素的影响。

2）了解养老金的领取方式，如银行代发、委托发放等，以及领取时间和频率。

3）了解退休人员养老金的调整机制，包括何时进行调整和调整的方式。

（2）医疗保险待遇咨询与查询

1）了解查询社会保障卡的余额和消费记录，以及是否有报销待遇的方法。

2）了解医疗保险的报销范围、比例和标准，包括门诊费、住院费、特殊病种等。

3）了解医疗费用报销的申请流程、材料准备和时间要求。

4）能够查询医保定点医院，了解入住的医院可以享受的医保待遇。

（3）工伤保险待遇咨询与查询。了解工伤保险的伤残等级评定和相应的待遇发放规定。

二、掌握服务操作要领

1. 操作流程

（1）了解需求。劳动保障协理员要与退休人员进行沟通，了解其具体的咨询需求和所遇问题，如社会保险政策的相关信息、申请流程、待遇标准等。

（2）提供信息。劳动保障协理员针对退休人员的具体需求，以严谨、细致的态度，提供准确、全面且及时的政策信息，确保退休人员能够充分了解相关政策内容。

（3）答疑解惑。退休人员在了解相关政策信息后，可能还会存在一些问题和疑虑。劳动保障协理员应根据其具体问题，给予准确、专业地解答和指导，帮助他们清晰理解政策内容，消除疑虑。

（4）提供建议。根据退休人员的个人情况和需求，劳动保障协理员可以提供一些个性化的建议和规划，帮助退休人员作出合适的决策。

（5）后续服务。为确保退休人员的各类需求得到全面且及时的响应，劳动保障协理员在完成基本服务流程后，应当继续提供后续的咨询与支持服务。

2. 常见问题及其处理

（1）问题：退休人员可能在养老金代发政策及可选择的代发银行存在疑虑和关切。

处理建议：劳动保障协理员应当系统详尽地介绍当前的养老金代发政策，并为退休人员提供指导，以便他们根据个人实际情况选择更为便利的代发银行。同时，对于可能涉及的跨行手续费等实际问题，也应给予明确的解答和说明。

（2）问题：部分退休人员可能到社会化管理机构寻求退休规划和福利待遇管理的建议。

处理建议：劳动保障协理员应向退休人员提供合法有效、正规权威的退休规划建议，涵盖个人账户养老金管理、健康保障等方面，以确保退休人员能够获得准确、专业的指导。

三、注意事项

（1）劳动保障协理员应根据退休人员的个人情况进行针对性的解答和建议，同时确保提供信息的准确、全面和具有实用性，避免引起退休人员的误解。

（2）劳动保障协理员在回应退休人员的咨询时，务必以官方发布的政策文件为基准，确保所传达信息的权威性与可靠性。

（3）劳动保障协理员在处理退休人员相关事宜时，应严格遵循尊重个人意愿和选择的原则，确保退休人员享有充分的自主选择权。在提供辅助参考意见时，应保持中立、客观的态度，以促进退休人员基于充分的信息，自主、理性地作出决策。

思考题

1. 结合实际工作，谈一谈在退休人员信访工作中的常见问题及其处理办法。
2. 为退休人员介绍社会化管理服务项目的操作技巧有哪些？
3. 为退休人员提供社会保险待遇政策咨询和查询服务，服务流程主要有哪几个方面？

培训课程 2

退休人员社会化管理服务

学习目标

1. 能与辖区内所有退休人员建立社会化管理服务联系方式，并进行动态管理。
2. 能办理退休人员接收、转入、转出、注销手续。
3. 能协助制订辖区内退休人员自我管理和互助服务组织的日常文体娱乐活动计划，并协助组织实施和汇总上报。
4. 能同社区卫生服务机构合作，为退休人员建立健康档案，并进行定期更新。
5. 能为退休人员定期提供老年护理服务和社会养老机构信息。
6. 能建立高龄、孤寡、重病、特困、劳模、新中国成立前参加工作等特殊群体的台账，并进行动态管理。
7. 能协助死亡退休人员家属申领丧葬补助金和遗属津贴的相关手续。

学习单元1　与退休人员建立社会化管理服务联系方式

一、做好学习前的准备

1. 概念

与退休人员建立社会化管理服务联系方式是指通过向退休人员发放社会化管理服务联系卡等方式，与退休人员及其家属建立联系，让退休人员充分了解相关退休服务项目，引导退休人员同劳动保障协理员主动联系、及时更新个人信息，强化退休人员动态管理的工作。

2. 作用

与退休人员建立社会化管理服务联系方式主要包括以下三个方面的作用。

（1）有助于加强与退休人员的沟通交流。与辖区内退休人员建立社会化管理服务联系方式，可以使退休人员能够清楚了解为他们提供服务的机构及人员。一旦退休人员有任何需求或疑问，他们可以迅速通过这些联系方式与服务机构取得沟通，进行政策咨询，并反馈对服务质量的意见和建议。同时，劳动保障协理员也可以积极组织退休人员参与走访慰问、文体娱乐等多元化活动，以丰富他们的退休生活。

（2）有助于为退休人员提供优质服务。与辖区内退休人员建立社会化管理服务联系方式可以更好地为退休人员服务，实现退休人员的老有所养、老有所医、老有所教、老有所学、老有所为、老有所乐，使他们的晚年生活质量得到组织管理和服务上的保障。

（3）有助于实现退休人员动态管理。与辖区内退休人员建立社会化管理服务联系方式可以引导退休人员主动更新个人状态，劳动保障协理员也可以主动联系退休人员，了解其个人情况的变化，实现退休人员的动态管理。

3. 规范要求

为进一步做好与退休人员建立社会化管理服务联系方式工作，应做到以下三点工作要求。

（1）分类建立社会化服务联系方式。在与辖区内退休人员建立社会化管理服务联系方式过程中要将退休人员进行分类。针对年纪大或者生活不能自理的退休人员，要与其家属建立起联系方式；针对普通退休人员，通过发放联系卡等建立联系方式；针对计算机、手机操作比较熟悉的退休人员，可以通过微信群等线上渠道建立联系方式。

（2）设置社会化管理服务联系卡。社会化管理服务联系卡上的服务项目一定要结合实际来设置，避免设置不能开展的服务项目。设置不能开展的服务项目会让退休人员对服务机构产生不信任，不利于其他服务工作的开展。

（3）以服务巩固与退休人员的联系。退休人员通过社会化服务联系方式提出服务需求时，劳动保障协理员应快速响应，及时做好服务。使退休人员知道，通过社会化服务联系方式能够有效解决他们的问题。从而进一步巩固退休人员与服务机构之间的良好关系。

4. 相关知识

（1）退休人员社会化管理服务统计管理知识

1）统计指标。系统构建并清晰界定一系列统计指标，如退休人员的总人数、年龄层次分布、性别构成比例、养老金发放金额及方式、服务满意度等，以全面反映退休人员社会化管理服务的规模、结构及运行状况。

2）数据收集。建立统一的数据收集模板与标准化流程，确保信息的全面性和一致性。收集内容应涵盖退休人员的基本身份信息、紧急联系方式、家庭结构、健康状况、社会保险参保及待遇享受情况等关键信息。

3）数据分析。运用统计方法和数据分析技术，对收集到的数据进行深入挖掘，识别退休人员在社会化管理服务中的具体需求、潜在问题及改进空间，为政策调整和服务优化提供科学依据。

4）统计报告。定期编制并发布退休人员社会化管理服务统计报告，反映退休人员社会化管理服务的现状和发展趋势，为政府决策部门、企业及社会组织提供有力的数据支撑和决策参考。

5）数据安全。建立健全数据安全管理机制，严格遵守相关法律法规，采取加密存储、访问控制、定期审计等措施，确保退休人员个人信息的保密性、完整性和可用性，防止数据泄露和滥用。

6）信息系统建设。建立和完善退休人员社会化管理服务信息系统，实现数据的实时更新和动态管理，提高管理效率和服务质量。

7）培训与指导。对相关人员进行培训和指导，增强他们的统计意识和数据处理能力，确保统计数据的准确性和可靠性。

（2）退休人员社会化管理服务联系卡样式。退休人员社会化管理服务联系卡是与退休人员建立联系的一种方式，在实际工作中可以参考以下样式（见图4-2-1）并结合当地实际情况设计、制作，如根据实际情况将微信群、微信公众号二维码、网址等信息放入其中。

```
××市××区××街道××社区            编号：
退休人员社会化管理服务
联系卡

街道（乡镇）社会化管理服务机构电话：
街道（乡镇）社会化管理服务机构地址：
社区（村）服务站电话：
社区（村）服务站地址：
```

正面

```
┌─────────────────────────────────────────────────────────────┐
│  管理服务项目                                                │
│      你的愿望和需求就是我们的追求                              │
│                                                             │
│  ●开展领取基本养老金资格认证      ●提供社会保险政策和业务查询    │
│  ●组织党员开展活动              ●组织退休人员开展文体和公益活动  │
│  ●开展健康保健和疾病预防工作     ●协助死亡退休人员遗属申领丧葬补助│
│  ●探访慰问高龄、重病、伤残、特困等老人                          │
└─────────────────────────────────────────────────────────────┘
                              反面
```

图 4-2-1 退休人员社会化管理服务联系卡样式

二、掌握服务操作要领

1. 操作流程

（1）社会化管理服务联系卡发放流程

1）发放联系卡。在退休人员登记、转入环节，或初次至退休人员家中进行走访时，劳动保障协理员向退休人员发放联系卡，并详细解释联系方式及相关服务内容。另外，对于主动到服务窗口申请办理联系卡的退休人员，劳动保障协理员将依据既定流程，规范、及时地发放联系卡，以满足其服务需求。

2）建立发放台账。建立退休人员社会化管理服务联系卡发放台账，记录退休人员姓名、编号、年龄、身体状况等内容。

3）补办注销。在发生联系卡遗失或退休人员转出等特定情况时，劳动保障协理员将依照规定程序进行补办、注销等必要操作。

4）情况汇总。定期对发放联系卡的情况进行汇总，并向上级主管部门或社会保险经办机构报告。

（2）线上渠道建立联系方式流程

1）告知线上联系渠道。发放线上联系渠道资料，让退休人员知晓线上联系渠道。

2）指导使用线上联系方式。通过采取计算机演示、手机操作演示等多种方式，为退休人员提供直观的指导，以确保他们能够有效地利用这些线上工具进行沟通与交流。

3）情况汇总。建立线上渠道联系台账，定期对台账进行汇总，并向上级主管部门或社会保险经办机构报告。

（3）动态联系流程

1）建立联系台账。对于退休人员致电所反馈的情况，务必建立详尽的台账记录。该台账应明确包含来电人的姓名及其有效的联系方式,详细记录来电的具体内容,以及承诺的回复时间,并注明负责电话接待的相关人员信息。

2)处理与反馈。对于能够直接处理、办理、答复的问题,应当时或事后致电退休人员予以反馈;对于需向上级主管部门或社会保险经办机构反映的情况,要在规定时间内报告,并在承诺回复的时间内向退休人员反馈。

3)汇总报告。对退休人员来电、来访情况进行汇总分析,并向上级主管部门或社会保险经办机构报告。

4)集中解答。对于退休人员反馈集中的问题,应列入高频问题,完善问题答案后通过线上线下渠道进行广泛宣传。已经咨询的人员可以采取一一回电话的方式进行反馈,如果问题解决起来相对复杂可以将遇到相同问题的退休人员集中组织起来统一进行解答。

5)定期回访。通过上门走访、集中慰问、电话回访等方式定期开展退休人员的回访,加强与退休人员的联系。

2. 操作技巧

(1)多元化建立社会化管理服务联系方式的渠道。一是发放退休人员社会化管理服务联系卡。向退休人员发放服务联系卡是与退休人员建立社会化管理服务联系的主要方式,通过服务联系卡,退休人员可以更加便捷地了解社区提供的各项服务事项,并在遇到问题时明确知晓联系对象。二是利用现代通信工具,建立微信、QQ等社交媒体群组,指导退休人员或其子女加入这些群组,以便通过社交媒体平台与退休人员建立更为紧密的社会化管理服务联系。这种方式不仅拓宽了服务渠道,还提高了服务效率和互动性。

(2)多渠道宣传服务机构联系方式。一是集中宣传。通过开展文体娱乐活动、公益讲座等集中向退休人员宣传服务机构联系方式。这种宣传方式,接受面广、工作效率高,可以多采用这种方式进行宣传。二是上门宣传。通过上门走访、慰问等方式向退休人员宣传服务机构联系方式。这种宣传方式针对性强,但工作效率相对较低,可以作为一种补充的宣传方式,提高宣传的接受面。三是其他宣传。通过网站、微信公众号等线上渠道进行宣传。这种宣传方式能让退休人员自主获取联系方式,便捷性高,但对于计算机、手机操作不熟悉的退休人员不适合。

3. 常见问题及其处理

(1)问题:由于保管不善,退休人员的服务联系卡出现遗失。

处理建议：由退休人员本人或委托家属到服务联系卡发放机构申请补办，对于特殊群体应提供上门补办的服务。

（2）问题：出现退休人员转出、死亡等情况时，需要注销退休人员的服务联系卡。

处理建议：当退休人员因各种原因需要转出时，在完成转出手续后，由服务联系卡发放机构进行注销操作。当退休人员死亡后，由服务联系卡发放机构进行注销操作。

（3）问题：由于人员变动、对退休人员服务提出新的工作要求等原因，服务联系卡的服务人员、服务项目出现调整。

处理建议：一是为确保服务联系卡的有效性，应实施服务联系卡上联系人的AB角管理机制。二是服务联系卡上的联系电话应明确标注为办公电话，以便在人员更替后仍能顺利联系到服务机构。三是对于具备条件的地区，应迅速调整服务联系卡的内容，并重新进行发放。四是通过微信群、QQ群等线上通讯平台，及时发布相关调整信息，以确保所有相关人员能够及时获悉调整信息。

三、注意事项

（1）在对社会化管理服务联系卡进行编号时，要注意编号的唯一性，可以采取年份加数字的形式，如20230001。

（2）在与退休人员建立社会化管理服务联系方式过程中，可以依托自我管理和互助服务组织发放联系卡，开展联系方式宣传，更有效地与退休人员建立联系方式。

学习单元2　办理退休人员接收、转入、转出、注销手续

一、做好学习前的准备

1. 概念

办理退休人员接收、转入、转出、注销手续是指退休人员服务机构按照规定流程，在业务系统为退休人员办理接收、转入、转出、注销相关手续，并将办理

结果以电话、短信等方式告知退休人员或家属的工作。

2. 作用

做好办理退休人员接收、转入、转出、注销手续工作主要包括以下三个方面的作用。

（1）有利于就近为退休人员提供服务。通过办理退休人员的接收、转入、转出、注销手续，能够确保退休人员常住地服务机构实时掌握退休人员的最新动态，从而为其就近提供更为精准、高效的服务。

（2）有利于实现退休人员的动态管理。通过办理退休人员的接收、转入、转出、注销手续，及时对退休人员台账进行增减调整，有利于进一步实现退休人员的动态管理。

（3）有利于保障社会保险基金的安全。退休人员一旦离世，应立即进行注销操作，防止养老金的过度发放。同时，协助逝者家属完成遗属补助等相关福利的申领手续，以确保退休人员及其家属的合法权益得到充分保障。

3. 规范要求

为进一步做好退休人员接收、转入、转出、注销手续办理工作，应做到以下三点工作要求。

（1）严格按程序办理手续。办理退休人员接收、转入、转出、注销手续是生存认证、发放养老金的基础，要按照操作程序办理相关手续，避免违规操作，影响到退休人员的权益。

（2）做好沟通对接和反馈。在办理退休人员的转出手续时需要及时与待转入社区做好沟通对接，保障转出手续及时办理。办理退休人员接收、转入、转出、注销手续后都要及时向上级主管部门或社会保险经办机构报告。

（3）及时对台账进行调整。办理退休人员接收、转入、转出、注销手续后要及时对退休人员相关台账进行调整，这是做好退休人员服务，保障其合法权益的基础。

4. 相关知识

（1）退休人员增减变动情况统计表。退休人员办理接收、转入、转出、注销手续，由退休人员或者其家属填写退休人员增减变动情况表，由劳动保障协理员结合业务经办收集的信息对填写内容进行核实，并建立电子统计表格定期录入相关数据。退休人员增减变动情况统计表，见表4-2-1。

表 4-2-1 退休人员增减变动情况统计表

街道（乡镇）　　　　社区（村）　　　　　　　　　　　　　　　年　月

日期		姓名	性别	出生年月	住址	变动情况						
月	日					接收	转入	转出社区	转出	转入社区	注销	注销原因

（2）供养人员遗属津贴申领情况统计表。退休人员由其家属办理注销及遗属津贴申领手续，可以由其家属填写供养人员遗属津贴申领表，由劳动保障协理员结合业务经办收集的信息对填写内容进行核实，并建立电子统计表定期录入相关数据。供养人员遗属津贴申领情况统计表，见表 4-2-2。

表 4-2-2 供养人员遗属津贴申领情况统计表

街道（乡镇）　　　　社区（村）　　　　　　　　　　　　　　　年　月

日期		姓名	性别	出生年月	住址	津贴待遇	健康状况	联系电话	备注
月	日								

二、掌握服务操作要领

1. 操作流程

（1）退休人员接收的具体操作程序

1）接收资料。接收社会保险经办机构、街道、社区逐级移交的退休人员有关资料，包括社会保险经办机构掌握的退休人员的基本情况和社会保障情况。若退休人员人事档案移交社会保险经办机构管理的，还要同时接收移交退休人员人事档案编号信息，以便实施档案电子化管理。

2）接待人员。在接待移交的退休人员时，劳动保障协理员需向他们详细阐述关于社会化管理服务的相关政策，并明确告知接收工作的具体程序，以及未来社区所提供的各项管理服务内容，以确保退休人员能够全面了解并适应新的管理模式。

3）发放联系卡。向移交的退休人员发放社会化管理服务联系卡。

4）建立信息。为移交的退休人员建立基本信息库（卡）。

5）编入自管组织。将移交的退休人员编入自我管理和互助服务组织。

6）建立有关台账。结合移交退休人员的情况，为其建立特殊群体、健康状况等有关台账。

7）报告情况。在规定时间内，向上级主管部门或社会保险经办机构报告接收退休人员的工作情况。

（2）退休人员转入的具体操作程序

1）接收申请。接收其他社区发出的退休人员转入申请，并接收退休人员基本信息。

2）接待人员。接待转入退休人员并查看其有关转移资料，包括转出社区开具的转移证明、退休证等。

3）发放联系卡。向转入退休人员发放社会化管理服务联系卡。

4）变更信息。对转入退休人员基本信息库（卡）上的有关内容进行变更。

5）编入自管组织。将退休人员编入本社区自我管理和互助服务组织。

6）建立有关台账。结合转入退休人员的情况，为其建立特殊群体、健康状况等有关台账。

7）反馈接收结果。在规定时间内，通过网络传递或书面形式告知转出社区已完成接收工作。

8）报告情况。在规定时间内，向上级主管部门或社会保险经办机构报告转入退休人员的工作情况。

（3）退休人员转出的具体操作程序

1）发出申请。退休人员提出转出申请后，通知其待转入社区，移交退休人员基本信息库（卡）信息。同时，收回社会化管理服务联系卡。

2）封存信息。将待转出退休人员的基本信息库（卡）进行封存。

3）调整自管组织。将待转出退休人员调出所在自我管理和互助服务组织，若退休人员为小组长，则要做好改选工作。

4）调整台账。对转出的退休人员的台账情况进行调整。

5）注销信息。接到转入社区接收完毕确认信息后，注销转出退休人员基本信息。

6）报告情况。在规定时间内，向上级主管部门或社会保险经办机构报告转出退休人员的工作情况。

（4）退休人员注销的具体操作程序

1）核实情况。接收自我管理和互助服务组织报告的退休人员死亡信息后，进行上门核实。

2）注销信息。对死亡退休人员基本信息进行注销，注销社会化管理服务联系卡。

3）调整自管组织。将注销的退休人员调出所在自我管理和互助服务组织。若该人员为小组长，则要做好改选工作。

4）调整台账。对注销的退休人员的台账情况进行调整。

5）报告情况。在规定时间内，向上级主管部门或社会保险经办机构报告退休人员的注销工作情况。

2. 常见问题及其处理

（1）问题：由于退休人员行动不便或者不在本地等原因，无法亲自办理转出等手续。

处理建议：可以由家属代为办理，在代办过程中，需提供代办人证件复印件以及委托书。

（2）问题：由于工作人员休假、临时有其他紧急工作等原因，接收机构工作人员可能未及时确认接收。

处理建议：转出机构应积极主动地通过电话沟通等方式，与转入机构进行及时对接，确保接收确认的顺利进行。同时，申请人或其家属亦需与转入机构保持有效沟通，以便及时确认接收状态。

三、注意事项

（1）为了保障退休人员便捷地办理相关手续，可以采用多渠道的宣传方式，如线下的宣传栏展示、窗口宣传单发放，以及线上的微信公众号推送、微信群分享等，确保办事流程得到广泛传播和有效理解。

（2）通过线上渠道办理相关手续，不仅可以显著提高办事效率，还能有效减少退休人员的不便与奔波。为此，劳动保障协理员应提供多种形式的指导服务，如详细的办事指南、直观的小视频教程以及现场的专业讲解，以确保退休人员能够顺利、高效地在线上完成相关手续的办理。

学习单元3 协助日常文体娱乐活动的计划制订、组织实施和汇总上报

一、做好学习前的准备

1. 概念

协助日常文体娱乐活动的计划制订、组织实施和汇总上报是指为了达到丰富退休人员退休生活的目的，劳动保障协理员通过指导等方式，协助退休人员自我管理和互助服务组织，制订日常文体娱乐活动计划，开展文体娱乐活动，同时汇总上报活动情况的工作。

2. 作用

做好协助日常文体娱乐活动的计划制订、组织实施和汇总上报工作有以下三个方面的作用。

（1）丰富退休人员的退休生活。退休人员的社交圈逐渐缩小，容易出现孤独感和生活单调等问题，而参加文体娱乐活动可以扩大退休人员的社交圈子，结交新朋友，丰富退休生活。同时，文体娱乐活动也可以促进老年人与年轻人之间的交流和沟通，增强代际交流和理解。

（2）保持退休人员的身心健康。随着年龄的增长，退休人员的身体机能逐渐下降，从而面临各类健康风险。参与文体娱乐活动不仅有助于提升退休人员的身

体素质，增强免疫力，进而预防和治疗潜在疾病。同时，文体娱乐活动对于促进老年人的心理健康亦具有积极作用，能够有效缓解孤独感和无聊情绪，并显著提升他们的自信心和幸福感。

（3）增强退休人员的归属感。通过组织退休人员开展文体娱乐活动可以让其更好地融入社区生活，同时让退休人员感受到服务机构为退休人员享受退休生活所付出的努力，增强他们对服务机构的归属感。

3. 规范要求

为进一步做好协助日常文体娱乐活动的计划制订、组织实施和汇总上报工作，应做到以下三点工作要求。

（1）协助做好活动方案。退休人员文体娱乐活动由自我管理和互助服务组织负责开展，劳动保障协理员需要对活动进行相应的指导，协助自我管理和互助服务组织做好活动宣传、组织、实施、应急处置等方案，保障活动的顺利进行。

（2）协助做好人员分工安排。文体娱乐活动的实施涵盖了人员组织、活动物资筹备以及场地联络等多方面的细致事务，单凭一两人之力恐难以全面妥善准备。因此，劳动保障协理员应协助进行工作任务划分，明确人员分工，确保各项准备工作充分到位。在必要情况下，劳动保障协理员可承担部分职责，以减轻自我管理和互助服务组织的负担，确保活动高效、有序进行。

（3）协助做好活动记录。在文体娱乐活动的实施过程中，劳动保障协理员需协助进行详尽的活动记录，并妥善收集退休人员对于活动的反馈意见，为未来更好地规划和组织文体娱乐活动积累经验。

4. 相关知识

（1）退休人员自我管理和互助服务组织的概念。退休人员自我管理和互助服务组织是指由退休人员管理机构帮助成立的，由兴趣相同或居住相对较近的退休人员组成的、开展自我管理和互助服务的小组。

（2）退休人员自我管理和互助服务组织的建立方式。一般来讲，可根据退休人员居住情况分片划定若干小组，由退休人员推选本小组中热心社会公益事业、有一定协调组织能力、身体条件较好的退休人员担任组长。纳入社区管理的退休人员一般以30~50人组成一个小组为宜。也有地区按照退休人员的兴趣爱好作为划分自我管理和互助服务组织的标准。

（3）退休人员自我管理和互助服务组织的职能。一是协助做好退休人员日常文体娱乐活动的计划、组织和实施。二是定期联系组内的退休人员，协助做好退休人员动态管理。三是协助做好领取养老金等社会保险待遇资格认证工作。四是及时反映组内退休人员在生活、医疗保健等方面的问题及需求。五是协助搞好党组织活动。六是自发组织组内退休人员开展有益于身心健康的文体娱乐、医疗保健等活动。七是协助做好对特殊群体的走访慰问、生活照料等服务工作。

二、掌握服务操作要领

1. 操作流程

（1）拟订年度初步计划。计划内容应包括计划举办活动的次数、时间安排、拟参加人员、主题和内容。

（2）修订年度计划。与自我管理和互助服务组织小组长开会，就计划进行初步讨论，听取他们的意见和建议。

（3）张榜公示。对修订后的计划张榜公示，广泛听取退休人员的意见和建议。

（4）上报主管部门。综合各方面意见后，提出年度经费预算，并将计划与预算一并报上级主管部门。得到上级主管部门报告批准后，确定计划并做好备案。

（5）拟订月度计划。将下月拟组织活动的时间和内容告知自我管理和互助服务组织小组长，征求他们及退休人员的意见和建议，并初步统计参加活动人数。

（6）活动经费预算。对拟参加活动的人数进行统计汇总，按照活动需要提出活动场地计划，确定经费预算。

（7）统计参加活动人员。活动举办前一个星期，再次与自我管理和互助服务组织小组长进行沟通，确定参加活动的人员。如人数有变动，则对原计划进行适当调整。

（8）申请活动经费及场地。活动方案确定后，向上级主管部门申请活动经费及活动场地。预判可能发生的突发事件，并做好相应准备。

（9）做好活动控制。活动期间，劳动保障协理员或通过自我管理和互助服务组织小组长做好参加活动人员的登记，了解参加活动退休人员增减变化的原因；维持活动举办期间的现场秩序，控制活动按原计划时间进度进行。

（10）总结文体娱乐活动情况。总结计划拟定的准确性、经费使用情况、活动场地情况，汇总活动建议、活动举办情况等。

2. 主要内容

（1）文化活动。常见的退休人员文化活动包括定期组织退休人员读书、看报、结合他们关心的问题，学习政治、经济、历史、法律、科技、文学、生活、艺术等内容，开展读书会、讲座、知识竞赛等。

（2）体育活动。体育活动主要是定期组织退休人员开展健身活动，包括门球、慢跑、轻度训练、太极拳、养生舞、健身操等。

（3）娱乐活动。娱乐活动主要是定期组织退休人员参加唱歌、舞蹈、器乐、曲艺、棋牌等活动。

（4）其他活动。其他活动包括志愿服务活动（如义卖、义工、义教等）、旅游活动（如观光游览、组团旅行等），还可以结合本社区退休人员的共同爱好，单独开发一些受欢迎的活动项目。

3. 操作技巧

（1）熟悉日常文体娱乐活动的组织形式。对于自我管理和互助服务组织，应拟订明确的计划，评估活动的规模，确保提供必要的场地和经费支持，并严格按照计划组织实施，确保活动的顺利进行。对于其他组织形式，可以采取多样化的方法，如成立兴趣爱好小组、组建志愿者服务队伍以及积极参与街道社区党组织活动等，以丰富退休人员的文体娱乐活动。

（2）做好活动计划。活动计划是正常开展日常文体娱乐活动的重要保障，同时也是不断提升活动成效的基础。年度计划应统筹考虑全年的活动安排，文化活动、体育活动、娱乐活动要相互交叉，动静适宜。月度计划属于短期计划，相对更加详细、更具操作性。

（3）做好文体娱乐活动总结

1）总结计划拟定的准确性。将实际参加活动的人数与计划进行比较，总结计划拟订的准确性。分析参加活动人数产生差异的原因，改进信息通报渠道，增强与退休人员的交流。

2）总结经费使用情况。将实际发生经费与经费计划进行比较，分析活动参与人数变动、物品价格波动等因素对经费使用的影响。计算某一种或一类活动所需人均费用，为未来优化类似活动预算积累经验。

3）总结活动场地情况。结合场地的特性以及实际参与活动的人数，详细考量举办某类或某一特定活动所需的场地面积，为未来类似活动的规划提供宝贵的经验借鉴。

4）汇总活动建议。与部分参加活动的退休人员进行面对面交流，听取他们对本次活动的意见和今后举办类似活动的建议。

5）报告活动举办情况。报告内容主要包括活动举办情况、经费使用情况、活动场地情况和退休人员的意见和建议。

4. 常见问题及其处理

（1）问题：由于与其他活动冲突、退休人员临时有其他安排等原因，可能导致活动报名人数少。

处理建议：一是加大活动宣传力度，鼓励退休人员积极参加。二是深入了解部分退休人员未能参与活动的原因，以便有针对性地改进工作。三是若经过评估发现活动确实无法继续开展，及时取消本次活动，并对活动安排进行深入的反思和调整，以确保未来的活动开展能够更为顺利和有效。

（2）问题：退休人员年龄较大，部分退休人员可能还有基础性疾病，活动实施过程中可能有退休人员出现意外情况。

处理建议：一是按照应急预案处理突发情况。二是将意外情况进行上报。三是有退休人员受伤时要及时送医就诊并联系其家属。

三、注意事项

（1）组织实施文体娱乐活动过程中，要注意观察退休人员的身体和情绪变化，避免出现意外情况。

（2）退休人员年龄较大，考虑到他们体力和精力的因素，组织活动的时间不宜过长。

（3）在规划活动内容时，应充分尊重退休人员的个人意愿，并兼顾活动的全面性和多元化，以确保活动能够综合满足退休人员的各类需求。

（4）在制定活动方案的过程中，必须预先考虑可能出现的意外情况，并针对这些潜在风险制定相应的预防和应对措施，以确保活动的顺利进行和安全性。

学习单元4　建立并定期更新退休人员健康档案

一、做好学习前的准备

1. 概念

建立并定期更新退休人员健康档案是指退休人员服务机构通过与社区卫生服

务机构合作，为退休人员提供健康体检等服务，收集健康信息并建立健康档案，并根据情况变化，对健康档案信息定期更新的工作。

2. 作用

做好建立并定期更新退休人员健康档案工作主要包括以下三个方面的作用。

（1）有助于为诊疗提供依据。建立退休人员健康档案是开展针对性诊疗和卫生保健措施的基础，具有重要作用。通过健康档案全面掌握退休人员的一般健康状况、疾病史、过敏史和遗传病史，有助于医疗机构正确分析病情，采取正确的健康保健措施。

（2）有助于加强慢性病管理。高血压、糖尿病等作为退休人员群体中普遍存在的慢性疾病，通过建立退休人员健康档案，可以掌握退休人员各种疾病的发病率、知晓率及控制率，从而有效预防和减少心脑血管病及糖尿病并发症的发生，进一步减轻退休人员因治疗而承受的经济压力。

（3）有助于指导疾病预防。依托健康档案可以对退休人员有针对性地进行预防保健和营养卫生知识指导。并通过举办健康知识讲座，宣讲老年保健、常见病的预防治疗等方面的内容，以帮助退休人员建立科学的生活方式，提高防病治病的能力。

3. 规范要求

为进一步做好建立并定期更新退休人员健康档案工作，应做到以下三点工作要求。

（1）做好社区卫生服务机构的比较。退休人员健康档案的建立需要依托社区卫生服务机构，但不同社区卫生服务机构的服务力量、服务质量、服务成本有所不同，需要对社区卫生服务机构的相关情况进行比较，为退休人员选择性价比较高的社区卫生服务机构，高质量完成健康档案建立，做好退休人员服务。

（2）明确健康档案建立标准。要结合上级部门对健康档案建立的要求以及退休人员对健康档案的需求，同时征求社区卫生服务机构等的专业建议，明确健康档案建立的标准。另外健康档案的内容要结合实际情况及时进行调整和更新，确保健康档案的实用性。

（3）做好建立健康档案的监督工作。社区卫生服务机构为退休人员建立健康档案后，需要对照标准通过抽查等方式对健康档案的质量进行监督，一方面确保健康档案建立工作有效推进，另一方面确保建立的健康档案符合标准和要求。

4. 相关知识

（1）卫生信息管理。根据国家规定收集、报告辖区有关的卫生信息，开展社区卫生诊断，建立和管理居民健康档案，向辖区街道办事处及有关单位和部门提出改进社区公共卫生状况的建议。

（2）健康教育。普及卫生保健常识，实施重点人群及重点场所健康教育，帮助居民逐步形成易于维护和增进健康的行为方式。

（3）传染病、地方病预防控制。负责疫情报告和监测，协助开展结核病、性病、艾滋病、其他常见传染病以及地方病、寄生虫病的预防控制，实施预防接种，配合开展爱国卫生工作。

（4）慢性病预防控制。开展高危人群和重点慢性病筛查，实施高危人群和重点慢性病病例管理。

（5）精神卫生服务。实施精神病社区管理，为社区居民提供心理健康指导。

（6）老年保健。指导老年人进行疾病预防和自我保健，进行家庭访视，提供针对性的健康指导。

二、掌握服务操作要领

1. 操作流程

（1）登记服务机构。通过向上级主管部门获取资料或开展普查等方式，了解辖区内社区卫生服务机构资质、人员配备以及设施条件等情况，并对了解的情况进行登记。

（2）了解服务机构情况。了解社区卫生服务机构面向社区居民，尤其是面向退休人员提供服务的情况，对相关意见和建议进行记录。

（3）进行初步沟通。与服务情况较好的社区卫生服务机构进行交流与沟通，了解其为退休人员建立健康档案的意向，以及可以向退休人员提供的优惠服务。

（4）商谈合作细节。与有意向的社区卫生服务机构商谈合作细节，如为退休人员建立健康档案、向退休人员提供优惠医疗服务等。

（5）签订合作协议。与提供服务的社区卫生服务机构签订合作协议，在协议上明确双方的职责。

（6）收集健康信息。对于已开展免费体检的地区，可通过体检的形式一次性收集退休人员的健康状况信息；对于未开展免费体检的地区，建议通过走访或面对面交流的方式，收集退休人员的健康信息。还可以通过退休人员在社区卫生服务机构就诊的渠道为其建立健康档案。

（7）建立健康档案。在收集完退休人员的健康状况信息后，督促社区卫生服务机构调配专业资源，为每一位退休人员建立详尽且规范的纸质健康档案或数字化健康档案。

（8）进行定期更新。一是将退休人员每年的体检结果与健康档案进行比较，发生变化的及时更新。二是通过走访了解退休人员健康状况的变化。三是通过退休人员到社区卫生服务机构就诊情况完成档案更新。

（9）调整档案内容。定期了解退休人员对建立健康档案的需求和建议，与社区卫生服务机构一起，适时调整健康档案内容。

2. 主要内容

（1）个人健康档案。个人健康档案主要内容包括个人基本资料、健康问题目录、病情流程表、问题描述及进展记录、转会诊和住院记录、预防性记录、慢性病病人随访记录、化验及辅助检查记录等。

（2）家庭健康档案。家庭健康档案主要内容包括家庭基本资料、家庭健康评估资料、家庭主要健康问题目录、健康问题描述和家庭各成员的个人健康档案等。

（3）社区健康档案。社区健康档案主要内容包括社区基本资料、社区卫生资源、社区卫生服务状况、社区居民健康状况等。

3. 操作技巧

（1）熟悉健康档案的类型。健康档案包括纸质健康档案和数字化健康档案两种。纸质健康档案一般只记录与本次疾病相关的资料，包含疾病诊断、体检结果、疫苗接种情况等信息。数字化健康档案借助计算机和网络等技术，将退休人员的相关健康信息采集录入后，传输给社会保险经办机构。数字化健康档案可以随时随地查看、检索、统计个人健康信息，为退休人员健康风险评估、疾病诊疗和有针对性的健康保健指导等提供基础数据。

（2）掌握建立健康档案的方法。建立健康档案可以通过免费体检、入户走访、参考就诊记录等方式进行。免费体检是指退休人员服务机构统一向社区卫生服务机构支付体检费用，由社区卫生服务机构"免费"为退休人员进行体检，全面、准确地收集退休人员的健康状况信息，建立退休人员健康档案。这种方式快捷、有效，退休人员参与的积极性也较高。入户走访是指退休人员服务机构或者社区卫生服务机构工作人员通过入户走访的方式，详细了解退休人员的健康状况信息，并通过退休人员或者其家属的描述等做好记录，从而为退休人员建立健康档案。这种方式需要的人力、时间成本较高，退休人员的配合度也没有免费体检高。通过就诊记录建立健康档案是指退休人员到社区卫生服务机构寻求卫生服务的时候，做好建立退休人员健康档案的宣传工作，取得退休人员的配合，就地完成健康档案的建立工作。这种方式对退休人员来说比较便捷，但耗时较长。

4. 常见问题及其处理

（1）问题：部分退休人员由于疾病预防意识不强等原因，不愿建立健康档案。

处理建议：一是加强建立健康档案重要性的宣传，引导退休人员配合建立健康档案。二是通过自我管理和互助服务组织的其他成员进行动员。

（2）问题：部分退休人员由于身体原因，行动不便，无法按要求自行参加健康体检。

处理建议：一是做好与退休人员家属的沟通，由家属陪同为行动不便退休人员建立健康档案。二是为确实无法参加健康体检的退休人员提供上门服务，建立健康档案。

三、注意事项

（1）以自我管理和互助服务组织为单位，逐个小组、逐个退休人员进行落实，保证为辖区内全部退休人员建立健康档案。

（2）同时选择几家社区卫生服务机构为退休人员建立健康档案，评估其工作情况，引入服务机构竞争机制。

学习单元5　提供老年护理服务和社会养老机构信息

一、做好学习前的准备

1. 概念

提供老年护理服务和社会养老机构信息指以建立健全的老年护理服务和社会养老机构台账信息为基础，通过线上发布或者提供咨询服务等方式，向退休人员提供相关信息，保障有需求的退休人员能及时享受到老年护理等服务的工作。

2. 作用

做好提供老年护理服务和社会养老机构信息工作主要包括以下两个方面的

作用。

（1）满足退休人员的相关需求。随着社会的发展，生活节奏的加快，独生子女政策的实行，家庭规模的缩小，家庭养老的功能已经被大大削弱，为退休人员定期提供老年护理服务和社会养老机构信息可满足退休人员社会养老的需求。

（2）保障退休人员享受专业服务。退休人员服务机构收集、整理老年护理服务和社会养老机构信息，并为有需要的退休人员提供相关信息，一方面可以保障信息的真实性，另一方面可以让退休人员能够享受到专业的养老服务和护理服务。

3. 规范要求

为进一步做好提供老年护理服务和社会养老机构信息工作，应做到以下三点工作要求。

（1）定期更新信息。一方面定期做好老年护理服务和社会养老机构的信息更新，确保信息真实有效，另一方面要结合退休人员的需求，对提供的信息指标项目进行更新，这样才能更好地为退休人员做好信息提供服务。

（2）多渠道发布信息。为了确保老年护理服务及社会养老机构信息的广泛传播，需紧密结合不同退休人员的特性，有效利用线上渠道如网站、微信公众号、微信群等，以及线下渠道如服务窗口、宣传栏等，进行详尽且准确的信息发布。

（3）结合需求做好匹配。退休人员服务机构要根据退休人员的需求做好老年护理服务和社会养老机构的匹配，向退休人员推荐适合的机构，但不能替退休人员做决定。

4. 相关知识

养老护理服务包括出入院服务、生活照料服务、膳食照护服务、清洁卫生服务、医疗护理服务、文化娱乐服务、心理精神支持服务、安宁服务等内容。

（1）出入院服务。包括建立老年人入院评估制度，做好入院评估；提供办理出入院手续等。

（2）生活照料服务。包括24小时供应饮用开水；按需为老年人提供房间电器使用教学与维修等生活服务；提醒老年人做好洗脸、漱口、洗手、洗头、洗澡、洗脚、修剪指甲、理发等个人卫生服务；提供穿脱衣物服务，洗浴服务，皮肤管理服务，二便管理服务，查房巡视等。

（3）膳食照护服务。包括按照老年人的生活习惯制定食谱，做到营养均衡；

提醒老年人按时到餐厅用餐等。

（4）清洁卫生服务。包括清扫房间、倒垃圾、开窗通风、更换并清洗床上用品、清洗窗帘等清洁消毒服务。

（5）医疗护理服务。包括指导老年人使用轮椅、助行器等康复辅助器具服务；为老年人提供常见多发病诊疗、健康指导、预防保健等健康教育服务；通知家属送医及按需协助老年人转诊转院等送医服务；按照代发药物协议要求督促老年人服药等服药服务；建立健康档案并记录、测量生命体征等健康记录服务。

（6）文化娱乐服务。包括开展适合老年人生理、心理特点的文化娱乐活动，视天气及老年人身体情况组织老年人参加娱乐、健身活动；组织为老年人送温暖、送欢乐等社交服务。

（7）心理精神支持服务。包括根据老年人心理状况，为老年人提供环境适应、情绪疏导、心理支持、危机干预等心理精神支持服务。

（8）安宁服务。包括提供临终关怀、后事指导等服务。

二、掌握服务操作要领

1. 操作流程

（1）提供养老护理服务的流程

1）建立更新数据库。与上级主管部门联系，建立可能为本社区提供服务的养老护理服务机构和养老护理员数据库，并进行定期更新。

2）了解服务机构情况。与数据库中养老护理服务机构进行联系，了解其养老护理员资质水平、养老护理服务的主要内容及收费标准，查看其是否具备提供护理服务的资质，商谈向退休人员提供护理服务的细节问题。

3）对接服务信息。将养老护理服务供给信息与本社区退休人员养老护理服务需求进行对比，找出匹配信息。

4）匹配人员和项目。联系供需匹配的退休人员，确定护理服务项目。

5）预约服务。联系可提供服务的养老护理服务机构，请其派遣养老护理员，并预约提供服务的时间范围。

6）确定时间。联系需要服务的退休人员，协商确定提供服务的时间。

7）资格审查。在养老护理员提供服务前，需对其资格进行审查，主要审查提供服务的人员是否具备养老护理服务资格，审查提供服务人员资质水平与预约资质是否一致。

8）服务监督。提供服务期间，亲自或委托自我管理和互助服务组织小组长进行服务监督。

9）评价服务。收集自我管理和互助服务组织小组长及退休人员对养老护理员提供服务的意见和建议并进行汇总，评价养老护理员的服务水平。

10）汇总上报。定期将本社区养老护理员服务的情况向上级主管部门或人力资源社会保障部门进行报告。报告内容包括需求的满足情况、提供服务的评价及退休人员的意见和建议。

（2）入住退休人员公寓、社区养老院等社会养老机构的流程

1）了解基本情况。召开说明会，向有意向入住社会养老机构的退休人员介绍所掌握的退休人员公寓、社区养老院等社会养老机构的详细情况，如规模、地理位置、内外部环境、收费标准、服务项目、是否还有能力接纳退休人员等，并征求退休人员的意见和建议。

2）进行登记。为有意向入住退休人员公寓或社区养老院的退休人员进行登记，登记内容包括退休人员姓名、居民身份证号码、打算入住社会养老机构的名称、打算入住时间等，并由退休人员签字确认。

3）报告登记情况。与社会保险经办机构或人力资源社会保障部门联系，报告本街道、社区打算入住退休人员公寓和社区养老院人员的情况。

4）联系养老机构。与社会保险经办机构沟通，或直接联系退休人员公寓、社区养老院等社会养老机构，了解退休人员入住的可能性，得到确认后，准备为退休人员办理相关手续。

5）办理入住手续。由社会保险经办机构与社会养老机构联系、统一办理入住手续的，劳动保障协理员要配合做好有关信息的移交工作；由劳动保障协理员帮助退休人员联系的，要与社会养老机构进行充分沟通，了解办理入住所需的全面手续，通知退休人员做好准备，并将退休人员基本信息传递给社会养老机构；退休人员自行联系的，要向退休人员提供社会养老机构的联系方式和基本信息库（卡）的复印件。

6）记录入住情况。除记录已入住退休人员公寓或社区养老院的退休人员基本信息外，还应记录退休人员入住社会养老机构的联系方式，便于对退休人员有关情况进行动态了解。

7）定期报告。定期向社会保险经办机构报告退休人员已入住退休人员公寓或社区养老院的情况。

2. 操作技巧

（1）提供养老护理服务和社会养老机构信息的方式。一是主动发布，自行选择。通过线上、线下多渠道做好辖区内老年护理服务和社会养老机构信息的发布和宣传，扩大知晓率，有需求的退休人员可以根据自身的实际情况进行选择。二是按需进行匹配。退休人员对提供的老年护理服务和社会养老机构信息无法做出选择，可以由劳动保障协理员根据退休人员的具体情况以及掌握的服务机构信息，做好匹配和推荐，帮助退休人员选择。

（2）维护相关信息。一是引导养老机构主动更新。退休人员服务机构要与辖区内的老年护理服务和社会养老机构建立长期联系，引导机构经办人员在信息发生变化时及时主动向退休人员服务机构提供变更信息，从而能提高动态管理效率。二是定期回访更新。老年护理服务和社会养老机构经办人员可能存在没有及时反馈更新信息的情况，需要劳动保障协理员定期与机构经办人员联系，对机构信息进行更新。

3. 常见问题及其处理

（1）问题：退休人员服务机构收集的相关信息不能完全满足退休人员对信息的需求。

处理建议：针对信息需求较为迫切的退休人员，服务机构应在定期的信息更新过程中，对相关信息进行必要的补充和完善。对于信息需求相对较少的退休人员，服务机构可提供必要的联系方式，以便于他们或其家属根据自身需要，主动了解和查询相关信息。

（2）问题：退休人员的家庭条件、经济情况有差异，部分退休人员对老年护理服务和社会养老机构的要求较高，辖区内机构不能满足退休人员需求。

处理建议：一是加强与周边社区或者上级服务机构的联系，获取周边地区机构的信息。二是做好需求登记，方便后续进行反馈。

三、注意事项

（1）劳动保障协理员应切实履行职责，深入实地走访，全面了解老年护理服务及社会养老机构的运营状况，以防范退休人员受到不法侵害，保障其合法权益。

（2）为确保服务质量的提升和老年人得到专业的护理服务，劳动保障协理员应严格审核提供服务人员的资质和等级证书，确保其具备相应的专业素养和能力。

学习单元6　建立并动态管理特殊群体的台账

一、做好学习前的准备

1. 概念

建立并动态管理特殊群体的台账指通过走访等方式，针对高龄、孤寡、重病、特困、劳模、新中国成立前参加工作等特殊群体收集相关情况，建立台账，做好特殊群体服务，实现动态管理的服务工作。

2. 作用

建立高龄、孤寡、重病、特困、劳模、新中国成立前参加工作等特殊群体的台账，并进行动态管理有以下三个方面的作用。

（1）掌握特殊群体情况。通过建立特殊群体的台账，可以掌握辖区内特殊群体的总体情况和具体情况，为做好特殊群体的服务奠定良好的基础。

（2）分类做好特殊群体的服务。每一类特殊群体在服务和政策上都会有一定的区别，依托特殊群体台账，可以精准做好特殊群体的服务，让特殊群体能够更好地享受退休生活。

（3）做好特殊群体的动态管理。通过业务办理、定期回访等措施，及时对特殊群体台账进行调整，使劳动保障协理员能够及时为新增的特殊群体做好针对性服务，同时能及时掌握辖区内的特殊群体情况。

3. 规范要求

建立高龄、孤寡、重病、特困、劳模、新中国成立前参加工作等特殊群体的台账，并进行动态管理有以下两方面的要求。

（1）熟悉不同群体的沟通技巧。对于重病、高龄等退休人员，宜通过走访等形式了解情况；对孤寡、特困等退休人员，应多从生活上进行关心；对新中国成立前参加工作、劳模等退休人员，应多从精神上进行关心。

（2）台账登记要及时。退休人员达到高龄等特殊群体条件或者出现死亡、转入、转出等情况时，要及时对特殊群体台账进行调整，这样既能保证及时提供相关服务，也能及时发现存在的问题。

4. 相关知识

（1）高龄。高龄是指对年龄在 70 周岁以上的退休人员，也有的地区视当地居民生活水平和老年人的平均年龄适当调高了高龄的年龄标准，如将年龄在 75 岁以上的退休人员认定为高龄等。

（2）孤寡。孤寡是指男性年龄满 60 周岁、女性年龄满 55 周岁且无儿无女的退休人员。部分地区结合本地实际情况，对年龄限制做出了变更规定。

（3）重病。重病退休人员既包括按病退办理退休手续、享受病退待遇的退休人员，也包括退休后得了重病的退休人员。

（4）特困。一般以划定的特困线、贫困线、脱贫线作为判定标准。目前，许多城市也以最低工资标准线、失业救济标准线、最低生活保障线作为判定城市居民是否贫困的标准。

（5）劳模。劳模主要分为全国劳动模范、省级劳动模范和市级劳动模范三种。

（6）新中国成立前参加工作。1949 年 10 月 1 日以前参加工作的统称为新中国成立前参加工作的。以干部身份办理退休手续的为离休；以工人身份办理退休手续的，视其工作过程的情况确定离休与退休。

二、掌握服务操作要领

1. 操作流程

（1）做好初步分类。以基本信息库（卡）内容为基础，按高龄、孤寡、重病、特困、新中国成立前参加工作、劳模六类人群，对退休人员进行初步分类，并建立退休人员特殊群体分类台账（见表 4-2-3）。

表 4-2-3　退休人员特殊群体分类台账

街道（乡镇）　　　　社区（村）　　　　　　　　　　　　　年　月

序号	姓名	性别	身份证号码	家庭住址	联系电话	原工作单位	特殊群体类别	特殊情况描述

（2）核实人员信息。建立初步分类后，通过走访慰问或退休人员自我管理和互助服务组织进行核实，发现遗漏的，要予以补充；发现错误的，要进行更正。

退休人员有疑问时，要上门了解、核实情况。

（3）做好信息比对。与社会保险经办机构移交的退休人员基本信息有关内容进行对比，确保分类的准确性。

（4）分类汇总信息。依据每类台账的信息，做好各项分类的汇总工作（见表4-2-4）。

表4-2-4　退休人员特殊群体汇总台账

街道（乡镇）　　　　社区（村）　　　　　　　　　　　　　年　月

	特殊群体数量	高龄	孤寡	重病	特困	新中国成立前参加工作	劳模	其他
甲栏	1	2	3	4	5	6	7	8

（5）动态更新。通过走访慰问、自我管理和互助服务组织、社会保险经办机构等渠道，对与退休人员年龄变化相关的高龄人员、与退休人员身体健康相关的重病人员、与退休人员家庭成员相关的孤寡人员、与退休人员生活水平相关的特困人员的增减变化进行信息变更，并做好信息变更后的汇总工作。

2. 操作技巧

（1）特殊群体台账的建立方法。辖区内特殊群体退休人员较少时，采取逐一梳理的方式，建立详尽的个体台账，随后利用电子表格等辅助工具进行精细化分类，以形成细化的分类台账与总体汇总台账。辖区内特殊群体退休人员较多时，可以先按照高龄、孤寡、重病、特困、新中国成立前参加工作、劳模等类别将退休人员进行分类，建立相应的分类台账，在此基础上再建立总体的明细台账和汇总台账。

（2）动态管理特殊群体的方式。一是走访慰问更新。劳动保障协理员通过上门走访的方式，及时掌握退休人员的情况，如发生重病，年龄达到高龄条件时，及时对特殊群体台账进行新增。二是依托自我管理和互助服务组织更新。劳动保障协理员通过加强与自我管理和互助服务组织负责人联系，掌握相关退休人员的情况，做好特殊群体台账的更新。三是业务经办更新。通过办理退休人员的接收、转入、转出、注销等手续，对属于特殊群体的，及时对特殊群体台账进行更新。

3. 常见问题及其处理

（1）问题：部分退休人员可能同时涉及孤寡、重病及特困等多重类别，因此在建立特殊群体台账时，难以实施单一的分类管理。

处理建议：对于同时属于多个类别的特殊群体，建议独立建立台账，以实现更为精细化的管理。另外，需要在各类特殊群体的台账中，对同时涉及多类别的退休人员作出明确标记，以确保信息的全面性与准确性。

（2）问题：由于部分劳动保障协理员对工作不熟悉，出现台账填写混乱、未按要求填写等情况。

处理建议：首先，需对台账中的指标进行明确解释，劳动保障协理员应严格按照台账说明要求进行填写。其次，组织专门的培训活动，提高劳动保障协理员对台账填写标准的认知。最后，台账填写完成后，应设立审核机制，对照标准进行检查，对发现的问题进行及时纠正和完善。

三、注意事项

（1）在涉及家庭收入等敏感问题时，应采取审慎且间接的提问方式，以确保不触及退休人员的敏感点，从而避免引发不必要的反感情绪。

（2）为了全面了解退休群体的实际情况，应通过多种渠道获取信息，如与退休人员的家属、亲属等相关人员进行沟通，以确保信息的全面性和准确性。

学习单元 7　协助死亡退休人员家属申领丧葬补助金和遗属津贴

一、做好学习前的准备

1. 概念

协助死亡退休人员家属申领丧葬补助金和遗属津贴是指通过告知权利、政策宣传等方式，协助死亡退休人员配偶或子女向社会保险经办机构申领丧葬补助金和遗属津贴手续的服务工作。

2. 作用

协助死亡退休人员家属申领丧葬补助金和遗属津贴主要包括以下三个方面的作用。

（1）为死亡退休人员遗属保障相关丧葬费用。退休人员死亡后产生的丧葬费用，对于部分家庭而言，构成了一笔不小的经济负担，协助其家属申领丧葬补助金，能够帮助死亡退休人员家属支付丧葬费用。

（2）为死亡退休人员遗属提供基本生活保障。对依靠死亡退休人员生活的遗属来说，退休人员死亡后就失去了生活来源，协助其家属申报遗属津贴，可以为其家属提供基本生活保障，继续好好生活下去。

（3）为死亡退休人员后代提供一定的经济资助。退休人员死亡后，整个家庭的收入整体减少，协助其家属申领遗属津贴能弥补一部分家庭收入，从而为后代的成长创造必要的经济条件。同时也有利于调动在职职工的劳动积极性，促进生产发展和社会安定。

3. 规范要求

为进一步做好协助死亡退休人员家属申领丧葬补助金和遗属津贴工作，应做到以下两点工作要求。

（1）一次性告知申领。劳动保障协理员了解到退休人员死亡信息后或者其家属咨询相关政策时，要一次性告知其家属申领丧葬补助金和遗属津贴的流程以及所需资料，最好能够发放纸质资料，避免其家属因悲伤等因素遗漏相关资料，不能及时享受补贴资金。

（2）做好沟通与交流。要与死亡退休人员家属进行充分沟通与交流，按照他们的需要，提供合理的建议和力所能及的帮助。要充分考虑当地办理丧葬事务的风俗习惯，不可提出强制要求，遇到与政策和规定不符的情况，要耐心地做好说服解释工作。

4. 相关知识

协助死亡退休人员家属申领丧葬补助金和遗属津贴需要掌握死亡退休人员待遇的相关规定。

（1）遗属津贴。为保障企业职工基本养老保险参保人员及其遗属的合法权益，按照党中央、国务院改革和完善养老保险制度的部署和社会保险法要求，人力资源社会保障部、财政部制定了《企业职工基本养老保险遗属待遇暂行办法》，明确了丧葬补助金的标准、抚恤金确定办法、参保人死亡后遗属待遇标准等内容。

（2）国家机关工作人员及离退休人员丧葬补助金。2004年10月1日，国务院、中央军委公布施行的《军人抚恤优待条例》提高了一次性抚恤金标准。2006年7月1日，国家机关工资制度进行了改革。为适应有关政策的调整变化，民政部、人事部、财政部联合印发了《关于国家机关工作人员及离退休人员死亡一次性抚恤发放办法的通知》（民发〔2007〕64号），主要包括调整一次性抚恤金标准、一次性抚恤金计发办法等内容。

（3）事业单位工作人员和离退休人员丧葬补助金。2011年8月1日，国务院公布施行的《烈士褒扬条例》和国务院、中央军委公布施行的《关于修改〈军人抚恤优待条例〉的决定》调整了一次性抚恤金标准。为适应有关政策的变化，民政部、人力资源社会保障部、财政部联合下发《关于国家机关工作人员及离退休人员死亡一次性抚恤金发放有关问题的通知》（民发〔2011〕192号），主要调整了一次性抚恤金发放标准，国家机关工作人员及离退休人员死亡一次性抚恤金的计发办法仍按照民政部、人事部、财政部《关于国家机关工作人员及离退休人员死亡一次性抚恤金发放办法的通知》（民发〔2007〕64号）的有关规定执行。

二、掌握服务操作要领

1. 操作流程

（1）了解相关信息。了解到退休人员死亡消息后，劳动保障协理员应及时查看死亡退休人员基本信息库（卡），初步了解其家庭及供养人情况。

（2）告知家属权利。劳动保障协理员应向死亡退休人员家属、亲属或供养人告知享受丧葬补助金及遗属津贴的有关政策规定，并发放待遇申请表。在此过程中，需向家属详细阐述各项待遇的具体内容、申领的条件以及所需手续，避免由于材料不齐全或不符合要求而引发的申领不成功。同时，应明确指导家属如何开具符合当地规定的退休人员死亡证明。若存在不符合申领条件的情况，劳动保障协理员需以恰当的方式向相关家属作出解释。

（3）上报证明材料。退休人员死亡后7日内，将死亡退休人员家庭情况和死亡证明上报社会保险机构。

（4）协助申领待遇。指导死亡退休人员家属持书面申请、退休人员死亡证明或公安部门注销户口证明、供养关系证明等相关材料，到社会保险机构办理申领手续。

（5）建立工作台账。记录退休人员家属申领丧葬补助金情况，建立领取遗属津贴人员台账。

（6）协助办理相关事务。按照当地有关规定，提供相关服务。

（7）定期做好汇总。定期向上级主管部门或社会保险经办机构报告有关情况。

2. 常见问题及其处理

（1）问题：不符合申领条件。

处理建议：劳动保障协理员应做好政策的解释说明，详细阐述不符合申领条件的具体原因，以获得家属的理解和支持。

（2）问题：申领材料缺失或不合格。

处理建议：劳动保障协理员应当采取主动措施，一次性明确告知家属所有必要的申请材料，并发放申领指南等相关资料，以便家属能够随时查阅。同时，劳动保障协理员还应积极指导家属完善申领材料，或明确告知他们如何获取符合要求的申请材料。

三、注意事项

（1）在核实死亡退休人员的相关信息时，劳动保障协理员应保持言语的恰当与尊重，避免使用任何可能引发不适或刺激的措辞。在妥善安抚死亡退休人员家属的同时，应运用沟通技巧，深入了解其家庭状况，以便提供更加贴心的帮助与支持。

（2）当劳动保障协理员向家属说明其相关权益时，除了进行口头上的清晰告知外，还应提供相应的纸质资料，以确保家属能够充分理解并牢记这些权益，避免发生遗忘的情况。

思考题

1. 与退休人员建立社会化管理服务联系方式有哪些作用？
2. 为退休人员办理接收手续的具体操作程序有哪些？
3. 为退休人员办理注销手续的具体操作程序有哪些？
4. 协助自我管理和互助服务组织的日常文体娱乐活动有哪些？
5. 为退休人员建立健康档案的方式有哪些？
6. 提供老年护理服务和社会养老机构信息的方式有哪些？
7. 特殊群体退休人员有哪些分类？
8. 协助死亡退休人员家属申领丧葬补助金和遗属津贴的程序有哪些？

职业模块 ❺
劳动关系协调和维权

培训课程 1

劳动争议调解仲裁服务

学习目标

1. 提供劳动争议调解、仲裁受理范围和程序方面的政策咨询。
2. 提供劳动争议处理方式的合理化建议。
3. 具备配合开展劳动争议调解的能力。

学习单元 1　提供劳动争议调解、仲裁受理范围和程序的政策咨询

一、做好学习前的准备

1. 概念

提供劳动争议调解、仲裁受理范围和程序方面的政策咨询指通过现场接待或接听电话等方式接受服务对象的咨询，为其开展劳动争议调解、仲裁受理范围和程序方面的政策宣传，使其了解相关的政策规定，引导其依法理性维护自身合法权益。

2. 作用

做好提供劳动争议调解、仲裁受理范围和程序方面的政策咨询工作主要包括以下三个方面的作用。

（1）有利于普及劳动法律法规和政策。通过提供咨询接待服务，让服务对象对劳动争议调解、仲裁受理范围和程序等方面法律法规有一定认知，使其了

解依法解决劳动争议的渠道和方式，促进矛盾化解，增强服务对象依法维权的意识。

（2）有利于解决服务对象遇到的劳动争议。通过政策咨询解答服务，帮助服务对象尽快化解争议，将矛盾解决在初始阶段。

（3）有利于提升社会治理水平。通过政策咨询服务，可以扩展基层单位为民服务的业务范围，营造"办事依法、遇事找法、解决问题用法、化解矛盾靠法"的法治氛围，提升基层治理能力现代化水平。

3. 规范要求

为进一步做好提供劳动争议调解、仲裁受理范围和程序方面的政策咨询服务，应做到以下四点工作要求。

（1）熟知政策。劳动保障协理员要认真学习劳动保障法律法规知识，全面熟知劳动争议调解、仲裁受理范围和程序的基础知识。

（2）提升能力。劳动保障协理员要积极学习有关部门发布的劳动争议典型案例和提升服务质效的经验做法，全面提升咨询接待服务能力。

（3）了解需求。劳动保障协理员应耐心倾听服务对象的情况介绍，全面了解咨询目的。

（4）解答准确。劳动保障协理员要结合服务对象的咨询目的，及时准确为其解答劳动争议调解、仲裁受理和程序方面的政策规定。

4. 相关知识

（1）劳动争议调解范围。根据法律规定，劳动争议调解范围主要包括用人单位与劳动者之间因订立、履行、变更、解除和终止劳动合同，工作时间、休息休假、福利、培训以及劳动保护，劳动报酬、工伤医疗费、经济补偿或者赔偿金等发生的争议。

（2）劳动争议仲裁范围。根据法律规定，劳动争议仲裁范围主要包括用人单位与劳动者之间因确认劳动关系，订立、履行、变更、解除和终止劳动合同和因工作时间、休息休假、社会保险、福利、培训以及劳动报酬、工伤医疗费、经济补偿或者赔偿金等发生的争议；也包括法律法规规定由劳动人事争议仲裁委员会处理的其他争议。

（3）劳动争议的处理原则。解决劳动争议，应当根据事实，遵循合法、公正、及时、着重调解的原则，依法保护当事人的合法权益。合法是指处理劳动争议应当以法律为准绳，并遵循法定程序；公正是指在处理劳动争议过程中，应当公正地对待双方当事人，在程序和结果上都不得偏袒其中任何一方；及时是指受理劳动争议案件后，应当尽快查明事实，分清是非，尽快调解、裁决或判决，不得违反时限方面的法定要求。着重调解是指在处理劳动争议的过程中，应当注重运用调解方式解决劳动争议，不仅基层调解组织可以开展调解，仲裁委员会或人民法院在作出裁判前也会先行调解，调解不成才会作出裁决或判决。

二、掌握服务操作要领

1. 操作流程

（1）接待登记。无论是现场接待还是电话咨询，劳动保障协理员都要热情、主动，耐心细致，积极提供咨询服务，并将服务对象咨询的事项、反映的问题及有关情况进行详细登记，以便后期跟踪回访。

（2）了解具体情况。在接待服务对象时，劳动保障协理员需仔细倾听服务对象陈述，并针对其中未详尽阐述的部分进行必要的询问，以确保全面把握服务对象所期望咨询的具体事项。针对不同类别的咨询需求，劳动保障协理员需依据现行的法律法规与政策规定，进行初步分析与判断，以明确争议的本质及关键节点。

（3）告知解决方式。在了解服务对象意愿后，劳动保障协理员应详尽地向其阐述申请调解、仲裁的可行途径、具体操作方式以及整个流程，并普及基本的劳动保障法律知识。对于能够即时解答的问题，劳动保障协理员应立即给予现场答复。若服务对象所咨询的事宜超出劳动保障协理员的直接处理能力，应遵循首问负责制和限时办结制等相关规定，在及时向相关部门汇报后给予服务对象答复。

2. 操作技巧

（1）准确掌握法律规定。劳动保障协理员应主动学习《中华人民共和国劳动争议调解仲裁法》《中华人民共和国人民调解法》等法律法规，准确理解法律规定，熟悉掌握开展劳动争议调解和仲裁的原则、程序、时限，并注意调解与仲裁在处理范围上的区别。

（2）提高沟通交流的技巧。一是要善提问。熟练运用追问、澄清等方法技巧。追问如"还有别的吗？""请再告诉我一些这方面的内容"等；澄清则是针对服务对象过于笼统的表述、反映事项前后矛盾等情况加以澄清，引导服务对象对反映的事项进行详细解释并作出肯定的回答。二是要耐心听。如通过眼神与服务对象适当接触并给予鼓励的暗示、保持面部诚恳友善的表情、身体姿态的自然得体等,使服务对象愿意倾诉。听的过程中要善于捕捉服务对象陈述过程中的关键信息,如具体的工作单位、起止时间、工资支付情况、社会保险缴纳情况、工作范畴等。三是要客观记。在与服务对象交流时,难免会因对方陈述过快或没有直接陈述要点而不能准确记录,可以先与其进行沟通,边听边记,待对方陈述完毕,总结分析反映事项后,通过澄清技巧有针对性地进行提问,随之记录。如遇服务对象咨询的事项较为重大时,可采用问答的形式,就被反映单位的基本情况、在原单位工作的具体情况、劳动合同及社会保险情况、工资约定及支付情况等内容进行询问。四是要讲方法。一般情况下,服务对象反映问题时情绪会比较激动,所以劳动保障协理员务必第一时间给予引导和接待服务,令其感受到温暖和尊重,从而能够稳定情绪,积极配合。

(3)准确解答政策规定。一是要使用礼貌用语。例如,通过"您请坐""您请说""请喝水"等言语表达,缓解服务对象情绪,引导理性表达诉求。二是要有针对性。对服务对象提出的咨询,要分类给予指引,准确告知其反映诉求的解决方式及途径。三是要体现专业性。劳动保障协理员在服务过程中要将法律术语用服务对象听得懂的语言予以表达,从实体规定、法律程序让服务对象感受咨询接待服务的专业性。

3. 常见问题及其处理

(1)问题:服务对象对劳动争议调解、仲裁的受理范围不清楚。

处理建议:劳动保障协理员要厘清调解与仲裁在受理范围上的区别,指导服务对象合理选择化解争议的方式。

(2)问题:服务对象对辖区的劳动争议调解组织与仲裁机构了解不够。

处理建议:劳动保障协理员应详细了解调解组织和仲裁机构的分布情况,了解其办公地点及联系方式,从而为服务对象提供更为精准的信息支持。

三、注意事项

(1)劳动保障协理员应准确掌握劳动争议调解、仲裁的受理范围和基本程序,给予服务对象准确、完整的解答。

(2)劳动保障协理员要做到向服务对象一次性告知并解释清楚相关要求。对不属于劳动争议调解和仲裁范围内的事项,及时引导服务对象向有关部门反映,避免"来回跑""多头跑"现象。

学习单元2　帮助服务对象选择合适的劳动争议处理方式

一、做好学习前的准备

1. 概念

帮助服务对象选择合适的劳动争议处理方式是指在全面了解服务对象劳动争议的基本事实后，针对服务对象的诉求和意愿，为服务对象选择合适的劳动争议处理方式，帮助其依法维护自身的合法权益。

2. 作用

做好帮助服务对象选择合适的劳动争议处理方式工作主要包括以下两个方面的作用。

（1）有助于服务对象依法维护自身权益。帮助服务对象选择适合自身情况的劳动争议处理方式，及时引导其进行相关争议处理的程序，解决服务对象发生劳动争议后"如何办"的问题。

（2）有助于拓展化解基层矛盾的渠道。通过向服务对象介绍劳动争议的处理方式，及时调解处理服务对象遇到的问题，可以提升劳动争议调解与仲裁的社会影响力。

3. 规范要求

为进一步做好帮助服务对象选择合适的劳动争议处理方式工作，应做到以下三点工作要求。

（1）劳动保障协理员应当全面且深入地掌握劳动争议处理方式的类型，以及每种处理方式所具备的优势和潜在不足，以确保对劳动争议处理方式的全面理解。

（2）劳动保障协理员应细致收集服务对象遭遇劳动争议的详尽信息，以便更为精准地协助服务对象选择最为合适的劳动争议处理方式。

（3）劳动保障协理员需结合服务对象的具体情况，为他们提供具有针对性的劳动争议处理建议，同时，应妥善记录工作台账，并进行必要的随访工作，以确保劳动争议处理工作的系统性和连贯性。

4. 相关知识

（1）劳动争议处理的概念。劳动争议处理是指在订立、履行、变更、解除或终止劳动合同过程中，劳动者与用人单位之间就劳动权利义务履行发生争议时，通过自主协商，或通过向调解组织申请调解、向仲裁委员会提起仲裁或依法提起诉讼解决争议的途径。

（2）劳动争议处理方式

1）协商。根据《中华人民共和国劳动争议调解仲裁法》规定，发生劳动争议，劳动者可以与用人单位协商，也可以请工会或者第三方共同与用人单位协商，达成和解协议。

2）调解。根据《中华人民共和国劳动争议调解仲裁法》规定，发生劳动争议，当事人不愿协商、协商不成或者达成和解协议后不履行的，可以向调解组织申请调解。

3）仲裁。根据《中华人民共和国劳动争议调解仲裁法》规定，发生劳动争议，不愿协商、不愿调解、调解不成或者达成调解协议后不履行的，可以向劳动争议仲裁委员会申请仲裁。

4）诉讼。当事人对仲裁机构作出的仲裁裁决不服时，可以依法向人民法院提起诉讼，维护自身权益。

二、掌握服务操作要领

1. 操作流程

（1）做好接待登记。对于现场咨询的服务对象，劳动保障协理员应热情服务、积极了解诉求，如实记录咨询事项，并请来访者核对记录内容。如果是线上或者电话来访，也应及时登记。

（2）了解详细情况。通过服务对象自述与问答的方式，了解双方当事人基本信息、争议类别、争议发生的原因、合同履行地、服务人员的诉求等，做到详尽、细致、全面。服务对象在陈述劳动争议时，往往会把主要过错推给对方，劳动保障协理员要对关键细节进行详细问询，探求真实情况。

（3）宣传法规政策。针对服务对象反映的情况，进行初步判断，介绍相关劳动法律法规和政策，帮助服务对象分析案情，消除疑惑，引导服务对象对劳动争议形成客观、理性的认识。

（4）指导选择劳动争议处理方式。引导服务对象与对方当事人协商和解，降低处理劳动争议的成本。如果服务对象表示不愿协商或协商不成时，可向其推荐具有调解职能的调解组织进行调解；如果服务对象没有协商和调解的意愿，则可以向其介绍劳动争议仲裁，并告知需要提供的相关材料。

2. 操作技巧

（1）尊重服务对象意愿。在向服务对象提供合适的劳动争议处理方式中，劳动保障协理员需保持对服务对象意愿的充分尊重，根据服务对象的具体意愿以及他们反映的问题情况，给予恰当的指引。

（2）着重宣传争议处理"调解为主"的理念。在接待服务对象过程中，劳动保障协理员要积极宣讲和谐劳动关系的理念，向服务对象介绍劳动争议始终坚持"预防为主、调解为主、基层为主"的原则，调解将贯穿劳动争议处理的全过程。

（3）做好工作记录。劳动保障协理员要将提供调解仲裁指引服务的有关情况进行记录，适时开展跟踪服务，了解争议处理动态情况。

3. 常见问题及其处理

（1）问题：服务对象陈述情况不全面、不客观。

处理建议：劳动保障协理员在倾听服务对象的陈述时，要采用灵活多样的方式方法还原争议发生的来龙去脉。

（2）问题：服务方式不当激化矛盾。

处理建议：劳动保障协理员需坚守真心、诚心、耐心、细心等原则，时时刻刻换位思考，把服务对象当亲人、当家人，以平和、理性的态度解决问题。

三、注意事项

（1）劳动保障协理员应尽量引导服务对象采取协商和调解的方式解决争议、化解矛盾，避免卷入复杂的劳资纠纷中，影响到正常的工作和生活。

（2）劳动保障协理员的核心职责在于提供引导和协助，而非将自己的主观意愿强加于服务对象之上，以免因此影响后续工作的顺利进行，进而形成不必要的被动局面。

学习单元3 配合开展劳动争议调解工作

一、做好学习前的准备

1. 概念

配合开展劳动争议调解工作是指配合劳动争议调解组织的调解员对辖区内发生的劳动争议开展调查取证、组织人员、布置场所、参与调解、送达文书等辅助工作。

2. 作用

做好配合开展劳动争议调解工作主要包括以下三个方面的作用。

（1）有利于调解工作的有效开展。劳动保障协理员通过为调解组织提供协助，保障劳动争议调解的程序完整、合法、有效，进而推动调解工作顺利开展。

（2）有利于将矛盾化解在基层。劳动保障协理员通过配合有关调解组织开展争议调解工作，可以实现就近就地化解劳动争议，及时消除基层存在的矛盾。

（3）有利于促进辖区内劳动关系的和谐稳定。通过配合开展劳动争议调解工作，可以提升劳动保障协理员的服务能力，从而为构建和谐劳动关系作出正面引领。

3. 规范要求

为进一步做好配合开展劳动争议调解工作，应做到以下三点工作要求。

（1）端正态度。劳动保障协理员要切实端正工作态度，明确配合的工作职责，依法、热情地做好配合工作。

（2）明确职责。劳动保障协理员需对劳动争议调解的相关情况进行充分了解，并明确其在配合工作中的具体职责内容，以确保调解过程的顺利进行。

（3）分工合作。劳动保障协理员要按照调解组织和调解员的工作安排，及时与有关单位或个人进行沟通联系，配合调解员做好调查取证、送达文书、组织相关人员到场参与调解活动等准备工作。

4. 相关知识

（1）劳动争议调解的意义。调解是处理劳动争议的重要方式。通过调解的方式柔性化解劳动争议，有利于把矛盾纠纷解决在基层和萌芽状态，最大限度地降低争议双方当事人的对抗性，实现"案结事了人和"的效果。

（2）劳动争议调解的形式。劳动争议调解主要有三种形式，一是通过劳动争议调解委员会进行调解；二是劳动争议仲裁委员会先行介入调解；三是法院在诉讼过程中进行调解。前两种形式均为非诉讼性质的调解，是由特定的劳动争议处理机构作为第三方主持调解。

（3）劳动争议调解的组织。发生劳动争议，当事人可以到下列调解组织申请调解：企业劳动争议调解委员会，依法设立的基层人民调解组织，在乡镇、街道设立的具有劳动争议调解职能的组织。

（4）劳动争议调解工作流程

1）申请调解。发生劳动争议，当事人可以通过口头或者书面形式向调解组织提出调解申请。

2）受理调解申请。调解组织接到调解申请后，应当及时对调解申请进行审查，在3个工作日内作出是否受理的决定。

3）开展调解。调解组织根据案情指定调解员或者调解小组进行调解，调解应当自收到调解申请之日起15日内结束。但是，双方当事人同意延期的可以延长。

4）告知申请仲裁的权利。当事人不愿调解、调解不成或者达成调解协议后未经仲裁审查确认且不履行的，可以向劳动人事争议仲裁委员会申请仲裁。

5）调解协议的仲裁审查确认。经调解成功并达成调解协议的，双方当事人可以自调解协议生效之日起15日内共同向劳动人事争议仲裁委员会提出仲裁审查确认申请；也可以向管辖权的人民法院提交司法确认申请。

二、掌握服务操作要领

1. 操作流程

（1）接受工作任务。劳动保障协理员接到配合开展劳动争议调解工作的通知后，结合工作实际，及时了解开展调解的时间、地点、参加人员、工作程序及其他工作要求，了解双方当事人的基本信息及相关案情，明确具体工作内容和要求，形成任务清单，并牢记工作任务。

（2）配合开展调解工作。劳动保障协理员按照调解组织的安排，及时与调解员进行沟通，了解劳动争议案件的诉求，搞清楚自己需要完成的具体工作内容。配合调解员做好调解工作现场的相关工作，如布置调解场地，协助维护调解场所秩序、做好调解记录等。

（3）做好后续工作。调解结束后，劳动保障协理员需协助调解员做好后续工作，如恢复场所、打印资料、送达文书、回访调查等相关工作。

2. 操作技巧

（1）劳动保障协理员需全面熟悉调解工作的整体流程和内容，并结合实际情况，明确界定各项任务的具体职责，确保充分准备。

（2）劳动保障协理员应积极配合调解工作的推进，主动与承办调解员建立联系，进行有效沟通，对工作内容进行深入分析，以确定最佳的协同措施。

（3）劳动保障协理员应严格遵循调解员的工作安排，积极、主动地协助开展调解工作的各个环节，同时独立、高效地完成组织和领导交办的其他相关工作。

3. 常见问题及其处理

（1）问题：对配合开展调解工作的任务不明确，调解工作开展不顺。

处理建议：调解工作开展前，劳动保障协理员要主动与调解员取得联系，充分沟通；在调解工作开展过程中，密切关注调解工作的程序进展程度，认真做好相关配合工作。

（2）问题：对自身的配合职责定位不清，调解工作质量不高。

处理建议：劳动保障协理员要准确定位自己的职责，结合实际协助办案调解员实施好调解的各项工作程序，促进双方当事人达成和解。

三、注意事项

（1）劳动保障协理员在调解活动中应展现主动、热情与积极参与的态度，全力配合调解员的工作，为调解工作的顺利进行提供必要的协助与支持。

（2）劳动保障协理员需确保法律法规的正确适用，清晰界定双方的权利义务，秉承"居中"原则，进行公正调解，确保调解工作的合法性和公正性。

（3）劳动保障协理员应配合调解员公正处理劳动争议，以减轻双方诉讼负担，节约司法成本，有效保障当事人的合法权益，进而促进劳动关系的和谐与稳定。

思考题

1. 劳动争议调解、仲裁的受理范围有哪些？
2. 处理劳动争议需要遵守哪些原则？

3. 劳动争议调解的形式有哪些?
4. 发生劳动争议有哪些处理方式?
5. 开展劳动争议调解包括哪些流程?
6. 劳动保障协理员配合开展劳动争议调解时的注意事项是什么?

培训课程 2

劳动保障监察服务

学习目标

1. 能针对辖区劳动者和用人单位的需要，组织开展劳动保障监察法律法规和政策宣传活动。

2. 能为来访者提供劳动保障监察受理方式、受理范围和监察程序方面的政策咨询，并指导其选择劳动保障监察机构，依法维护合法权益。

3. 能为劳动者和用人单位提供签订、履行劳动合同的指导和帮助。

学习单元 1　组织开展劳动保障监察法律法规和政策宣传活动

一、做好学习前的准备

1. 概念

组织开展劳动保障监察法律法规和政策宣传活动是指结合辖区内存在的超时工作、拖欠工资、不签订劳动合同、不参加社会保险等劳动权益保护问题，针对劳动者和用人单位的需要，组织开展宣传、咨询、服务活动，帮助群众了解劳动保障监察法律法规和政策，明确权益维护的具体受理渠道、方式方法，增强法律意识和权益保护能力。

2. 作用

做好组织开展劳动保障监察法律法规和政策宣传活动工作主要包括以下三个

方面的作用。

（1）有利于更好地帮助群众知晓、落实劳动保障监察相关政策。通过向辖区劳动者和用人单位开展宣传活动，可以促进双方更好地遵守劳动保障监察法律法规和政策。

（2）有利于及时发现和解决辖区内存在的劳动保障相关问题。针对辖区劳动者和用人单位的需要提供劳动保障监察政策宣传活动，能够帮助他们梳理面临的困惑和潜在的问题，运用积极正确的方式、途径去解决问题。

（3）有利于塑造政府的良好形象。和谐的劳动关系是社会稳定的重要因素，劳动保障协理员作为代表政府为群众提供基层服务的最前端，组织开展劳动保障监察政策宣传活动是代表政府对劳动者和用人单位的指导与帮助，也是为了更好地树立政府形象的需要。

3. 规范要求

为进一步做好组织开展劳动保障监察法律法规和政策宣传活动工作，应做到以下两点工作要求。

（1）深入了解和分析辖区内的主要问题。劳动保障协理员要充分利用经常与群众接触的机会，收集困扰他们的问题，结合辖区的实际情况进行记录和归纳整理，在组织开展宣传活动时有针对性地安排设置咨询内容，做到有的放矢。

（2）结合实际情况选择恰当的宣传方式。劳动保障协理员应根据辖区群众的整体情况选择适合的宣传方式。若区域内年轻群体较为集中，则应倾向于采用线上或视频宣传方式，以符合他们的信息接收偏好；若中老年人群占据多数，则更应选择线下面对面的宣传手段，以确保信息能够直接、有效地传达给他们。

4. 相关知识

（1）劳动保障监察机构的职责。劳动保障监察机构的基本职责是依法对用人单位遵守劳动保障法律法规和规章的情况进行监督检查，发现和纠正违法行为，并对违法行为依法进行行政处理或行政处罚，以保障劳动保障法律法规和规章的贯彻实施，维护劳动者的合法权益。《劳动保障监察条例》第十条将劳动保障行政部门实施劳动保障监察的职责进一步明确为以下四项。

1）宣传劳动保障法律法规和规章，督促用人单位贯彻执行。

2）检查用人单位遵守劳动保障法律法规和规章的情况。

3）受理对违反劳动保障法律法规或者规章的行为的举报、投诉。

4）依法纠正和查处违反劳动保障法律法规或者规章的行为。

（2）劳动保障监察法律法规和政策常见的宣传形式

1）现场面对面宣传。劳动保障监察工作人员在现场为群众提供面对面的"问答"式宣传。其优点是直接、有针对性、可以根据现场的情况随时调整，使群众获得较强的满意度。缺点是宣传方式较为局限，服务人数有限。

2）讲座一对多宣传。劳动保障监察工作人员在一定区域内针对多名群众现场通过政策宣讲的形式进行劳动保障监察政策宣传。它的优点是政策宣传的受益群众人数较多且较为直接。缺点是面对多名群众开展政策宣传时，如果需求不一，难免会出现满意度不尽如人意的情况，宣传活动效果打折扣。

3）线上平台宣传。通过微信公众号、小程序等平台进行劳动保障监察法律法规以及政策的线上宣传。它的优点是线上宣传的内容形式较为灵活且具有一定的直观可视性，不受地区、时间等因素限制，可以随时随地了解政策等。它的缺点是群众参与互动性较弱等。

二、掌握服务操作要领

1. 操作流程

（1）策划宣传活动方案

1）明确活动主题。应确立清晰的活力主题，准确阐述活动的主题和目的，力求文字简练且富有概括性。同时，需确定合适的标题，以反映活动的组织者、内容及形式。

2）选定活动形式。活动形式作为内容的呈现方式，应根据活动内容合理选择，确保形式与内容相协调，从而有效促进内容的传达。

3）设定活动内容。活动内容应紧密结合活动主题和目的，同时考虑群众需求，合理安排活动项目和日程。

4）安排时间与地点。活动时间的安排应遵循上级要求或根据实际情况自行确定，并明确起止时间。对于室外活动，还需充分考虑天气因素。地点选择应基于活动规模、参与人数以及交通、设施条件等因素进行。

5）明确责任分工。宣传活动的策划与组织涉及多个环节，包括宣传材料的准备、参与单位的邀请与安排、领导接待、媒体采访、信息发布、后勤保障及安全保卫等，应确保各环节分工明确，责任到人。

6）编制经费预算。宣传咨询活动的组织需考虑制作标语、工作人员标牌、展板、印发宣传材料以及场地租用等费用。在策划过程中，应本着节俭原则编制经费预算，并按规定程序报批执行。

（2）实地勘查

对于组织活动的场地、场所，必须实地勘查，确保对活动环境有全面且准确的了解。

1）评估场所面积、设施设备、交通等条件是否能够满足活动的规模、形式、内容要求。

2）根据场地具体情况，合理布置标题标语的悬挂位置、展牌的放置点。划分清晰的活动区域，如劳动保障监察咨询区、就业创业政策咨询区等，并明确各参与单位开展宣传、咨询服务的具体位置。必要时，应绘制示意图，分发给相关单位和个人，确保各自位置明确。

3）制定并落实安全保卫、应急处理等措施，确保活动过程中能够应对急救医护、紧急疏散等突发情况。

（3）部门间协作与沟通。组织宣传活动常涉及多个部门，因此需保持持续的协调与沟通。通过电话联系、征求意见、上门协商、召集会议通报情况等方式，确保各部门间相互支持、理解，形成共识，共同推动活动的成功举办。

（4）现场调度。在宣传咨询活动开始前，劳动保障协理员应提前进场，根据责任分工对各个环节进行逐一确认和调度。如遇突发情况，需保持冷静，依据应急预案迅速处理。

（5）情况汇总。对于较大规模的宣传活动，应使用活动情况统计表进行汇总；对于重大宣传咨询活动，活动结束后应召集相关人员共同进行汇总；对于小规模和宣传咨询内容较单一的活动，则由负责情况汇总的工作人员进行汇总。

（6）活动总结。活动结束后，需形成书面总结报告，向上级有关部门汇报。同时，将活动的相关资料收集齐全，与总结报告一并归档保存。

2. 操作技巧

（1）口头咨询。口头咨询是指咨询人来到宣传活动现场政策咨询台或以电话方式提出咨询时，劳动保障协理员运用政策准确给予口头解答。这种方式主要适用于咨询人所提出的问题较为简单，用口语解释就可以让咨询人明白的情况下使用。

（2）书面咨询。书面咨询是指咨询人以书信或电子邮件的方式提出问题时，劳动保障协理员同样以书信或电子邮件的方式给予解答。这种方式主要是在所提出的问题较为复杂，用口语解答不清楚或者只有用书面向咨询人予以解答较为合适的情况下使用。

（3）网络咨询。网络咨询是指咨询者利用直播、小程序等在线平台发起提问时，劳动保障协理员通过实时直播互动或留言反馈的形式，对提出的问题给予回应和解答。此方式通适用于问题内容较为简洁明了，能够以简短精确的语言进行回应的情境。

（4）设置宣传栏。设置宣传栏服务是指通过在基层公共服务大厅或街道（乡镇）、社区（村）相对集中的场所设立宣传窗（栏）、电子屏等方式，解释说明有关政策并进行宣传。

（5）发放宣传资料。发放宣传资料指将劳动保障监察政策印制成小巧便于携带的政策口袋书或宣传单，在宣传活动现场、基层公共服务大厅等人员相对集中的场所进行发放。使广大群众能够随时随地查阅，进而提升劳动保障监察政策的普及率和知晓度。

（6）警示案例教育。警示案例教育是指通过视频、电子屏、工作群等方式播放、推送劳动保障监察警示案例，这种方法采用实际案例进行现身说法，以直观、生动的展示方式，为涉及潜在劳动保障监察事项的地区提供有针对性的教育引导。

3. 常见问题及其处理

（1）问题：宣传活动缺少生动性。

处理建议：生动活泼的宣传会引人关注、深入人心，从而产生良好的宣传效果。所谓"生动"主要是指两方面：一是宣传内容要充实。宣传内容充实有用是开展宣传的基本前提。二是宣传形式要灵活。不同的服务群体都有与其相适应的宣传形式，实用的宣传内容与适应的宣传形式匹配后，会产生更好的宣传效果。

（2）问题：宣传活动缺乏持久性。

处理建议：宣传不是一次性的工作，只有不间断地、持续性地进行，才会产生积极影响。要在保持及时更新的状态下，持续反复地进行宣传，才能做到深入人心，在群众的头脑中留下印象，使他们从了解到熟知，达到宣传的目的。

三、注意事项

（1）在进行线上宣传时，务必保持对舆论动向的敏锐观察，对可能出现的舆情风险进行及时有效的处理。对于线下宣传活动，应制定并执行紧急疏散、现场急救等应对突发性事件的预案和措施。

（2）警示案例宣传作为群众易于接受的宣传形式之一，劳动保障协理员在日常工作中应当积极从报纸、官方媒体、本地区劳动保障行政部门等权威渠道，持续收集具有典型性的案例，以备在宣传活动中使用。若案例涉及辖区内人员，使用时需根据具体情况，确保对当事人隐私的保护。

（3）在组织辖区劳动者和用人单位参与宣传活动时，应紧密结合辖区特点和实际情况，特别是针对存在潜在劳动保障问题的用人单位，应鼓励其积极参与宣传活动，以期通过活动受到教育和启发，从而规避违法行为的发生。

学习单元 2　提供劳动保障监察政策咨询

一、做好学习前的准备

1. 概念

提供劳动保障监察政策咨询是指面对需要维权的劳动者，针对其在维权过程中可能遇到的不知如何维权、办理地点不明确等困惑，通过为其提供劳动保障监察受理方式、受理范围和监察程序等政策咨询服务，指导他们选择劳动保障监察机构，运用法律手段维护自身合法权益。

2. 作用

做好提供劳动保障监察政策咨询工作主要包括以下两个方面的作用。

（1）为需要维权的劳动者解答疑惑和提供指引服务。当劳动者因工资拖欠、超时工作等问题导致其权益受损，且对维权途径感到困惑时，劳动保障协理员应为其提供专业的政策咨询服务，并引导他们前往相应的部门进行申诉，指导其依法维护自己的权益。

（2）有助于消除辖区内不稳定因素。在劳动者付出辛勤努力后，若因各种原因未能享有其应得的合法权益，且缺乏有效渠道寻求解决，则可能转化为潜在的不稳定因子。劳动保障协理员通过及时提供劳动保障监察事项的专业服务，有助于消解这一不稳定因素，维护社会的和谐稳定。

3. 规范要求

为进一步做好提供劳动保障监察政策咨询工作，应做到以下三点工作要求。

（1）熟知劳动保障监察相关知识。劳动保障协理员对辖区或本区域内的劳动保障监察受理方式、受理范围、监察程序及管辖等方面的知识要做到熟练掌握。

（2）详细了解需要维权的劳动者的具体情况。为了提供更为精准的政策咨询和指导服务，劳动保障协理员需对涉及维权需求的劳动者情况进行深入细致的掌握。除对其基本信息的了解外，对于劳动者合法权益受侵害的具体细节亦需详尽了解，如侵权行为发生的具体时间、地点以及过程等。

（3）要提供适合的劳动保障监察咨询的服务方式。劳动保障协理员应针对不同类型的来访者，提供适合的咨询服务方式。如果是年轻群体，则引导其利用线上平台、咨询电话等便捷途径进行情况反馈；而对于年龄较大或文化程度较低的群体，劳动保障协理员可以提前与具体的劳动保障监察机构建立联系，指导来访者通过线下渠道进行情况反映，以确保其诉求得到妥善处理。

4. 相关知识

（1）劳动保障监察的受理方式。劳动保障监察以日常巡视检查、审查用人单位按照要求报送的书面材料及接受举报投诉等形式进行。人力资源社会保障行政部门认为用人单位有违反劳动保障法律法规或者规章的行为，需要进行调查处理的，应当及时立案。人力资源社会保障行政部门或者受委托实施劳动保障监察的组织应当设立举报、投诉信箱和电话。

一般来说，劳动者可以通过接待窗口、举报投诉电话、专用信箱、网络举报投诉平台等渠道进行劳动保障监察投诉。

（2）劳动保障监察程序

1）登记立案。对举报或发现的违法行为，经过审查，认为有违法事实、需要依法追究的应登记立案。

2）调查取证。对已立案的案件，应当及时组织调查取证。

3）处理。调查取证以后，对需要追究法律责任的案件，劳动保障监察机构应当作出处理决定。处理决定作出前，劳动保障监察机构应当听取当事人申诉。

4）制作处理决定书。劳动保障监察机构作出处理决定，应当制作处理决定书。处理决定书应当载明当事人姓名、住所及基本情况，认定的违法事实，适用的法律法规、规章等规范性文件，处理结论，处理决定的履行日期或者期限，当事人依法享有申请行政复议或者提起行政诉讼的权利，作出处理决定的机构名称，作出处理决定的日期。

5）送达。劳动保障监察机构在处理决定作出之日起7日内，应将处理决定书送达当事人。处理决定书自送达当事人之日起生效。

（3）劳动保障监察的管辖

1）地域管辖。地域管辖是指同级人力资源社会保障行政部门在行使劳动保障监察权上的横向权限划分。《劳动保障监察条例》明确规定，对用人单位的劳动保障监察，由用人单位用工所在地的县级或者设区的市级人力资源社会保障行政部门管辖。

2）级别管辖。由于各地用人单位分布、性质、数量不平衡，各级人力资源社会保障行政部门承担的工作任务和执法力量不均衡，情况差别很大，省、自治区、直辖市人民政府可以对劳动保障监察的管辖制定具体办法。同时，上级人力资源社会保障行政部门根据工作需要，可以调查处理下级人力资源社会保障行政部门管辖的案件。

3）指定管辖。《劳动保障监察条例》规定，人力资源社会保障行政部门对劳动保障监察管辖发生争议的，报请共同的上一级人力资源社会保障行政部门指定管辖。

二、掌握服务操作要领

1. 操作流程

（1）接待来访者。在接到来访者的电话咨询时，劳动保障协理员需详细且如实地记录相关信息；对于通过信函或网络进行的咨询，应立即进行登记；对于来访者当面咨询，需详细记录事项，并要求来访者核对记录内容，以确保信息的准确性。

（2）深入了解情况。通过问答等方式，全面、细致、详尽地了解来访者所反映的具体内容，如事件发生的时间、地点、过程等信息。这些信息的获取，将为后续的劳动保障监察政策咨询和监察机构选择提供有力的支持。同时，劳动保障协理员应严格保护来访者的隐私。

（3）提供专业的劳动保障监察政策咨询。基于来访者所反映的情况，劳动保障协理员需迅速判断，并为其详细介绍劳动保障监察的受理方式、受理范围及监察程序等相关政策，提供有针对性的咨询服务。

（4）协助选择劳动保障监察机构。在深入了解来访者反映情况的基础上，劳动保障协理员需与来访者共同分析，指导其根据自身实际情况和诉求，合理选择对应的劳动保障监察机构。

（5）记录工作并安排随访。在与来访者沟通交流后，劳动保障协理员需详细记录为其提供的劳动保障监察政策咨询、监察机构选择建议等内容，并留存联系方式和情况说明，以便日后的跟踪回访。

2. 操作技巧

劳动保障协理员按照当地劳动保障监察的管辖形式，结合下面的选择劳动保障监察机构的原则，指导来访者选择对应的劳动保障监察机构合法维权。

（1）方便投诉举报，反映情况。用工所在地即劳动用工行为所在地，往往也是违反劳动保障法律法规的行为发生地，由当地的县级或设区的市级人力资源社会保障行政部门实施管辖，便于劳动者、非涉案的组织或个人就近对违法行为进行投诉举报，方便其提供违法行为线索、提交相应证据并办理投诉举报手续。同时还可以节省投诉人或举报人的时间和交通、通信等相关费用，有利于降低维权成本。

（2）方便实施劳动保障监察。劳动保障监察主要是对劳动用工行为进行监督检查，因此，不论是宣传法律、检查用人单位守法情况，还是接受投诉举报、纠正查处违法行为，以劳动用工所在地所属行政区域的人力资源社会保障行政部门实施管辖最为便捷高效。劳动保障地域管辖有利于及时进入用人单位劳动用工场所开展日常监管工作，及时受理投诉举报，迅速、准确地发现违法行为并进行调查认定和处理，从而降低执法成本。

（3）方便接受、配合劳动保障监察。用人单位等劳动保障监察对象具有接受、配合监察执法工作的法定义务。对于人力资源社会保障行政部门所采取的日常巡视检查、投诉举报调查、书面材料报送审查等监察形式，以及进入劳动场所进行检查，就调查检查事项询问有关人员等措施，监察对象应予以积极接受和全力配合。

3. 常见问题及其处理

（1）问题：在接待过程中，来访者所陈述的情况存在不完整性。

处理建议：劳动保障协理员在倾听来访者陈述时，应依据实际需求，适时进行必要的询问，以全面获取相关情况。同时，应提醒来访者注意保留与问题相关的证据材料，以便后续处理。

（2）问题：在社区工作中，由于事务繁杂，劳动保障协理员往往需同时承担多项职责，导致在接待来访者后，未能及时进行后续回访的情况。

处理建议：建议劳动保障协理员利用工作日志或工作台账等管理工具设定定期随访的提醒，以确保服务的持续性。

（3）问题：服务方式方法的不当导致了矛盾的加剧。

处理建议：在提供劳动保障监察政策咨询服务的过程中，劳动保障协理员应始终保持高度的专业性和敏感性，采取"换位思考"的工作方法，站在服务对象的立场上，深入理解其需求和关切，采取更为恰当和有效的服务方法。

三、注意事项

（1）劳动保障监察工作因其政策性强、知识点繁多，必须交由专业人员进行受理操作。劳动保障协理员在日常服务来访者时，应恪守职责与权限，不得擅自越权处理。应确保将专业事务交由专业的劳动保障监察人员处理，以维护工作的严谨性和准确性。

（2）在与来访者交流沟通、了解情况的过程中，劳动保障协理员应高度重视保密工作。对于涉及用人单位和个人的实际情况、企业经营状况及个人隐私等信息，应严格保密，防止信息泄露，以免影响双方的声誉和权益。

（3）在实际工作中，劳动保障协理员还需掌握并提供一些个性化的延伸服务。例如，针对有举报投诉需求的来访者，应明确告知其前往劳动监察部门投诉时需准备的申诉书及相关证据材料清单，以确保其投诉过程顺利、有效。

学习单元3　指导帮助劳动者和用人单位签订、履行劳动合同

一、做好学习前的准备

1. 概念

指导帮助劳动者和用人单位签订、履行劳动合同是指针对劳动者和用人单位在劳动合同订立、履行等方面存在的困惑，通过提供指导服务，帮助双方按照《中华人民共和国劳动合同法》的要求规范签订劳动合同并严格履行，构建良好劳动关系。

2. 作用

做好指导帮助劳动者和用人单位签订、履行劳动合同工作主要包括以下两个方面的作用。

（1）有助于更好地贯彻落实劳动保障法律法规。劳动保障协理员作为基层的就业服务人员，通过为劳动者和用人单位提供专业的指导和协助，保障劳动合同的签订与履行符合《中华人民共和国劳动法》及《中华人民共和国劳动合同法》的相关规定，从而有效地促进了劳动保障法律法规的深入实施。

（2）有助于维护劳动者合法权益，保障用人单位合法合规用人。通过深入分析平等就业、劳动报酬、休息休假、劳动安全卫生保护、职业技能培训、社会保险和福利以及劳动争议处理等方面的典型案例，劳动保障协理员为劳动者和用人单位提供专业的咨询和指导，协助双方在签订和履行劳动合同过程中遵循法律法规，合法合规地建立劳动关系。

3. 规范要求

为进一步做好指导帮助劳动者和用人单位签订、履行劳动合同工作，应做到以下三点工作要求。

（1）熟悉劳动合同签订、履行等相关政策。在实际工作中，要求劳动保障协理员熟练掌握《中华人民共和国劳动合同法》《中华人民共和国劳动法》中的内容，做到熟记于心。

（2）掌握违反劳动合同的处理规定。在劳动合同的履行阶段，往往伴随着各种复杂情形，可能导致劳动者与用人单位在有意或无意中违反《中华人民共和国劳动合同法》的相关规定。在此情况下，劳动保障协理员作为专业的指导者，应以严谨、稳重的态度，基于理性的分析，为双方提供专业的指导与协助，确保劳动合同的合规履行，维护双方的合法权益。

（3）熟悉劳资关系双方的具体情况。劳动保障协理员在劳动者与用人单位之间发挥着至关重要的桥梁作用。他们通过对双方情况的全面了解，秉持公平、公正的原则，为双方提供具有针对性和实效性的指导和帮助，确保劳动关系的和谐稳定。

4. 相关知识

（1）劳动合同的概念和类型。劳动合同是劳动者与用工单位之间确立劳动关系，明确双方权利和义务的协议。按照劳动合同期限长短劳动合同分为固定期限劳动合同、无固定期限劳动合同及以完成一定工作任务为期限的劳动合同。

（2）劳动合同的适用范围与作用。用人单位与劳动者建立劳动关系的，应当订立劳动合同。订立劳动合同后，双方应当依法履行劳动合同。劳动合同是劳动者实现劳动权的重要保障，是用人单位合理使用劳动力、巩固劳动纪律、提高劳动生产率的重要手段,是减少和防止发生劳动争议的重要措施。

(3)电子劳动合同及网上备案的基本常识。随着网络化应用的普及,数字人社的快速发展,目前,全国很多地方都使用了电子劳动合同和网上备案模式。线上劳动合同管理包括签订劳动合同、解除/终止劳动合同、续签劳动合同、变更劳动合同;签订劳动合同备案督查,解除/终止劳动合同督查;单位经办人员线上签订电子合同,劳动者电子签名确认,企业法定代表人或委托代理人签名,单位加盖电子印章;劳动关系部门对劳动用工备案督查等功能。

二、掌握服务操作要领

1. 操作流程

(1)获取劳动合同文本。劳动者和用人单位达成用工意向后,可以通过当地政务服务大厅、人社部门线上、线下服务窗口等渠道获取劳动合同规范文本。

(2)明确合同内容。双方仔细阅读劳动合同中的相关内容,根据实际情况,进一步完善劳动合同的内容,对有异议或不明确的内容,由劳动保障协理员进行解释说明,双方再进行沟通,并就双方协商后的合规内容进行注明,确保意见统一明晰。

(3)双方确认签字。双方提供有效证件,经双方确认后,在劳动合同上签字、盖章或以电子劳动合同的形式完成线上签订。

(4)劳动合同备案。劳动者和用人单位根据实际情况选择线上或线下的渠道进行备案,完成劳动用工备案。

2. 操作技巧

指导劳动者和用人单位签订劳动合同应遵循平等自愿、诚实守信的原则。在订立劳动合同时,当事人之间的法律地位完全平等,订立劳动合同应完全出自双方当事人的真实意志,是双方协商一致达成的,任何一方不得把自己的意志强加给另一方。用人单位招用劳动者时,应当如实告知劳动者工作内容、工作条件、工作地点、职业危害、安全生产状况、劳动报酬以及劳动者要求了解的其他情况。用人单位也有权了解劳动者与劳动合同直接相关的基本情况,劳动者应当如实说明,双方都不得隐瞒真实情况。

3. 主要内容

签订劳动合同时需要重点了解以下事项。

(1)内容条款。对于劳动合同的拟定,需明确包含的核心条款,如合同期限、工作岗位与地点、工作时间与休假制度、薪资标准与支付方式、社会保险福利、劳动安全保护以及职业危害防范措施等。同时，必须确保所有条款均符合法律法规的规定。

（2）补充协议条款。劳动合同中的补充协议条款同样重要，如试用期条款、培训条款、保密协议、额外保险与福利待遇等。其中，对于试用期的规定，需特别明确并遵循相关法律法规。

（3）用人单位在解除劳动合同时，必须遵循法定程序。在双方协商一致、劳动者不符合录用条件、严重违反规章制度或给用人单位造成重大损害等情况下，用人单位方可解除劳动合同。

（4）劳动合同生效的条件。双方当事人必须具备法律所规定的主体资格，且合同的内容和形式必须合法。

4. 常见问题及其处理

（1）问题：用人单位与劳动者之间存在未签订劳动合同的情况。

处理建议：为确保劳动关系的合法性与稳定性，劳动保障协理员应在日常工作中应积极向用人单位与劳动者宣传劳动合同的重要性，并倡导双方尽快签署正式的书面劳动合同。同时，还可向双方介绍电子劳动合同，以促进劳动合同签订的普及与效率。

（2）问题：在用人单位的运营过程中，出现了对劳动者多项权益的同时侵犯现象，具体表现在工资报酬、社会保险，以及福利等待遇未能同步得到保障，且在解雇流程中，又进一步引发了关于工资报酬、社会保险、工伤赔偿等多方面的争议与纠纷。

处理建议：针对上述问题，劳动保障协理员应当采取全面、系统、严谨的态度，对用人单位的各类侵权行为进行综合考虑，并基于相关法律法规和政策，向劳动者提供具有针对性和可操作性的指导建议，以维护劳动者的合法权益。

三、注意事项

（1）劳动合同作为劳动关系的重要法律文件，其内容涵盖劳动关系确立、劳动报酬分配、社会保险缴纳等多个方面，具有广泛的适用性。因此，劳动保障协理员应时刻关注并跟进相关政策法规的最新要求，积极主动地进行学习，全面掌握相关政策，以便为劳动者和用人单位提供更加专业、精准的服务。

（2）在为劳动者和用人单位提供劳动合同签订及履行的指导和服务后，劳动保障协理员应定期开展跟踪回访工作，以及时发现并纠正劳动合同履行过程中可能存在的问题。劳动合同的履行过程复杂多变，可能会遇到各种问题，因此劳动保障协理员需要保持持续的跟踪服务，确保合同双方的权益得到有效保障。

思考题

1. 组织开展劳动保障监察法律法规和政策宣传活动的操作流程有哪些？
2. 结合工作实际，请思考组织开展线上、线下的劳动保障监察法律法规和政策宣传活动时需要注意什么？
3. 选择劳动保障监察机构的原则主要有哪些？
4. 做好指导劳动者和用人单位签订、履行劳动合同工作的主要作用是什么？